智能电动车辆·储能技术与应用系列

动力蓄电池实用技术

工作机理·热特性·热管理

[加] 马克·A. 罗森（Marc A. Rosen）　著
　　　艾达·法尔西（Aida Farsi）

戴海峰　陈思琦　魏学哲　吴　航　朱宇莉　陈锴鑫　译

机械工业出版社

本书基于大量现有研究结论讨论了动力蓄电池热特性对其寿命和性能影响的主要问题，并提出动力蓄电池热管理系统设计针对寿命、性能改善的潜在措施。本书从动力蓄电池热特性出发，对相关热力学、电化学、热物理概念及原理进行了讲解，揭示了其充放电工况下的产热规律，指导产热量定量计算和对应热管理方法及系统设计、分析和优化；详尽介绍了动力蓄电池热管理系统的最新进展，为高导热系数换热介质及更大换热面积的热管理系统结构设计提供新思路，以期在有限的空间、成本下实现更高的换热效率，同时保障动力蓄电池系统的能量密度及热安全性；另外，对动力蓄电池包的主要设计步骤进行了凝练，对动力蓄电池系统总成设计等系统设计方法及原理进行了详尽阐述；最后，本书对动力蓄电池技术可持续发展面临的挑战和未来的发展方向做了系统性分析与展望。

本书关于原理机制的阐述深入浅出，关于研究手段的介绍系统清晰，案例选择也较好地体现了相关技术的前沿研究水平及未来发展趋势。本书既适合作为动力蓄电池领域科研工作者与工程技术人员手边常备的参考资料，也可帮助新进入该领域的学生和研究人员了解锂离子蓄电池的基本概念、技术体系和发展方向。

前　言

在过去的几十年里，人们对能源和环境的关注日益增加。电气、机械工程师与材料、电化学专家间的跨学科交流不断深入，动力蓄电池（本书简称为蓄电池）技术市场急速扩张，蓄电池技术的应用规模也在不断扩大。与此同时，化石燃料能源系统排放的温室气体日益增多，人们对能源安全的担忧加剧。这些推动了人们开发以可再生能源为基础的发电系统，以及建立采用稳定的智能电网和清洁能源的智慧城市。通常，为了增加可再生能源系统的使用量，需要增加对储能系统的使用，其中就包括蓄电池系统。这是因为储能系统可以平衡电力生产时的间歇和波动，从而提高能源系统的可靠性和总体实用性。此外，能源价格的不稳定和化石燃料汽车碳排放量的增加，也促使电动汽车的使用量增加，相关研究也呈显著增长趋势。电动汽车，特别是采用动力蓄电池系统的电动汽车，凭借其高效率、低排放和低噪声的优点，被视为极具发展前景、能产生巨大效益。

蓄电池技术要想广泛应用于汽车或其他领域，需满足诸多重要需求，包括降低储能成本、降低对环境的影响、提高功率密度和能量密度、增强电网兼容性、改善快速充电技术以及保证运行安全。为满足上述需求，研究人员就必须深入了解各种类型的单体蓄电池，并对其进行分析。此外，为了减少不均匀的电流分布、正确控制充放电操作、避免蓄电池组出现故障，还需要优化蓄电池成组设计，以延缓单体蓄电池的老化。

根据上述需求，本书介绍了动力蓄电池技术，着重介绍了动力蓄电池热特性和通过蓄电池系统实现可持续高效电能存储的方法。鉴于人们对蓄电池技术热特性及其热管理的关注相对较晚，对这些领域展开更多聚焦研究显得尤为重要。这些方法对蓄电池在电动汽车中的应用也非常关键。

作为可充电蓄电池技术的综合性参考资料，本书介绍了蓄电池操作、分析、性能和应用等重要方面的内容，包括蓄电池老化机制和蓄电池热管理系统。本书对相关热力学、电化学、热物理概念及原理进行了讲解，理解这些有助于蓄电池系统的设计、分析和优化。此外，本书介绍了蓄电池热管理系统的最新进展，以及蓄电池包的主要设计步骤。最后，本书讨论了蓄电池热特性对其寿命和性能影响的主要问题，以及蓄电池技术可持续发展面临的挑战和未来的发展方向。本书穿插了案例研究和实例，以帮助读者理解蓄电池技术并进行实际应用。本书有关蓄电池系统及其分析的综合知识，可用于指导学生、研究人员和工程师对该领域关键概念和前沿发展的理解和应用。

本书的结构旨在让读者建立连贯的知识体系。第1章介绍了可充电蓄电池系统的基本原理，便于读者了解可充电蓄电池系统如何开发和使用。此外，还介绍了可充电蓄电池系统的一般工作原理以及各种类型蓄电池的特性和应用。第2章介绍了蓄电池技术的热力学理论，包括电池系统的反应焓和反应的吉布斯函数的定义，推导基于第一定律和第二定律的广义电池系统的能斯特方程，为蓄电池系统建立一个通用的能量平衡式，用以计算电化学反应中的损失，并确定蓄电池内的产热率。第3章建立了蓄电池的电化学模型，该模型全面描述了蓄电池系统中由过电位导致的不可逆性、电化学反应，以及离子和电荷转移过程导致的产热率和蓄电池系统的能量效率。第 4 章介绍了蓄电池的热特性，包括蓄电池系统的热特性与产热、老化机制、热失效和热管理系统之间的联系。此外，还建立了蓄电池的热 - 电化学耦合模型，该模型可以确定蓄电池的平均温度和蓄电池内部的温度分布。最后描述和讨论了蓄电池的主要衰退机制、其热物理问题对性能和寿命的影响，以及相关的挑战和机遇。第 5 章介绍了传统和现代蓄电池热管理技术，对传统蓄电池热管理系统（如基于空气、液体和相变材料的装置）以及最新开发的技术（如基于蒸发池沸腾的蓄电池热管理系统）进行了介绍和比较。第 6 章介绍了蓄电池组设计的主要流程步骤，包括蓄电池管理系统的设计以及蓄电池组的电气、机械和热学设计；讨论了蓄电池的最佳成组设计，该设计既能延长单体蓄电池的寿命，又能保证蓄电池组安全可靠地运行。第 7 章介绍和说明了各种蓄电池技术的集成系统，并对两种不同应用的集成蓄电池系统进行了全面的建模、分析和评估；讨论了相关案例研究中涉及的系统整体性能，并进一步对改进基于蓄电池的集成系统提出了建议。最后，第 8 章讨论了蓄电池技术可持续发展所面临的挑战和未来方向，以及蓄电池系统未来发展需考虑的因素。

我们希望这本书能让蓄电池技术得到更广泛的应用并不断发展，同时让该技术通过结合传统系统和先进的可再生技术，促进整个能源系统的可持续发展。通过对可持续蓄电池技术进行热力学、电化学和热物理分析，我们相信这些技术会使蓄电池成为更加清洁、可持续和高效的电能存储手段。

马克·A. 罗森

艾达·法尔西

目 录

前言

第1章 蓄电池技术简介 // 1

1.1 引言 // 2
1.2 蓄电池工作原理 // 3
    1.2.1 电极 // 4
    1.2.2 电解质 // 5
    1.2.3 蓄电池容量 // 7
1.3 蓄电池类型 // 8
    1.3.1 铅酸蓄电池 // 8
    1.3.2 镍基蓄电池 // 9
    1.3.3 钠硫蓄电池 // 16
    1.3.4 锂离子蓄电池 // 17
    1.3.5 金属-空气蓄电池 // 19
1.4 蓄电池的应用 // 20
1.5 各种类型蓄电池对比研究 // 21
1.6 结束语 // 22
问题与思考 // 22
参考文献 // 23

第2章 蓄电池热力学 // 25

2.1 引言 // 26
2.2 蓄电池热力学及电压 // 26
2.3 蓄电池可逆电势 // 28
2.4 蓄电池能量守恒 // 33
    2.4.1 相变项 // 35
    2.4.2 反应焓项 // 35
    2.4.3 混合效应 // 36
2.5 蓄电池产热率 // 37
2.6 结束语 // 38
问题与思考 // 39
参考文献 // 39

第3章 蓄电池电化学建模 // 41

3.1 引言 // 42
3.2 蓄电池的总电压 // 42
3.3 电化学极化 // 44
3.4 浓差极化 // 48
3.5 欧姆极化 // 51
3.6 单体蓄电池性能 // 53
3.7 结束语 // 55
问题与思考 // 55
参考文献 // 56

第4章 蓄电池热特性 // 57

4.1 引言 // 58
4.2 蓄电池老化机理 // 58
    4.2.1 循环老化和日历老化 // 60
    4.2.2 锂离子蓄电池的老化 // 61
4.3 热失控 // 62
4.4 蓄电池的产热率和温度变化 // 63
4.5 蓄电池的热特性模型 // 65
4.6 蓄电池中热特性的影响：挑战与机遇 // 68
    4.6.1 尽量降低应力因素对蓄电池老化机理的影响 // 68
    4.6.2 快速充电方法 // 69
4.7 结束语 // 69
问题与思考 // 70
参考文献 // 71

第5章 蓄电池热管理系统 // 73

5.1 引言 // 73
5.2 蓄电池热管理系统的设计 // 74
5.3 蓄电池热管理系统的分类 // 75
5.4 基于空气的蓄电池热管理系统 // 76
5.5 基于液体的蓄电池热管理系统 // 80
5.6 基于相变材料（PCM）的蓄电池热管理系统 // 84
5.7 基于液气相变的蓄电池热管理系统 // 87
    5.7.1 基于热管的蓄电池热管理系统 // 87
    5.7.2 基于蒸发池沸腾的蓄电池热管理系统 // 89
5.8 蓄电池热管理系统的最新进展 // 90

5.9 结束语 // 92
问题与思考 // 93
参考文献 // 94

第6章 蓄电池系统设计 // 98

6.1 引言 // 99
6.2 蓄电池管理系统 // 100
6.3 蓄电池包电气设计 // 104
    6.3.1 蓄电池包内单体蓄电池的配置 // 104
    6.3.2 蓄电池包的电气故障 // 105
6.4 蓄电池包的机械设计 // 106
    6.4.1 应力-应变理论 // 108
    6.4.2 基板的设计 // 109
    6.4.3 隔振 // 110
6.5 蓄电池组的热设计 // 113
    6.5.1 示例：蓄电池组中的热负荷测定 // 114
    6.5.2 蓄电池热管理系统 // 115
    6.5.3 蓄电池热管理系统的选择 // 117
6.6 设计整合与总结 // 119
6.7 结束语 // 119
问题与思考 // 120
参考文献 // 120

第7章 基于蓄电池的集成系统 // 122

7.1 引言 // 123
7.2 交通运输中的集成蓄电池系统 // 125
7.3 案例研究 // 127
7.4 案例研究1：结合空冷热管理系统，以PEM燃料电池为辅助的锂离子蓄电池电动汽车 // 128
    7.4.1 锂离子蓄电池的电化学模型 // 130
    7.4.2 锂离子蓄电池的产热通量 // 135
    7.4.3 风冷式蓄电池热管理单元 // 135
    7.4.4 PEM燃料电池堆 // 136
    7.4.5 结果与讨论 // 141
    7.4.6 进一步结果与讨论 // 145
7.5 案例研究2：混合动力飞机推进系统 // 146
    7.5.1 系统描述 // 147
    7.5.2 建模与分析 // 148

　　　　7.5.3　结果与讨论　// 155
　　　　7.5.4　总结与展望　// 161
7.6　结束语　// 161
问题与思考　// 162
参考文献　// 163

第8章　蓄电池及其热管理未来方向　// 165

8.1　引言　// 165
8.2　本书概况　// 165
8.3　可持续蓄电池技术的挑战和未来方向　// 166
8.4　未来蓄电池技术的总体考虑因素　// 168
8.5　结束语　// 169
问题与思考　// 169
参考文献　// 169

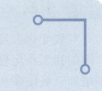

第 1 章
蓄电池技术简介

本章目标

- 描述可充电蓄电池系统的一般工作原理。
- 学习与蓄电池系统及其相应组件相关的专业词汇。
- 定义并解释蓄电池技术基本概念。
- 提供各种类型蓄电池的特性及应用。
- 学习蓄电池和蓄电池系统的应用情况。

本章各符号及说明如下。

符号	说明	单位	符号	说明	单位
C_d	蓄电池放电容量	A·h	M	摩尔质量	kg/kmol
E	电势	V	$m_{electrode}^{initial}$	初始状态下电极活性物质质量	kg
$E°$	标准电势	V	$m_{electrode}^{cutoff}$	截至状态下电极活性物质质量	kg
F	法拉第常数（96485.3329）	sA/mol	n_e	电子数量	—
I	蓄电池电流	A	V	电压	V

下标	说明	下标	说明
a	负极	d	放电
c	正极		

首字母缩略词	说明	首字母缩略词	说明
HVAC	暖通空调	NCA	镍钴铝氧化物
LFP	磷酸铁锂	NMC	镍钴锰氧化物
LMO	锰酸锂氧化物	SHE	标准氢电极

1.1 引言

气候变化以及能源生产和存储是世界上大部分国家和地区感兴趣的话题。随着全球人口增加和工业化程度不断提高，发电量需求和相应的电力需求均会增加。人们普遍希望在不增加二氧化碳和其他温室气体排放的情况下实现发电量的增加，并希望发电量在尽可能少地依赖化石燃料的情况下增加。因此，需要发展可再生能源技术和能源存储技术，特别是电能存储技术。可再生能源技术和能源存储技术的发展和进步对于减少甚至最小化碳基燃料对环境的影响非常重要。

现在有许多设施利用太阳能、风能、地热能和潮汐能等可再生能源发电。由于大多数类型的可再生能源间歇性和分散性的特点，大多数电力生产设施都是分散的。因此，开发先进的储能技术对于实现用户的能源存储和转换至关重要。

大多数能量存储是通过抽水蓄能实现的。到 2030 年，蓄电池储能容量有望达到 600GW（IEA，2021）。尽管水电设施被广泛应用于储能，但将 1t 水抬升 1m 只能存储 3W·h 的能量（Larcher 和 Tarascon，2015）。因此，其他储能技术需要在能量密度、性能、耐久性、安全性、成本（包括资金、运营和维护）和可持续性方面进行开发和评估。"可持续性"一词是在蓄电池技术的背景下使用的，意思是该技术有助于满足当代人的需求，而不会妨碍后代人满足自己需求的能力。

根据美国环境保护署（EPA，2019）的数据，2019 年美国各经济部门温室气体排放量如图 1.1 所示。可以看出，2019 年美国温室气体排放量的 29% 来自于交通运输。用于驱动火车、飞机、轮船、汽车的化石燃料是与运输相关的温室气体排放的主要来源。特别是道路运输，它是运输部门温室气体排放的主要来源。政府对环境保护的规定，特别是针对气候变化和全球变暖的规定，促使全球对电动汽车和混合动力汽车的兴趣日益浓厚。因此，改进蓄电池的设计和开发，使其成为常见的电能存储设备，尤其是电动汽车和混合动力汽车的电能存储设备，就显得尤为重要。高效率电池在减少二氧化碳和其他温室气体的排放方面具有极大的潜力。

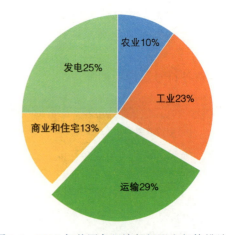

图 1.1 2019 年美国各经济部门温室气体排放量

[数据来源于 2019 年美国环境保护署的报告，即 *Sources of Greenhouse Gas Emissions*。参考 https://www.epa.gov/ghgemissions/sources-greenhouse-gas-emissions（2022 年 5 月 25 日可访问）。]

近些年来，蓄电池技术取得了重大进展，蓄电池使用量大幅增加，应用范围不断扩大。尽管如此，蓄电池在性能和成本方面仍然存在挑战需要解决，以便更广泛地进入市场。改进现有电池设计并在制造过程中使用先进材料是电池技术进步的关键因素。

本章将概述蓄电池技术，包括一般工作原理的描述以及各类商用电池的特性和所用材料；介绍不同类型电池的应用，并对其比能量、寿命和成本等特性进行比较。

1.2 蓄电池工作原理

蓄电池是以化学能的形式存储能量，并在需要时将其转化为电能的装置。通过发生在蓄电池内的电化学反应，释放出的电子通过外部电路从一个导体（电极）流向另一个导体（电极），从而提供用于完成任务的电流。与此同时，带电离子通过与电极接触的导电溶液（电解质）传输，将反应物带到电极/电解质界面。

电极和电解液溶液可以由各种材料制成。电极和电解质组成的变化导致不同的电化学反应和带电离子的移动。这些因素会影响能量存储的程度，以及蓄电池工作电压和蓄电池性能。

蓄电池可以由一个或多个电化学单体蓄电池组成。每个电化学单体蓄电池包括两个由电解质分开的电极。在放电过程中，电子流出的电极称为阳极或负极，接收电子的电极被称为阴极或正极。通常，负极和正极是由不同类型的化合物或金属制成的。电解质是一种允许带电离子向电极输送的介质。事实上，电解质的正离子流动平衡了负电子的运动，使电池在工作过程中呈电中性。此外，多孔绝缘隔膜通常用于负极和正极之间，以提高电解液的机械强度并降低内短路风险。通常情况下，隔膜具有高的离子传导性并提供电子绝缘性。集流体还可用于提供高效的电子传输并去除电极上的热量。薄的铜箔和铝箔通常用作集流体。

电子交换的反应被称为还原氧化反应或氧化还原反应。整个反应分为两个半反应：在电化学蓄电池中，一半的反应发生在正极，另一半发生在负极。总的氧化还原反应可以写成如下形式：

$$O + n_e e^- \rightleftharpoons R \quad (1.1)$$

式中，O 为氧化物；R 为还原物。还原指的是获得电子（发生在正极）。正极在反应中被还原。氧化是指电子的损失（发生在负极），负极在反应中被氧化。所以，负极的反应是氧化，正极的反应是还原。这些反应都有自己的标准电位，表示反应接收或产生电子的能力。

图 1.2 所示为电化学单体蓄电池的基本工作原理。每个电池单体包含两个电极和至少一种电解质。在蓄电池放电过程中，在负极/电解质界面，负极和电解液之间发生电化学反应，即 $R \rightarrow O + n_e e^-$，产生电子和离子。电子通过电极间的外电路转移到正极，离子通过电解液转移到正极。在阳极半反应中产生的电子和离子在正极/电解质界面反应（即 $O + n_e e^- \rightarrow R$）。

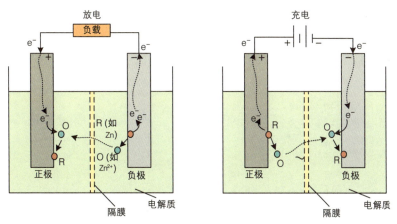

图 1.2 充放电过程中总的蓄电池氧化还原反应

1.2.1 电极

任意两个具有不同标准反应电位的电极都可以组成一个电化学单体蓄电池。具有较高电子吸收能力的电极（发生在正极）具有更高的标准电位（即更大的正电位），而失去电子倾向较高的电极（发生在负极）有更低的标准电位（即更小的负电位）。因此，选取恰当的负极和正极材料分别基于较小的负标准反应电位和较大的正标准反应电位。

通常，元素周期表中第1族和第2族金属很容易被氧化成 A^+ 或 A^{2+}（A代表第1族和第2族中的金属）。而且，元素周期表中第16族和第17族金属容易被还原成 B^- 或 B^{2-}（B代表第16族和第17族中的金属）。此外，材料的质量越小，能量密度就会越高，在后续电极制造中就越好。锂（Li）、锰（Mg）和钠（Na）是最轻和最容易被氧化的金属，而氧（O）和硫（S）是质量密度最小和最容易被还原的元素。虽然卤素比锂、锰和钠金属更容易被氧化，但在负极的构造中使用卤素是不现实的。

正极的理想特性是高氧化还原电位（高效氧化剂）、高比容量（每克正极材料在电化学反应中产生的总电量）和在与电解质接触时的可逆性和稳定性。负极的理想特性是低氧化还原电位（高效还原剂）、高比容量、可逆性和良好的导电性。表 1.1 列出了不同类型单体蓄电池中使用的几种正负极材料的重要参数以及取值，包括分子质量、化合价、标准氧化还原电位、质量比容量和体积比容量。

表 1.1 选取电极材料的特性

材料	分子或原子质量 /g	25℃时标准氧化还原电位 /V	化合价	质量比容量 /(A·h/g)	体积比容量 /(A·h/cm³)
负极					
H_2	2.01	0	2	26.59	—
Li	6.94	−3.01	1	3.86	2.06
Na	23	−2.71	1	1.16	1.14
Mg	24.3	−2.38	2	2.20	3.8
Al	26.9	−1.66	3	2.98	8.1
Ca	40.1	−2.84	2	1.34	2.06
Fe	55.8	−0.44	2	0.96	7.5
Zn	65.4	−0.76	2	0.82	5.8
Cd	112.4	−0.4	2	0.48	4.1
Pb	207.2	−0.13	2	0.26	2.9
LiC_6	72.06	−2.8	1	0.37	0.84
MH	116.2	−0.83	2	0.45	—
正极					
O_2	32.0	1.23	4	3.35	—
Cl_2	71.0	1.36	2	0.756	—
SO_2	64.0	—	1	0.419	—
MnO_2	86.9	1.28	1	0.308	1.54
NiOOH	91.7	0.49	1	0.292	2.16
CuCl	99.0	0.14	1	0.270	0.95
FeS_2	119.9	—	4	0.89	4.34
AgO	123.8	0.57	2	0.432	3.20

（续）

材料	分子或原子质量 /g	25℃时标准氧化还原电位 /V	化合价	质量比容量 /（A·h/g）	体积比容量 /（A·h/cm³）
正极					
Br_2	159.8	1.07	2	0.335	—
HgO	216.6	0.10	2	0.247	2.74
Ag_2O	231.7	0.35	2	0.231	1.64
PbO_2	239.2	1.69	2	0.224	2.11
Li_xCoO_2	98	−2.7	0.5	0.137	—
I_2	253.8	0.54	2	0.211	1.04

正极电势与负极电势之间的差值就是电池电压，即

$$E_{cell}^\circ = E_{cathode}^\circ (还原电势) - E_{anode}^\circ (氧化电势) \quad (1.2)$$

式中，cathode 为正极；anode 为负极。

电势差越大，单体蓄电池电势就越大，相应电池电压就越高。测量正极或负极的电极电势的特殊方法是将电极上发生的反应电势定义为 0，并将其作为参考电极。

例如，在室温下，将铂电极插入浓度为 1mol/L 的盐酸溶液中。摩尔浓度是溶液中溶质浓度的量度，用单位体积溶液中物质的量来表示。1mol/L 的盐酸溶液表示 1L 水中溶解有 36.46g 氯化氢（HCL）。在一个大气压（1atm，1atm = 101.325Pa）下，插入 1mol/L 盐酸溶液的铂电极冒出氢气。以半还原反应为参照，即

$$2H^+(aq, 1M) + 2e^- \rightleftharpoons H_2(g, 1atm) \quad E^\circ = 0 \quad (1.3)$$

式中，aq 为溶液；1M 表示 1mol/L；g 为气体。

这个参考电极被称为标准氢电极（SHE）。由于铂与 1mol/L 的盐酸溶液互不反应，所以选用铂作为氢电极，盐酸作为酸溶液。铂电极表面的电子与质子（即 H^+）反应产生氢气。以图 1.3 所示的电化学电池为例，包括铜电极和 SHE，其中铜电极处发生还原反应，SHE 发生氧化反应，即

正极（还原）： $\quad Cu^{2+}(aq) + 2e^- \longrightarrow Cu(s) \quad E_{cathode}^\circ \quad (1.4)$

负极（氧化）： $\quad H_2(g) \longrightarrow 2H^+(aq) + 2e^- \quad E_{anode}^\circ \quad (1.5)$

总反应： $\quad Cu^{2+}(aq) + H_2(g) \longrightarrow 2H^+(aq) + Cu(s) \quad E_{cell}^\circ \quad (1.6)$

式中，s 为固体。

如前所述，标准电池电势等于正负极标准反应电势之间的差值，如下所示：

$$E_{cell}^\circ = E_{cathode}^\circ - E_{anode}^\circ \quad (1.7)$$

由于发生在 SHE 处的反应电势为 0（即 E_{anode}°），电压表上显示的值（单体蓄电池电压）相当于铜电极上的还原反应的标准电位（例如：$E_{cell}^\circ = E_{cathode}^\circ = +0.337V$）。

1.2.2 电解质

根据不同的蓄电池类型，电解质可以是液体、固体、聚合物或复合（混合）材料。电解质应该具有高离子导通性、电子绝缘性、不与电极材料反应、工作温度范围宽的特点。传统

的液态电解质通常具有低黏度、能量密度高、充放电倍率高、相对较低的工作温度（在 –40 ~ 60℃之间）以及可燃性低的特点。聚合物电解质可以是凝胶或固体。固体聚合物电解质具有高柔韧性、高能量密度、多功能应用、高安全性、优良的机械性能以及优良的热稳定性和化学稳定性的特点。但是固体聚合物电解质在室温下离子电导率低（$10^{-5} \sim 10^{-1}$ mS·cm^{-1}）。凝胶聚合物电解质具有相对较高的离子电导率（1mS·cm^{-1}）、高柔韧性、多功能应用以及化学稳定性的特点，但其机械强度和界面性能较差。固体聚合物电解质的主要优点是无电解质泄漏，具有高安全性（不可燃性）、不挥发性、热稳定性和机械稳定性，且易于制造、功率密度高、循环特性好。

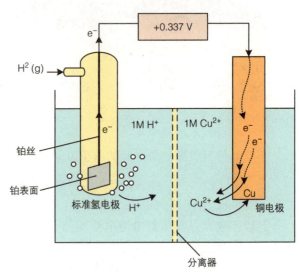

图 1.3　一种包括铜和标准氢电极的电化学电池 [氢气在 1atm 下在 1M HCl（aq）溶液中冒气泡]

可以通过选择负极或正极材料来提高单体蓄电池电压，或者通过多个单体蓄电池连接或堆叠在一起来增加蓄电池电压。单体蓄电池在模组中可以通过串联或者并联的形式排列。在并联排布下，由于流过蓄电池的电子总数量增加，因此电池电流增加。在一个给定的电路中，每秒可以从每个电池中提取一定数量的电子，所以如果两个或更多的电池并联连接，每秒可提取的电子数量就会成倍增加，从而导致电路中的总电流增加。

在单体蓄电池的串联排布下，电池数量增加推动电子的驱动力增加，电池电压也随之增加。例如，当两个相同的电池串联在一起时，电压增加是因为相同的电压下每次移动的电荷是原来的两倍。因此，在电流保持不变的情况下，所做的功是原来的两倍（即两倍电压）。

此外，单体蓄电池可以通过串并联的方式同时增加蓄电池系统的电压和电流。串并联排布的总电流（I_T）和总电压（V_T）可以表达如下：

$$I_T = \sum_{n=\text{number of rows}} I_n \tag{1.8}$$

$$V_T = \sum_{m=\text{number of columns}} V_m \tag{1.9}$$

式中，rows 为串联；columns 为并联。

例如，考虑下面这种串并联排列的情况。如果将 8 块单体电压为 6V、电流为 100A·h 的蓄电池排成两行，每行包含 4 块单体蓄电池，则该模组的电压和电流为

$$I_T = \sum_{n=2} I_n = I_1 + I_2 = 2I_1 = 2 \times 100\text{A} \cdot \text{h} = 200\text{A} \cdot \text{h} \tag{1.10}$$

$$V_T = \sum_{m=4} V_m = V_1 + V_2 + V_3 + V_4 = 4V_1 = 4 \times 6\text{V} = 24\text{V} \tag{1.11}$$

图 1.4 展示了本例模组内单体蓄电池的连接情况。

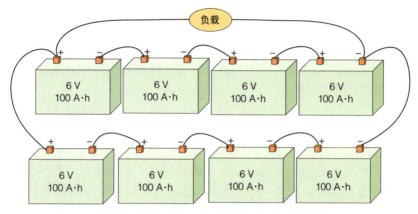

图 1.4 用于输送高电压和电流的单体蓄电池串并联排列方式
（两行蓄电池之间并联连接，每行中有 4 块蓄电池串联）

1.2.3 蓄电池容量

蓄电池容量相当于在充电模式下积累的电荷数，然后在开路搁置期间存储，最后在放电模式中以可逆的方式使用。蓄电池容量可以通过对放电电流进行积分来进行确定，积分的上下限为蓄电池完全充满和完全放空对应的电压阈值（也被称为截止电压，即 V_{cutoff}）。截止电压对应的时间为截止时间（t_{cutoff}）。当电池放电时，放电容量（C_d）由下式得出：

$$C_d = \int_{initial=0}^{t_{cutoff}} Idt = \frac{-n_e F}{M_{electrode}} \left(m_{electrode}^{initial} - m_{electrode}^{cutoff} \right) \quad (1.12)$$

式中，$M_{electrode}$ 为电极材料的分子质量；I 为单体蓄电池电流；n_e 为电子数；F 为法拉第常数；而 $m_{electrode}^{initial}$ 和 $m_{electrode}^{cutoff}$ 分别为在初始状态（蓄电池完全充满）和截止状态下电极活性物质的质量。在理想条件下，由于蓄电池内部不可逆性而没有容量衰减时，电池在放电过程中释放的电荷与在充电过程中接收的电荷相同，对于正极材料或负极材料均可由式（1.12）表示。比如铅酸蓄电池的 C_d 可以由式（1.13）表示。

$$C_d = \int_{initial=0}^{t_{cutoff}} Idt = \frac{-2F}{M_{PbO_2}} \left(m_{PbO_2}^{initial} - m_{PbO_2}^{cutoff} \right) = \frac{-2F}{M_{Pb}} \left(m_{Pb}^{initial} - m_{Pb}^{cutoff} \right) \quad (1.13)$$

放电时，电极中的活性物质通过电化学反应转换为放电产物，直至蓄电池电压接近电压阈值。这种转化的程度被称为电极材料的利用率系数。

在一些蓄电池中，单体蓄电池可以发生可逆反应，从而允许蓄电池充电。事实上，只要选择合适的电极材料，电子在外部电路中正向和反向运动都是可能的。电池放电时在负极和正极发生的电化学反应在充电时发生逆转。这种类型的电池被称为二次电池，它们可以在达到使用寿命之前进行多次充放电。

原电池或一次电池是指在放电过程中电子只能从负极移动到正极的电池。换句话说，发生在负极和正极处的反应不能反向发生。这种类型的电池只能存储和提供一次能量。在原电池中，当电极耗尽时，电池寿命就结束了，因为电极将所有离子都释放到电解质中或者产物完全覆盖电极表面，不允许任何更多的反应物达到界面，从而阻止了反应的发生。

本书聚焦于二次电池。需要说明的是，为了方便，本书中使用的所有"蓄电池"术语均为"可充电蓄电池"。由于二次电池是可充电的，与第一次放电过程相比，离子在电解质中的前后运动和界面上的反应并不完美。这意味着这种电池的性能会随着充放电循环而下降，并最终接近其使用寿命终点。

1.3 蓄电池类型

蓄电池有很多种类，它们的不同之处在于电池组件，如电解质、负极和正极。不同类型的电池具有不同的工作温度范围、制造成本、比能量（电池单位质量中所含的能量）、比功率（负载容量）、效率和循环周期、寿命。蓄电池技术发展的一个重要目标是改善这些性能参数。

下面将介绍和描述各种类型的已经商业化应用的二次电池。

1.3.1 铅酸蓄电池

铅酸蓄电池由硫酸水溶液电解液、铅负极和二氧化铅（PbO_2）正极组成。在放电过程中，负极和正极消耗电解液中的硫酸，并将其转换为硫酸铅（$PbSO_4$）。在充电过程中，通过在负极上沉积一层金属铅和在正极上沉积一层氧化铅，硫酸铅被转化为硫酸。

图 1.5 所示为铅酸蓄电池的工作原理。在放电过程中，负载从外部连接在电极之间，硫酸电解液分子分解为带正电的氢离子（H^+）和带负电的硫酸盐离子（SO_4^{2-}）。带正电的氢离子到达二氧化铅电极（正极）并从该电极接收电子。氢离子变成氢原子，随后再与二氧化铅反应生成氧化铅和水。生成的氧化铅与硫酸反应形成硫酸铅和水。一些负的硫酸盐离子向铅电极（负极）移动，它们将多余的电子转移到负极，成为硫酸盐自由基。硫酸盐自由基与纯铅反应形成硫酸铅。由于带正电的氢离子从正极接收电子，带负电的硫酸盐自由基把电子带到负极，所以负极和正极之间的电子数量仍然是不相等的。因此，在这两个电极之间存在通过外部负载的电子流（电流），从而解决了负极和正极之间的电子数量不相

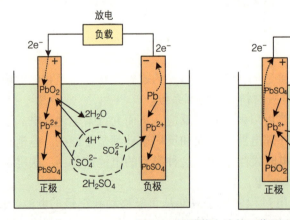

图 1.5 铅酸蓄电池的工作原理

等的问题。

铅酸蓄电池在放电过程中，正极和负极的氧化还原反应可以写成：

负极氧化反应：
$$Pb(s) + SO_4^{2-}(aq) \longrightarrow PbSO_4(s) + 2e^-$$
$$E_a^\circ = -0.356V \tag{1.14}$$

正极还原反应：
$$PbO_2(s) + 4H_3O^+(aq) + SO_4^{2-}(aq) + 2e^- \longrightarrow PbSO_4(s) + 6H_2O(l)$$
$$E_c^\circ = 1.685V \tag{1.15}$$

总反应：
$$Pb(s) + PbO_2(s) + 2H_2SO_4(aq) \longrightarrow 2PbSO_4(s) + 2H_2O(l)$$
$$E_{cell}^\circ = E_c^\circ - E_a^\circ = 2.05V \tag{1.16}$$

式中，l 为液体；下标 a 为负极；下标 c 为正极。

对于电压较高的单体蓄电池，由于负极的电位较低而正极的电位较高，可以发生许多副反应。这些副反应包括负极处的析氢（$4H^+ + 4e^- \rightarrow 2H_2$）和正极处的析氧（$2H_2O \rightarrow 4H^+ + 4e^- + O_2$），从而产生水分解的整体反应。事实上，在充电阶段，电解质中的水分子被解离成氧气和氢气。该反应被称为水电解反应，这是铅酸电池中不希望发生的反应。如果在设计过程中考虑将这些气体排放到大气中，需要向蓄电池系统中添加水，补偿由水电解造成的损失。另外，在密封的电池设计中，氢气和氧气被捕获并转化为水。虽然铅酸蓄电池的密封设计不用定期向蓄电池中添加水，但在高充电倍率或过充电的情况下，氢气和氧气的生成速度可能超过水的生成速度（即气体结合生成水的速度）。这可能会增加铅酸蓄电池爆炸的风险。此外，蓄电池可能发生自放电。这涉及电子通过电解液而不是通过外部电路从负极转移到正极。

铅酸蓄电池是一种成本相对较低的电池。然而，铅酸蓄电池的比能量低，并且电池内部所含的铅是有毒的。在实际应用中，一个铅酸蓄电池的比能量在 30~40W·h/kg 之间，而平均理论值约为 170W·h/kg。铅酸蓄电池的比能量范围明显低于锂离子电池，锂离子电池的比能量约为 250W·h/kg。

铅酸蓄电池的使用寿命通常只有几百次循环。电极表面活性物质脱落和腐蚀是铅酸蓄电池寿命相对较低的两个主要原因。由于高温和高充电倍率的运行环境，在负极表面积聚的碳酸盐是铅酸蓄电池衰减的另一个重要原因。延长铅酸蓄电池寿命的方法如下：

1）改进电极网格结构设计和提升电极中活性材料性能。
2）用碳负极来代替铅负极来存储电荷。
3）使用铅酸液流蓄电池，其中铅溶解在甲烷磺酸电解质中。

这些方法（特别是最后一种）也可能在一定程度上提高铅酸蓄电池的比能量，但是与其他类型的电池相比，铅酸蓄电池的比能量仍然相对较低。

1.3.2 镍基蓄电池

镍基蓄电池有很多类型，包括镍镉蓄电池（Ni-Cd）、镍铁蓄电池（Ni-Fe）、镍锌蓄电池（Ni-Zn）和镍氢蓄电池（Ni-H$_2$）。在这些镍基电池中，镍氢氧化物电极被用作正极。由于镍基蓄电池通常使用强碱性溶液（如氢氧化钾）作为电解质，因此镍基蓄电池也被称为碱性二次电池。镍基蓄电池的类型与负极所用的材料有关。

镍电极（所有类型镍基蓄电池的正极）的充放电反应可以表示如下：

$$\beta\text{NiOOH} + \text{H}_2\text{O} + \text{e}^- \underset{充电}{\overset{放电}{\rightleftharpoons}} \beta\text{Ni(OH)}_2 + \text{OH}^-; E_c^\circ = 0.49\text{V} \qquad (1.17)$$

式中，β 为化学计量系数，不同类型的镍基蓄电池有不同值。

后面描述 5 种镍基蓄电池。这些镍基蓄电池包括镍镉蓄电池、镍铁蓄电池、镍氢蓄电池、镍金属氢蓄电池和镍锌蓄电池。

1. 镍镉蓄电池

这种类型的镍基蓄电池由 [镍（三价）氧化物 - 氢氧化物材料正极]、负极（镉板）、碱性电解质（通常是氢氧化钾）和隔膜组成。在充放电循环中，电解质通常保持在恒定的浓度（例如，KOH 浓度为 20%～30%），以尽量减少电池电阻。

镍镉蓄电池负极和正极放电时的氧化还原反应可写为

负极氧化反应：
$$\text{Cd} + 2\text{OH}^- \longrightarrow \text{Cd(OH)}_2 + 2\text{e}^- \qquad (1.18)$$
$$E_a^\circ = -0.81\text{V}$$

正极还原反应：
$$2\text{NiOOH} + 2\text{H}_2\text{O} + 2\text{e}^- \longrightarrow 2\text{Ni(OH)}_2 + 2\text{OH}^- \qquad (1.19)$$
$$E_c^\circ = 0.49\text{V}$$

总反应：
$$2\text{NiOOH} + \text{Cd} + 2\text{H}_2\text{O} \longrightarrow 2\text{Ni(OH)}_2 + \text{Cd(OH)}_2 \qquad (1.20)$$
$$E_{\text{cell}}^\circ = 1.3\text{V}$$

在镍镉蓄电池的充电过程中，上述负极、正极和总反应以相反的方向发生。

图 1.6 所示为镍镉单体蓄电池充放电的工作原理。在放电过程中，氢氧化氧镍（NiOOH）与水在正极处结合形成氢氧化镍 [Ni(OH)$_2$] 和氢氧根离子。金属镉被氧化，在负极处产生氢氧化镉 [Cd(OH)$_2$] 和两个电子。在这个过程中，单体蓄电池释放能量。在充电过程中这个过程是相反的，但是氧气在正极释放，氢气在负极形成。因此，需要加入一定量的水来补偿在水分解过程中损失的氢和氧。

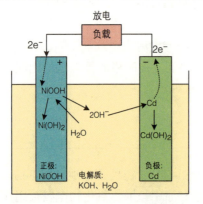
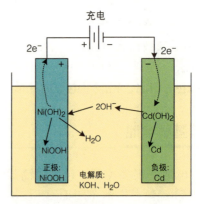

图 1.6　镍镉单体蓄电池充放电的工作原理

镍镉蓄电池的标称电压为 1.3V。镍镉蓄电池由于其相对较高的能量密度（50～75W·h/kg）和寿命（2000～2500 次充放电循环）被广泛使用于各种电子设备。然而，镍镉蓄电池的使用受到镉的毒性和昂贵的成本的限制。

镍镉蓄电池的性能受到工作温度、充放电倍率、电池类型、结构和制造工艺的影响。例如，图 1.7 所示为工作温度和荷电状态对镍镉蓄电池电压的影响。可见，在满电的蓄电池中（即充入的电量与蓄电池容量的百分比为 100%），当运行温度从 15℃ 升高到 40℃ 时，镍镉蓄电池的电压从 1.53V 降低到 1.37V。

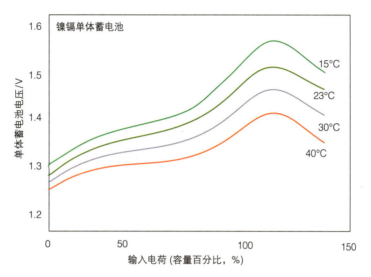

图 1.7 工作温度和荷电状态对镍镉蓄电池电压的影响

[数据来源于 Shukla, A.K., Venugopalan, S., Hariprakash, B., 2001. Nickel-based rechargeable batteries. J. Power Sources 100(1-2), 125-148。]

2. 镍铁蓄电池

在这种镍基蓄电池中，铁用作电池负极，氢氧化氧镍作为蓄电池正极。正负极都浸泡在碱性溶液（即电解液）中（例如 30% 浓度的 KOH）。镍镉蓄电池放电时的氧化还原反应可写为

负极氧化反应：
$$Fe + 2OH^- \longrightarrow Fe(OH)_2 + 2e^-$$
$$E_a^\circ = 0.88V \tag{1.21}$$

正极还原反应：
$$2NiOOH + 2H_2O + 2e^- \longrightarrow 2Ni(OH)_2 + 2OH^-$$
$$E_c^\circ = 0.49V \tag{1.22}$$

总反应：
$$2NiOOH + Fe + 2H_2O \longrightarrow 2Ni(OH)_2 + Fe(OH)_2$$
$$E_{cell}^\circ = 1.37V \tag{1.23}$$

镍铁蓄电池的能量密度通常在 19～25W·h/kg 之间。在镍铁蓄电池中可以使用排气口来释放蓄电池中产生的氢气。氢的产生是因为当电流通过镍铁蓄电池的负极和正极时，会产生三氧化二镍和还原铁。三氧化二镍和还原铁是水发生分解反应的催化剂。

典型镍铁蓄电池的循环寿命大约在 3000 次，在低于 30℃ 的工作温度下寿命为 20 年。然而，镍铁蓄电池的循环寿命和日历寿命受到蓄电池温度和充放电倍率等运行条件的影响。例如，在相对较高的运行温度下（约 40℃），镍铁蓄电池的循环寿命和日历寿命分别是 1500 次和 8 年。

镍铁蓄电池可能发生几种腐蚀反应。这些反应导致自放电，使镍铁蓄电池在室温下损失标称容量 1%~2% 的电量。自放电现象通常在炎热的天气条件下（约 40℃）加剧。镍铁蓄电池在充放电过程中也可能发生析氢，从而降低蓄电池容量。在铁电极上使用电催化剂来减少自放电，并使用氢氧复合催化剂来重新组合析出的氢气和氧气，可以提高镍铁蓄电池的性能。尽管如此，这种电池仍然无法与其他类型的蓄电池竞争，需要进一步改进以提高其商业价值。

3. 镍氢蓄电池

在镍氢（Ni-H_2）单体蓄电池中，氢气电极作为负极并存储在密封的单体蓄电池内部。26% 的氢氧化钾（KOH）溶剂通常用作 Ni-H_2 单体蓄电池的电解质。

Ni-H_2 单体蓄电池的发展受到蓄电池和燃料电池技术的启发。具体地说，氢氧化镍电极来自镍基蓄电池技术，而氢电极来自燃料电池技术。相对较轻的氢电极提高了单体蓄电池的质量能量密度（约 75W·h/kg），但与其他镍基蓄电池相比，镍氢蓄电池的体积能量密度较低（在 60~100W·h/L）。这种类型的镍基蓄电池通常用于机载能量转换和航空航天储能应用。镍氢单体蓄电池耐过充电、寿命长、充放电循环超过 20000 次、能量转换效率高（85%）。然而，镍氢蓄电池的高成本阻碍了其在航空航天外其他领域的应用。

Ni-H_2 单体蓄电池正负极处的氧化还原反应可写为

负极氧化反应： $0.5H_2 + OH^- \longrightarrow H_2O + e^-$ （1.24）

$$E_a^\circ = -0.83V$$

正极还原反应： $2NiOOH + 2H_2O + 2e^- \longrightarrow 2Ni(OH)_2 + 2OH^-$ （1.25）

$$E_c^\circ = 0.49V$$

总反应： $NiOOH + 0.5H_2 \longrightarrow Ni(OH)_2$ （1.26）

$$E_{cell}^\circ = 1.32V$$

在放电过程中，在正极处，压力容器内的氢电极被氧化成水，而在负极，NiOOH 电极被还原成 $Ni(OH)_2$。由于在负极（镍电极）消耗的水在正极（氢电极）处重新生成，氢氧化钾电解液的浓度不会发生显著变化。

关于 Ni-H_2 单体蓄电池的设计层出不穷，具体可见（Shukla 等，2001）。例如，图 1.8 所示为 COMSAT 实验室设计的常压 Ni-H_2 单体蓄电池基本结构（NASA，1997）。交替成对的负极（氢电极）和正极（镍电极）由氧化锆（氧化锌和自由基阴离子的混合物）隔膜隔开，并浸润在电解质（即 KOH 溶液）中。所有的单体蓄电池组件都堆放在一个圆柱形的压力容器中，这个压力容器通常是密封的铬镍铁合金（一种固溶强化超耐热高应力耐蚀合金），它能够在 3.45bar（1bar = 10^5Pa）和 69bar 的压力下正常运行。压力容器的爆破强度通常设计为最大工作压力的 3 倍（Shukla 等，2001）。氢电极（负极）组成如下：聚四氟乙烯与铂黑黏合而成的催化剂放置在镍网上，镍网上带有多孔气体扩散聚四氟乙烯背膜。镍电极（正极）由干燥烧结的多孔镍板组成，该多孔镍板上涂有一层氢氧化镍活性物质。

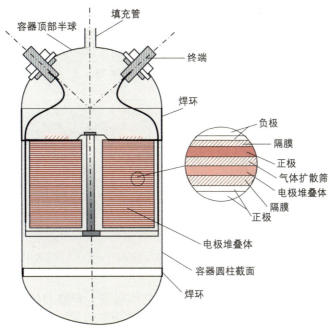

图 1.8　COMSAT 实验室设计的常压 Ni-H$_2$ 单体蓄电池基本结构

[该图源自 NASA 1997 的研究报告，即 *The National Aeronautics and Space Administration*。参考 https://llis.nasa.gov/lesson/568（2022 年 5 月 25 日可访问）。]

4. 镍金属氢蓄电池

在镍金属氢（Ni-MH）单体蓄电池中，负极是一种复杂的贮氢合金，镍和 NiOOH 作为正极材料的活性物质。负极中复杂的贮氢合金作为还原氢的稳固来源，可以被氧化产生质子。KOH 溶液作为电解液。Ni-MH 蓄电池的设计初衷是为了在镍氢电池中存储氢。这种类型的单体蓄电池的能量密度适中（70～100W·h/kg），具有相对较高的体积能量密度（170～420W·h/L），并且耐过充电。此外，Ni-MH 蓄电池没有枝晶形成，并且与 Ni-Cd、Ni-Fe 和铅酸蓄电池不同（含有一些有毒物质），不使用有毒物质。

图 1.9 所示为 Ni-MH 单体蓄电池充放电过程中的工作原理。在放电过程中，正极处的水分子和 NiOOH 结合生成氢氧根离子。生成的氢氧根离子通过 KOH 溶液从正极移动到负极。转移到负极的氢氧根离子接收来自贮氢合金的氢离子生成水分子。

Ni-MH 单体蓄电池在放电过程中的氧化还原反应可以写成如下形式：

负极氧化反应：
$$MH + OH^- \longrightarrow M + H_2O + e^-$$
$$E_a^\circ = -0.83V \quad (1.27)$$

正极还原反应：
$$NiOOH + H_2O + e^- \longrightarrow Ni(OH)_2 + OH^-$$
$$E_c^\circ = 0.49V \quad (1.28)$$

总反应：
$$NiOOH + MH \longrightarrow M + Ni(OH)_2$$
$$E_{cell}^\circ = 1.32V$$
（1.29）

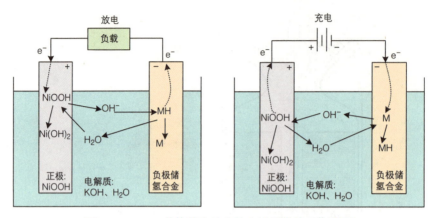

图 1.9　Ni-MH 单体蓄电池充放电过程中的工作原理

在 Ni-MH 单体蓄电池的充电过程中发生的反应与上述所写的氧化、还原和总反应的方向是相反的。

Ni-MH 单体蓄电池的工作原理是在正负极之间吸收、释放和传输氢。在放电过程中，存储在贮氢合金负极中的氢原子释放到 KOH 电解液中形成水。生成的水被分解成氢离子，而后被正极吸收形成氢氧化镍 $[Ni(OH)_2]$。把氢从负极传输到正极的过程是吸热的（即吸收热量）。这个吸热过程一直持续到蓄电池放电完毕。在此状态下，发生的副反应会导致 Ni-MH 单体蓄电池温度升高。由于放电反应是吸热的，因此 Ni-MH 蓄电池具有较高的放电倍率和较低的散热速度。

在负极存储氢的贮氢合金通常是混合稀土（Misch Metal）。混合稀土是稀土元素与铁、微量硫、碳、钙和铝的合金。通常情况下，其成分约为 50% 的铈、25% 的镧、15% 的钕、10% 的其他稀土金属和铁。这个贮氢合金具有很高的体积能量密度，从而导致电池容量较高。

Ni-MH 单体蓄电池具有循环寿命长、倍率高和高能量密度等优点，Ni-MH 蓄电池有着取代 Ni-Cd 蓄电池的趋势。然而，还应当要改善 Ni-MH 单体蓄电池高自放电倍率（每月高达 30%）及其在相对低温下（即低于 0℃）的性能。

图 1.10 所示为圆柱形 Ni-MH 单体蓄电池的一般组成部分，包括由电解液分隔的正负极、隔膜和外壳。电解液、电极和隔膜通过卷绕的形式放置在一个密封钢壳中。此外，还装有安全阀，以避免因短路或内部压力升高而造成的爆炸。在反复的充放电过程中，正极析出的氢气会导致单体蓄电池内部压力升高。由于电极和电解液之间的接触面积大、内阻低，镍基电池的卷绕设计能够提供相对较高的输出功率。

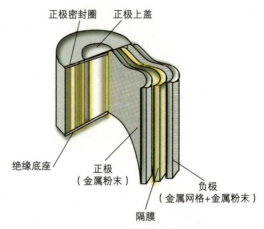

图 1.10　圆柱形 Ni-MH 单体蓄电池的一般组成部分

一般来说，电池输出功率随电极间反应表面积增加、总电流减小和电解液离子电导率的提高而增大。

当电解液中没有剩余的 $Ni(OH)_2$ 残留时，无法与氢氧根发生反应，Ni-MH 单体蓄电池就会发生过充电。随后，氧气开始析出，通过隔膜扩散到负极，并与负极发生反应。氧气和存储的氢气重新结合在 KOH 溶液（电解液）中产生多余的水。当氧气析出的速度高于重新结合的速度时，产生过量的氧气会增加 Ni-MH 单体蓄电池的内部压力。防止 Ni-MH 单体蓄电池过充电的一种有效方法是使用比正极容量更高的负极（即更多的活性物质）。通过这种方法，可以将析出的氧气更有效地重组，从而减缓单体蓄电池内部的压力升高。

频繁的过充电会降低 Ni-MH 单体蓄电池的容量和寿命，还会导致单体蓄电池内部存在过量的氧气，导致单体蓄电池内部压力和温度升高。温度和压力的升高可能会导致隔膜中的电解液损失。干燥的隔膜会削弱正负极之间氢气的转移。在严重的过充电情况下，当存在大量的氧气时，正极侧的安全阀可以排出氧气。

当正极上的活性物质由于产生氢气而完全消耗时，Ni-MH 单体蓄电池发生过放电。负极上的金属氢活性物质能够吸收部分正极析出的氢气。未被负极吸收的氢气会增加单体蓄电池内部的压力。然后，当负极上的活性物质消耗完毕时，负极开始吸收氧气，导致单体蓄电池容量损失。Ni-MH 单体蓄电池频繁过放电，电极表面被氢气和氧气完全覆盖，并且过多的氢气从安全阀排出也造成了氢气的损失，导致单体蓄电池存储容量减少（由于氧气占据了氢气的存储位置）。

5. 镍锌蓄电池

在镍锌（Ni-Zn）单体蓄电池中，金属锌为负极，氢氧化镍为正极，氢氧化钾溶液作为电解液。图 1.11 所示为镍锌单体蓄电池充放电过程中的工作原理。在放电过程中，负极处的金属锌被氧化为氢氧化锌（二价）。在负极反应中，产生两个电子。这些电子通过外电路传递到正极。在正极，NiOOH（三价）被还原成 $Ni(OH)_2$（二价）。实际上，在正极，NiOOH（三价）与水和两个电子（负极反应中生成的两个电子）发生反应并形成 $Ni(OH)_2$（二价）和氢氧根离子。

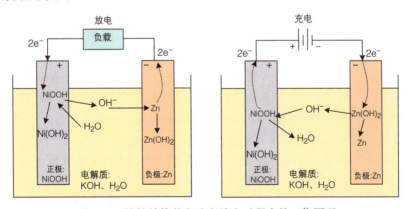

图 1.11　镍锌单体蓄电池充放电过程中的工作原理

Ni-Zn 单体蓄电池在放电过程中正负极的氧化还原反应可以写成如下形式：

负极氧化反应：
$$Zn + 2OH^- \longrightarrow Zn(OH)_2 + 2e^-$$
$$E_a^\circ = -1.2V \tag{1.30}$$

正极还原反应：
$$2NiOOH + 2H_2O + 2e^- \longrightarrow 2Ni(OH)_2 + 2OH^-$$
$$E_c^\circ = 0.49V \tag{1.31}$$

总反应：
$$2NiOOH + Zn + H_2O \longrightarrow ZnO + 2Ni(OH)_2$$
$$E_{cell}^\circ = 1.7V \tag{1.32}$$

Ni-Zn单体蓄电池的总电压高于其他镍基单体蓄电池。因此，这种类型的单体蓄电池可以提供更高的输出电压。此外，锌元素比镉和金属氢化物相对丰富，这使得Ni-Zn单体蓄电池的成本较低。在电解质中添加氢氧化锂（LiOH）可以提高镍锌单体蓄电池的性能和寿命。Ni-Zn单体蓄电池具有相对较高的能量密度（55~85W·h/kg）、功率密度（140~200W/kg）和低的自放电率（每天低于0.8%）。通常使用吸湿材料来保持负极和正极湿润。安全阀可用来释放Ni-Zn单体蓄电池充电过程中释放的氧气。Ni-Zn单体蓄电池需要保持高压，以减少在正常使用寿命期间发生的缺陷。

在充电过程中，负极析出的锌会形成枝晶并造成电极膨胀。枝晶生长会导致内短路。图1.12所示为Ni-Zn单体蓄电池在反复充放电过程中形成的锌枝晶。微孔隔膜可以阻止锌枝晶的形成。尽管如此，还是需要对Ni-Zn单体蓄电池进一步改进，以克服锌沉积和锌枝晶带来的阻碍。

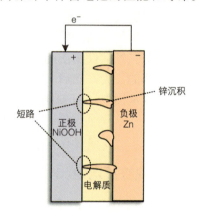

图1.12 Ni-Zn单体蓄电池在反复充放电过程中形成的锌枝晶

1.3.3 钠硫蓄电池

在钠硫（Na-S）蓄电池中，β-固体氧化铝（β-Al$_2$O$_3$）材料被用作电解质。它能选择性地让钠离子通过，允许钠离子在正负极之间传输。钠电极用作负极。正极可以是液态硫（在这种情况下，蓄电池类型为Na-S蓄电池）或者固体氯化物。在Na-S单体蓄电池中，多孔石墨可作为正极以提升Na-S蓄电池的电导率。β-固体氧化铝是一种陶瓷材料，在相对较高的温度下（高于300℃）具有高的离子传导性。由于正负极所用的材料熔点低于300℃，Na-β单体蓄电池在运行过程中，正极和负极都处于熔融盐状态。

这种类型的单体蓄电池在高温下能够有效地工作，这是一个非常重要的优点，因为它对环境温度的敏感性较低。然而，这种蓄电池相对较高的运行温度降低了钠硫电池的能量效率和寿命，需要增加更多对安全的考虑。

在350℃下，Na-S单体蓄电池在放电过程中负极和正极的氧化还原反应可表示为

负极氧化反应：
$$2Na \longrightarrow 2Na^+ + 2e^- \tag{1.33}$$

正极还原反应：
$$xS + 2Na^+ + 2e^- \longrightarrow Na_2S_x \quad (x = 3 \sim 5) \tag{1.34}$$

总反应： $$xS + 2Na \longrightarrow Na_2S_x \quad (x = 3 \sim 5)$$
$$E_{cell}^{\circ} = 1.78 \sim 2.08V \tag{1.35}$$

图 1.13 所示为管状氯化钠镍单体蓄电池及其结构。在 300℃下，以氯化镍为正极的 Na-S 单体蓄电池在正负极的氧化还原反应可以写成

负极氧化反应： $$2Na \longrightarrow 2Na^+ + 2e^- \tag{1.36}$$

正极还原反应： $$NiCl_2 + 2Na^+ + 2e^- \longrightarrow Ni + 2NaCl \tag{1.37}$$

总反应： $$NiCl_2 + 2Na \longrightarrow Ni + 2NaCl$$
$$E_{cell}^{\circ} = 2.58V \tag{1.38}$$

在充电过程中，上述氧化还原反应以相反的方向发生。

在放电过程中，钠离子通过金属钠在钠负极和 β-Al$_2$O$_3$ 电解质之间的金属钠界面上氧化产生。然后，钠离子通过电解质传输到正极，与 NiCl$_2$ 发生反应。最后，NiCl$_2$ 在正极处被还原成镍金属。

Na-S 蓄电池有相对较高的能量密度（是铅酸蓄电池的 5 倍）、较大的能量存储容量（kW·h 量级到 MW·h 量级不等）、较长的循环寿命（达到 5000 次充放电循环）。但是，高温运行加剧了 Na-S 蓄电池的腐蚀和由于蓄电池内部热膨胀而产生的机械应力。此外，电解质的易碎性可能导致

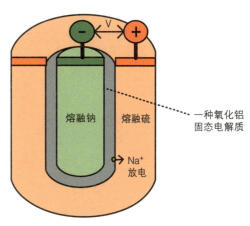

图 1.13 管状氯化钠镍单体蓄电池及其结构

电解质结构出现裂缝，从而导致两个液态电极的混合，进而导致火灾，甚至引发爆炸。为了降低这种风险，Na-S 蓄电池应该在电解质凝固点以上运行，这种方法可以通过提供一个外部热源实现。通过与 Na-S 单体蓄电池的硫基电极比较，氯化镍基正极有更高的电压、更高的运行温度、较小的腐蚀性、更安全的结果和更低的能量密度。

1.3.4 锂离子蓄电池

在锂离子蓄电池中，锂离子（Li$^+$）通过电解质和多孔隔膜在正负极之间来回通行。在锂离子单体蓄电池中，金属氧化物、橄榄石（LiMPO$_4$，其中 M = Fe、Mn、Co、Ni）、氧化钒和尖晶石结构的高锰酸锂（LiMn$_2$O$_4$、LiNi$_{0.5}$Mn$_{1.5}$O$_4$）通常用作正极。多孔碳材料、钛酸锂和硅通常被用作负极。锂离子蓄电池的电解液是溶解锂盐的有机溶剂混合物，如碳酸乙烯酯（C$_3$H$_4$O$_3$）、碳酸二甲酯（C$_3$H$_6$O$_3$）、丙烯酸酯（C$_4$H$_6$O$_3$）。

典型锂离子蓄电池的工作原理如图 1.14 所示。当锂离子蓄电池完全放电时，锂离子存储在正极中。在充电过程中，锂离子从正极中脱出，通过电解液向负极移动。因此，在充电结束时，锂离子都存储在负极中，在放电过程中，锂离子流回正极。为了提高电极的完整性和集流体与电极之间的黏附性，还可以在负极和正极两侧使用集流体。

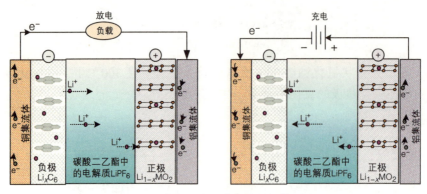

图 1.14 典型锂离子蓄电池的工作原理

表 1.2 列出了各种锂金属蓄电池系统的特性。可以看出,与其他类型的锂离子蓄电池化学物质相比,镍钴铝氧化物(NCA)-石墨具有最高的比能量。所有类型的锂离子蓄电池的工作温度几乎是相同的(在 0~50℃之间)。低于 20℃和高于 50℃的工作温度会加速蓄电池内部的衰减机制,对锂离子蓄电池的性能产生不利影响。

表 1.2 各种锂金属蓄电池系统的特性

锂金属蓄电池化学成分	单体能量密度/(W·h/kg)	标称电压/V	循环寿命/次	工作温度/℃
NMC[①]-石墨	140~200	3.7	2000+	0~55
NCA-石墨	200~250	3.6	2000+	
LFP[②]-石墨	90~140	3.2	3000+	
LMO[③]-石墨	100~140	3.7	1000~2000	

注:表中数据摘自 Ralon, P., Taylor, M., Ilas, A., Diaz-Bone, H., Kairies, K., 2017. Electricity Storage and Renewables: Costs and Markets to 2030. International Renewable Energy Agency, Abu Dhabi, UAE;Ecker, M., Nieto, N., Käbitz, S., Schmalstieg, J., Blanke, H., Warnecke, A., Sauer, D.U., 2014. Calendarand cycle life study of Li(NiMnCo)O₂-based 18650 lithium-ion batteries. J. Power Sources 248,839–851; Zubi, G., Dufo-López, R., Carvalho, M., Pasaoglu, G., 2018. The lithiumion battery: state of the art and future perspectives. Renew. Sustain. Energy Rev. 89, 292–308。
① 镍钴锰氧化物。
② 磷酸铁锂。
③ 锰酸锂。

在放电过程中,使用锂金属氧化物 $[Li_{(1-x)}MO_2]$ 作为正极、石墨(C_6)作为负极的锂离子蓄电池总的氧化还原反应可以写成如下形式:

负极氧化反应: $$Li_xC_6 \longrightarrow C_6 + xe^- + xLi^+ \tag{1.39}$$

正极还原反应: $$Li_{(1-x)}MO_2 + xe^- + xLi^+ \longrightarrow LiMO_2 \tag{1.40}$$

总反应: $$Li_xC_6 + Li_{(1-x)}MO_2 \longrightarrow C_6 + LiMO_2 \tag{1.41}$$

例如,对于钴酸锂单体蓄电池,在放电过程中,负极和正极之间的氧化还原反应可以写为

负极氧化反应: $$LiC_6 \longrightarrow C_6 + e^- + Li^+ \tag{1.42}$$

正极还原反应：$\qquad CoO_2 + e^- + Li^+ \longrightarrow LiCoO_2 \qquad$ （1.43）

总反应：$\qquad LiC_6 + CoO_2 \longrightarrow C_6 + LiCoO_2 \qquad$ （1.44）

在充电过程中，上述的氧化还原反应朝着相反的方向发生。在放电过程中，石墨负极处的 Li 被氧化为 Li^+。负极处的氧化反应也会在负极处产生不带电的物质。生成的锂离子（Li+）通过电解质转移到正极，与钴氧化物结合，导致四价 Co 离子还原成三价 Co 离子。

锂离子蓄电池具有单体自放电率低（每月 1.5%～2%）、能量密度高（质量能量密度 100～265W·h/kg 和体积能量密度 250～670W·h/L）、循环寿命长和维护费用低的特点。锂离子蓄电池输出电压高达 3.6V，比 Ni-MH 和 Ni-Cd 蓄电池高 3 倍。尽管单体锂离子蓄电池具有诸多优点，但在高电压运行过程中，单体锂离子蓄电池容易过热，从而导致热失控、火灾和自燃。此外，锂离子蓄电池通常比其他类型的电池，如 Ni-Cd 单体蓄电池的成本更高。

1.3.5 金属-空气蓄电池

在金属-空气单体蓄电池中，氧气（最好从大气中供应）被用作正极，纯金属（如锌、锂）用作负极，水溶液（如氢氧化钾、氢氧化钠和氢氧化锂等碱性水溶液）作为电解质。多孔碳材料板通常作为空气正极的支撑结构。各种金属可用作负极，包括铁、锌、镁、锂和铝。然而，只有锌和锂材料适用于可充电蓄电池。

在放电过程中，氧气与纯金属在负极发生反应生成金属氧化物。在充电过程中，产生的金属氧化物被还原，在负极处还原成金属。

图 1.15 所示为锂-空气单体蓄电池及其工作原理。在放电过程中，锂离子在负极反应中产生，并通过电解液向正极移动。锂离子在正极处与空气发生反应生成二氧化锂（Li_2O_2）。

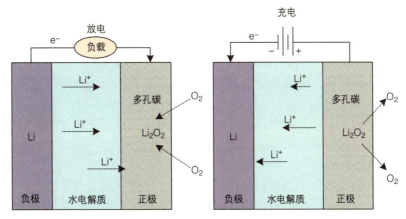

图 1.15 锂-空气单体蓄电池及其工作原理

在放电过程中，负极和正极处的氧化还原反应可以写成如下形式：

负极氧化反应：$\qquad Li \longrightarrow e^- + Li^+ \qquad$ （1.45）

正极还原反应： $2Li^+ + 2e^- + O_2(g) \longrightarrow Li_2O_2(s)$ （1.46）

总反应： $2Li + O_2(g) \longrightarrow 2Li_2O_2(s)$ （1.47）

与现有的蓄电池相比，金属-空气单体蓄电池具有最高的能量密度和最低的能量存储成本。锌-空气蓄电池和锂-空气蓄电池的比能量密度分别为 $3kW \cdot h/kg$ 和 $11kW \cdot h/kg$。尽管它们的能量密度很高，但金属-空气蓄电池在运行过程中存在值得注意的问题。这些问题包括由于金属氧化物绝缘层在负极表面沉积产生的容量损失和放电倍率下降、暴露在大气环境中的电解液蒸发以及和外部金属反应。

1.4 蓄电池的应用

商业化的二次（可充电）单体蓄电池及其工作原理在前面已经介绍过。本节中将描述各种类型蓄电池的应用。

铅酸蓄电池：铅酸蓄电池是应用最早的蓄电池之一，目前仍是中小型储能应用中广泛使用的二次（可充电）储能技术之一。由于良好的经济性（即度电成本低）以及它们在蓄电池寿命、容量和花费之间的平衡，铅酸蓄电池是最受欢迎的电能存储类型之一，广泛应用于基于蓄电池的离线储能和备用系统。此外，铅酸蓄电池也是太阳能安装人员的一个很好的选择。这种蓄电池是可以扩展的，可以满足太阳能光伏系统等太阳能应用从小到大的容量存储需求。铅酸蓄电池仍然是内燃机汽车常用的起动电源。

镍基蓄电池：一般来说，镍基蓄电池通常用于备用电源领域（例如紧急外接电源）、混合动力汽车、电动汽车和飞行器启动系统。当需要大放电倍率和大容量时，通常使用镍镉蓄电池。因此，镍镉蓄电池通常应用于家用电动工具、遥控汽车等需要高功率、高放电倍率的场景。很多太阳能灯或花园小径的路灯等配备的是镍镉蓄电池。镍镉蓄电池还可以大规模用作核电站、飞机航空电子系统以及供暖通风和空调（HVAC）应用领域的应急电源。

镍金属氢蓄电池拥有更高的电池容量和与镍镉蓄电池相似的充电倍率。与镍镉蓄电池一样，镍金属氢蓄电池通常应用于遥控器和电动工具。

镍铁蓄电池适用于可再生能源系统（如太阳能系统），因为镍铁蓄电池坚固耐用、使用寿命长、成本低。最近的研究同时集中在蓄电池混用、电解制氢以及电力生产领域（Mulder 等，2017）。如前所述，镍铁蓄电池充满电时会产生氢气，产生的氢气可用于燃料电池的电力生产。

镍氢蓄电池是为了提高二次电池的容量和能量密度并应用在航空航天储能领域而发展起来的。例如，水星信使号（NASA，2004）和火星奥德赛号（Anderson 和 Coyne，2002）均已开始使用镍氢蓄电池。

钠硫蓄电池：钠硫蓄电池具有较高的能量密度，这使其成为汽车应用领域的可充电牵引蓄电池。但是，钠硫蓄电池还没有成功在汽车上实现商业应用，为了大规模和可靠地应用这种蓄电池技术，还需要进一步的研究和改进。钠硫蓄电池现在用于有限数量的公用电站调峰（Santhanagopalan 等，2014）。

锂离子蓄电池：锂离子蓄电池具有比能量高、耐用和运行功率相对较高的特点，广泛应用于便携式电子设备，如计算机、笔记本计算机、手机、数码相机、玩具和电动工具。

此外，这种蓄电池广泛应用于汽车领域，如电动汽车和混合动力汽车的动力蓄电池包。此外，由于锂离子蓄电池具有寿命长、效率和功率高等特点，它们目前用于固定发电厂和基于可再生的能源系统（如太阳能和风能）。

锂离子蓄电池的应用越来越广泛，其主要的应用领域如下：

1）紧急备用电源。
2）电动汽车和混合动力汽车。
3）轻量化船舶。
4）太阳能储能。
5）偏远地区的报警系统。
6）便携式电子设备（笔记本计算机、数码相机、手机等）。

1.5 各种类型蓄电池对比研究

在本节中，将对各种类型蓄电池的特性进行对比。

图 1.16 所示为不同类型单体蓄电池的重量比能量和体积比能量比较。可以看出，与铅酸蓄电池、镍镉蓄电池和镍金属氢蓄电池相比，锂离子蓄电池具有相对较高的体积比能量和重量比能量。除了这些优点，在给定的容量下，锂离子蓄电池具有更小的尺寸和更小的质量。

在交通运输领域，电动乘用汽车已经发生了重大改变。后续需要对轻型和重型货车的电气化投入更多的努力，这是与运输部门有关的二氧化碳排放的主要来源之一（EPA，2019）。表 1.3 比较了锂离子蓄电池、镍基蓄电池和铅酸蓄电池的寿命、成本、放电深度（电池充满电后的放电容量除以电池标称容量）、维护要求、应用领域以及其他特征。可以看出，锂离子蓄电池具有合适的成本、维护要求和寿命。此外，镍基蓄电池最贵，其次是锂离子蓄电池和铅酸蓄电池。

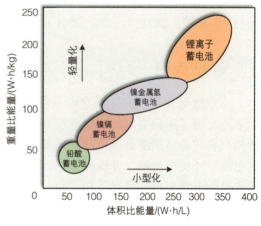

图 1.16 不同类型单体蓄电池的重量比能量和体积比能量比较

注：该图修改自 Tarascon, J.M., Armand, M., 2011. *Issues and challenges facing rechargeable lithiumbatteries*. In: Dusastre, V. (Ed.), Materials for Sustainable Energy: A Collection of Peer-Reviewed Research and Review Articles From Nature Publishing Group. World Scientific:Nature Pub. Group, Hackensack, NJ, USA, pp. 171-179.

为了达到预设目标或者提出新的蓄电池负极、正极和电解质化学材料，许多研究致力于提升现有蓄电池技术的性能并降低成本。比如，最近一些研究集中于采用新方法来提升锂离子蓄电池的性能（Zhu 等，2021；Li 等，2021；Zhu 等，2020；Reizabal 等，2020；Shang 等，2019；Al-Zareer 等，2019a，b；Malik 等，2018；Liu 等，2018a，b；Brown 等，2018；Wang 等，2017）。同时，对镍基蓄电池(Tang 等，2022；Shangguan 等，2020；Li 等，2017，2019）和铅酸蓄电池（Lopes 和 Stamenkovic，2020；Wu 等，2020；Thangarasu 等，2020）的性能改进方法也进行了研究和讨论。

表 1.3 商业化二次电池的特征

电池类型	铅酸蓄电池	镍基蓄电池	锂离子蓄电池
成本	便宜	贵	中等
维护要求	高	低	中
寿命	短	长	中
放电深度	500 次循环，20%	2500 次循环，20%	3000 次循环，20%
最合适的应用领域	应急照明、太阳能存储和光伏系统、汽车电池	飞行器应用领域、电动汽车、电动工具、应急照明	电动汽车、手机电池、笔记本计算机、计算机
最佳充电技术	恒流恒压	恒流	恒流恒压

注：数据来自 GREENRHINO, 2021. *Beta Batteries, Safety, Storage, Operations, and Maintenance Procedure*，参考 http://leadcrystalbatteries.com（2022 年 5 月 25 日可访问）; Deltech, 2021. *Deltech Energy Solution*. 参考 https://www.delteconline.co.za/（2022 年 5 月 25 日可访问）。

除此之外，研究还提出了很多适用于蓄电池的新化学物质，其中一些正在开发中。这些新化学物质的功能、性能和技术挑战正在受到关注和研究。新提出的蓄电池类型包括钠铁蓄电池、液态金属蓄电池和锂硫蓄电池。此外，最近的研究一直致力于新材料单体蓄电池结构的运行和性能研究（Yuan 等，2021; Özdogru 等，2021; Yeo 等，2021; Zhang 等，2021; Wan 等，2021; Ng 等，2021）。

1.6 结束语

本章针对商业二次（可充电）蓄电池，介绍了可充电单体蓄电池的工作原理和特性。本章还介绍了不同类型的蓄电池应用领域并比较了不同类型蓄电池的特点。蓄电池结构中所用材料的丰富程度是决定其成本和可用性的一个标准。后续应进一步降低或者尽量降低蓄电池对环境的影响，并提高蓄电池的可持续性。在电池设计时，选择具有成本效益和生态效益的电池材料，开发适用于新化学材料的新技术，新的电池材料对环境具有低或者最小的影响。上述两种发展方向都是推动蓄电池技术发展的重要因素。为了实现这一目标，需要在新兴和现有的蓄电池系统中加入对材料储量和生态高效生产流程的分析。

问题与思考

1.1 定义蓄电池系统中的以下术语并解释它们的区别：①电极；②负极；③正极；④电解质；⑤隔膜；⑥集流体。

1.2 什么是氧化还原反应？在像蓄电池这样的电化学系统中，氧化还原反应的一般化学方程是什么？

1.3 哪一族金属常用作单体蓄电池的正极和负极？

1.4 如何增加蓄电池系统的输出电压？如何同时增加蓄电池系统的电压和电流？

1.5 定义蓄电池容量并解释如何确定蓄电池容量。

1.6 在下面的列表中，将发生在正负极之间的电化学反应和相应的蓄电池类型联系起来。请注意，右列中有一种蓄电池类型是多余的，不对应任何列出的电化学反应。

电化学反应	蓄电池类型
• Pb(s)+PbO$_2$(s)+2H$_2$SO$_4$(aq) ⟶ 2PbSO$_4$(s)+2H$_2$O(l) • 2NiOOH+Cd+2H$_2$O ⟶ 2Ni(OH)$_2$+Cd(OH)$_2$ • 2NiOOH+Fe+2H$_2$O ⟶ 2Ni(OH)$_2$+Fe(OH)$_2$ • NiOOH+MH ⟶ M+Ni(OH)$_2$ • NiCl$_2$+2Na ⟶ Ni+2NaCl • LiC$_6$+CoO$_2$ ⟶ C$_6$+LiCoO$_2$	• 镍镉蓄电池 • 氯化镍蓄电池 • 铅酸蓄电池 • 镍铁蓄电池 • 锂钴氧化物蓄电池 • 镍金属氢蓄电池 • 镍锌蓄电池

1.7 描述铅酸蓄电池、镍基蓄电池和锂离子蓄电池的一般应用。

1.8 比较铅酸蓄电池、镍镉蓄电池、镍氢蓄电池和锂离子蓄电池的重量比能量和体积比能量。

1.9 比较铅酸蓄电池、镍基蓄电池和锂离子蓄电池的寿命和成本。

1.10 如何通过参考电极测量电极（正极或负极）电压？举例说明。

参考文献

Al-Zareer, M., Dincer, I., Rosen, M.A., 2019a. Development and analysis of a new tube based cylindrical battery cooling system with liquid to vapor phase change. Int. J. Refrig. 108, 163–173.

Al-Zareer, M., Dincer, I., Rosen, M.A., 2019b. A novel approach for performance improvement of liquid to vapor based battery cooling systems. Energy Convers. Manage. 187, 191–204.

Anderson, P.M., Coyne, J.W., 2002. A lightweight, high reliability, single battery power system for interplanetary spacecraft. In: Proceedings, IEEE Aerospace Conference. vol. 5, p. 5.

Brown, Z.L., Jurng, S., Nguyen, C.C., Lucht, B.L., 2018. Effect of fluoroethylene carbonate electrolytes on the nanostructure of the solid electrolyte interphase and performance of lithium metal anodes. ACS Appl. Energy Mater. 1 (7), 3057–3062.

EPA, 2019. Sources of Greenhouse Gas Emissions. United States Environmental Protection Agency. Available from: https://www.epa.gov/ghgemissions/sources-greenhouse-gas-emissions. (Accessed 25 May 2022).

IEA, 2021. Energy Storage. International Energy Agency, Paris. Available from: https://www.iea.org/reports/energy-storage. (Accessed 25 May 2022).

Li, W., Zhang, F., Xiang, X., Zhang, X., 2017. High-efficiency Na-storage performance of a nickel-based ferricyanide cathode in high-concentration electrolytes for aqueous sodium-ion batteries. ChemElectroChem 4 (11), 2870–2876.

Li, J., Zhang, H., Wu, C., Cai, X., Wang, M., Li, Q., Chang, Z., Shangguan, E., 2019. Enhancing the high-temperature and high-rate properties of nickel hydroxide electrode for nickel-based secondary batteries by using nanoscale Ca(OH)$_2$ and γ-CoOOH. J. Electrochem. Soc. 166 (10), 1836.

Larcher, D, Tarascon, JM, 2015. Towards greener and more sustainable batteries for electrical energy storage. Nat. Chem. 7 (1), 19–29.

Li, L., Shan, Y., Wang, F., Chen, X., Zhao, Y., Zhou, D., Wang, H., Cui, W., 2021. Improving fast and safe transfer of lithium ions in solid-state lithium batteries by porosity and channel structure of polymer electrolyte. ACS Appl. Mater. Interfaces 13 (41), 48525–48535.

Liu, K., Liu, Y., Lin, D., Pei, A., Cui, Y., 2018a. Materials for lithium-ion battery safety. Sci. Adv. 4 (6), 9820.

Liu, W., Li, X., Xiong, D., Hao, Y., Li, J., Kou, H., Yan, B., Li, D., Lu, S., Koo, A., Adair, K., 2018b. Significantly improving cycling performance of cathodes in lithium ion batteries: the effect of Al$_2$O$_3$ and LiAlO$_2$ coatings on LiNi$_{0.6}$Co$_{0.2}$Mn$_{0.2}$O$_2$. Nano Energy 44, 111–120.

Lopes, PP, Stamenkovic, VR, 2020. Past, present, and future of lead–acid batteries. Science 369 (6506), 923–924.

Malik, M., Mathew, M., Dincer, I., Rosen, M.A., McGrory, J., Fowler, M., 2018. Experimental investigation and thermal modelling of a series connected LiFePO$_4$ battery pack. Int. J. Therm. Sci. 132, 466–477.

Mulder, F.M., Weninger, B.M.H., Middelkoop, J., Ooms, F.G.B., Schreuders, H., 2017. Efficient electricity storage with a battolyser, an integrated Ni–Fe battery and electrolyser. Energy Environ. Sci. 10 (3), 756–764.

NASA, 1997. Lesson Number 568. The National Aeronautics and Space Administration. Available from: https://llis.nasa.gov/lesson/568. (Accessed 25 May 2022).

NASA, 2004. Messenger, NASA's Mission to Mercury. The National Aeronautics and Space Administration. Available from: www.nasa.gov/pdf/168019main_MESSENGER_71504_PressKit.pdf. (Accessed 25 May 2022).

Ng, S.F., Lau, M.Y.L., Ong, W.J., 2021. Lithium–sulfur battery cathode design: tailoring metal-based nanostructures for robust polysulfide adsorption and catalytic conversion. Adv. Mater. 33, 2008654.

Özdogru, B., Dykes, H., Gregory, D., Saurel, D., Murugesan, V., Casas-Cabanas, M., Çapraz, Ö.Ö., 2021. Elucidating cycling rate-dependent electrochemical strains in sodium iron phosphate cathodes for Na-ion batteries. J. Power Sources 507, 230297.

Reizabal, A., Gonçalves, R., Fidalgo-Marijuan, A., Costa, C.M., Pérez, L., Vilas, J.L., Lanceros-Mendez, S., 2020. Tailoring silk fibroin separator membranes pore size for improving performance of lithium ion batteries. J. Membr. Sci. 598, 117678.

Santhanagopalan, S., Smith, K., Neubauer, J., Kim, G.H., Keyser, M., Pesaran, A., 2014. Design and Analysis of Large Lithium-Ion Battery Systems. Artech House.

Shang, Z., Qi, H., Liu, X., Ouyang, C., Wang, Y., 2019. Structural optimization of lithium-ion battery for improving thermal performance based on a liquid cooling system. Int. J. Heat Mass Transf. 130, 33–41.

Shangguan, E., Zhang, H., Wu, C., Cai, X., Wang, Z., Wang, M., Li, L., Wang, G., Li, Q., Li, J., 2020. CoAl-layered double hydroxide nanosheets-coated spherical nickel hydroxide cathode materials with enhanced high-rate and cycling performance for alkaline nickel-based secondary batteries. Electrochim. Acta 330, 135198.

Shukla, A.K., Venugopalan, S., Hariprakash, B., 2001. Nickel-based rechargeable batteries. J. Power Sources 100 (1–2), 125–148.

Tang, Y., Guo, W., Zou, R., 2022. Nickel-based bimetallic battery-type materials for asymmetric supercapacitors. Coord. Chem. Rev. 451, 214242.

Thangarasu, S., Palanisamy, G., Roh, S.H., Jung, H.Y., 2020. Nanoconfinement and interfacial effect of Pb nanoparticles into nanoporous carbon as a longer-lifespan negative electrode material for hybrid lead–carbon battery. ACS Sustain. Chem. Eng. 8 (23), 8868–8879.

Wan, H., Liu, S., Deng, T., Xu, J., Zhang, J., He, X., Ji, X., Yao, X., Wang, C., 2021. Bifunctional interphase-enabled $Li_{10}GeP_2S_{12}$ electrolytes for lithium–sulfur battery. ACS Energy Lett. 6 (3), 862–868.

Wang, M., Zhang, R., Gong, Y., Su, Y., Xiang, D., Chen, L., Chen, Y., Luo, M., Chu, M., 2017. Improved electrochemical performance of the $LiNi_{0.8}Co_{0.1}Mn_{0.1}O_2$ material with lithium-ion conductor coating for lithium-ion batteries. Solid State Ionics 312, 53–60.

Wu, Z., Liu, Y., Deng, C., Zhao, H., Zhao, R., Chen, H., 2020. The critical role of boric acid as electrolyte additive on the electrochemical performance of lead-acid battery. J. Energy Storage 27, 101076.

Yeo, J.S., Yoo, E., Im, C.N., Cho, J.H., 2021. Enhanced electrochemical properties of lithium-tin liquid metal battery via the introduction of bismuth cathode material. Electrochim. Acta 389, 138697.

Yuan, X., Ma, F., Chen, X., Sun, R., Chen, Y., Fu, L., Zhu, Y., Liu, L., Yu, F., Wang, J., Wu, Y., 2021. Aqueous zinc–sodium hybrid battery based on high crystallinity sodium-iron hexacyanoferrate. Mater. Today Energy 20, 100660.

Zhang, S., Liu, Y., Fan, Q., Zhang, C., Zhou, T., Kalantar-Zadeh, K., Guo, Z., 2021. Liquid metal batteries for future energy storage. Energy Environ. Sci. 14, 4177–4202.

Zhu, S., Hu, C., Xu, Y., Jin, Y., Shui, J., 2020. Performance improvement of lithium-ion battery by pulse current. J. Energy Chem. 46, 208–214.

Zhu, W., Kierzek, K., Wang, S., Li, S., Holze, R., Chen, X., 2021. Improved performance in lithium ion battery of $CNT-Fe_3O_4$ graphene induced by three-dimensional structured construction. Colloids Surf. A Physicochem. Eng. Asp. 612, 126014.

第 2 章
蓄电池热力学

本章目标

- 定义蓄电池系统化学反应的焓值和吉布斯方程。
- 基于热力学第一定律及热力学第二定律推导出广义蓄电池系统的能斯特方程。
- 计算电化学反应中的电势损失（例如过电位），建立蓄电池系统的总能量守恒方程。
- 确定蓄电池内部的产热速率。

本章各符号及说明如下。

符号	说明	单位	符号	说明	单位
A	面积	m^2	I_r	电极反应 r 的分电流	A
$\bar{a}$	粒子平均直径	nm	I_e	电解液的摩尔粒子强度	—
A_{DH}	德拜-休克尔常数	$(kg/mol)^{0.5}$	j	电流密度	A/m^2
b	摩尔浓度（单位质量溶剂中溶质的摩尔数）	kmol/kg	m	质量	kg
B_{DH}	德拜-休克尔常数参数	$(kg/mol)^{0.5}/nm$	n_e	电极反应中转移电子数量	—
B	平衡电势中的温度表达系数	V/K	$\dot{N}$	摩尔流量	kmol/s
c	摩尔浓度	mol/cm^3	P	压力	Pa
c_p	常压下的比热容	$kJ \cdot kg^{-1} \cdot K^{-1}$	$\dot{Q}$	传热功率	kW
E	能量；电势	kJ; V	R	理想气体常数（8.3143）	$J/(mol \cdot K)$
F	法拉第常数；视域因子	sA/mol	$\bar{s}$	摩尔熵	$kJ/(kmol \cdot K)$
$\bar{g}$	摩尔吉布斯自由能	kJ/kmol	S	熵	kJ/K
G	吉布斯自由能	kJ	$\dot{S}_{gen}$	熵生成率	kW/K
ΔG	反应的吉布斯自由能变化	kJ	T	温度	℃, K
$\bar{h}_f$	摩尔生成焓	kJ/kmol	T_a	环境温度	℃, K
h_0	传热系数	$kW/(m^2 \cdot K)$	t	时间	s
$\overline{\Delta h}_{sen}$	摩尔显热焓	kJ/kmol	V	蓄电池电压	V
H	焓	kJ	$\dot{W}$	交换功率	kW
ΔH_{rxn}	反应焓	kJ	z	电荷数	—
I	电芯电流	C/s, A			

希腊字母	说明	希腊字母	说明
α	活化	γ	活度系数
ε	表面发射率	$\gamma_{\pm}$	平均摩尔活度系数
μ	化学/电化学电位 /(kJ/kmol)	ν	化学计量系数

下标	说明	下标	说明
ave	平均	R	反应物
cv	控制体积	r	反应
eq	平衡	ref	参考
hr	半反应	rev	可逆
or	全反应	rxn	反应
P	产物	sen	显热

上标	说明	上标	说明
Θ	二级参考状态	°	标准状态

2.1 引言

本章将描述对于理解蓄电池系统热力学及电化学特性尤为重要的基本概念,包括生成焓、绝对焓和反应焓的定义。同时,根据热力学第一定律和热力学第二定律推导出可逆蓄电池系统的吉布斯反应函数和能斯特方程。然后,通过考虑电化学反应中不可逆性引起的过电位,建立蓄电池系统总体的能量守恒方程,可用于确定蓄电池内部的产热速率,从而设计热管理系统来控制蓄电池温度。

2.2 蓄电池热力学及电压

在电化学系统的热力学评价中,首先需要确定标准摩尔生成焓。标准摩尔生成焓(即单位摩尔的焓值)包括化学能和显热能,它随着环境温度 T 和压力 P 的变化而变化。化学能准确地说就是摩尔生成焓 $\overline{h}_f$,表示一种物质因其化学组成而产生的摩尔焓。而显热能 $\overline{\Delta h}_{sen}$ 表示某一物质相对某一特定状态的焓。因此,绝对摩尔生成焓可以写成

$$\overline{h}(T,P) = \overline{h}_f(T_{ref}, P_{ref}) + \overline{\Delta h}_{sen}(T,P) \quad (2.1)$$

在包括生成焓的各项中,参考温度 T_{ref} 与参考压力 P_{ref} 需要根据选定的参考条件选取。通常选择标准温度(25℃)和标准压力(1atm)作为参考状态。在此状态下,许多物质的热力学参数都可以查表获取。因此,绝对摩尔生成焓可以写为

$$\overline{h}(T,P) = \overline{h}_f(T°, P°) + (\overline{h}_{sen} - \overline{h}_{sen}°) \quad (2.2)$$

式中,$T°$ 和 $P°$ 分别为 25℃ 和 1atm 下的标准参考温度和标准参考压力;$\overline{h}_{sen}°$ 为在 25℃ 和 1atm 参考状态下的标准摩尔显热焓;$\overline{h}_f$ 为摩尔生成焓,一般通过热化学分析或实验方法确

定。这里需要特别注意的是，一种元素在其自然状态下的生成焓为0，而由一种以上元素组成的物质生成焓则是非零值。例如，氧气（O_2）或以石墨形式存在的固体碳（C）的生成焓总是为0，而二氧化碳（CO_2）的生成焓则是非零值。具体来说，二氧化碳的生成焓是每摩尔 -393.5 kJ。当生成焓为负时，表示放出热量，而生成焓为正时，表示在化合物形成过程中获得的热量。

在稳态条件下，没有功相互作用，动能和势能变化的化学反应过程中，系统的能量变化等于系统的化学组成（即生成焓）和状态（即显热能）的变化，即

$$\Delta E_{sys} = Q = \Delta H_f - \Delta H_{sen} \tag{2.3}$$

式中，ΔE_{sys} 为系统的能量变化，等于在化学反应中吸收或释放的热量 Q。当产物以反应物的入口状态离开反应室时，显热能 ΔH_{sen} 这一项为0。在这种情况下，化学反应过程中的能量变化仅仅是由于系统化学成分的变化，这个性质叫作反应焓。

反应焓 ΔH_{rxn} 可以定义为在一个完整化学反应中释放或吸收的总热量。这一项可以通过一个完整的化学反应中特定状态下生成物的焓与相同状态下反应物的焓之差来确定，考虑下面常规化学反应：

$$\underbrace{aA + bB + \cdots}_{\text{反应物(R)}} \longrightarrow \underbrace{xX + \gamma Y + \cdots}_{\text{生成物(P)}} \tag{2.4}$$

对于发生氧化和还原反应的电化学反应，离子和电子也可以作为反应物和产物用式（2.4）表示 [即氧化剂 $(s) + n_e e^- \longrightarrow$ 还原剂 (s)]。

对于任何的化学/电化学反应，反应焓的一般表达式为

$$\Delta H_{rxn} = Q = \sum_P v_P \bar{h}_P - \sum_R v_R \bar{h}_R \tag{2.5}$$

式中，v_P 和 v_R 分别为每个生成物 P（P = x, y, $\cdots$）和反应物 R（R = a, b, $\cdots$）的化学计量数，相当于相应生成物和反应物的摩尔数。如前所述，为了确定开放系统（即控制体积）的反应焓，入口反应物和出口生成物的压力和温度需相同，而封闭系统的初始状态（反应开始前）和最终状态（反应结束时）的压力和温度需要相等。反应焓为负时表示化学反应过程中释放热能。在这种情况下，反应被归类为放热反应，而正的反应焓表示系统获得热量，反应被归为吸热反应。

吉布斯自由能是电化学系统中另一个重要的热力学性质，吉布斯自由能可用来确定热力学系统所做的最大可逆功。单位摩尔质量下的吉布斯自由能定义为

$$\bar{g} = \bar{h} - T\bar{s} \tag{2.6}$$

式中，$\bar{h}$、T 和 $\bar{s}$ 分别为标准摩尔焓、绝对温度和标准摩尔熵。对于反应焓，化学反应的吉布斯自由能变化可以定义为生成物在特定状态下的吉布斯自由能和反应物在同一状态下的吉布斯自由能之差，即

$$\Delta G_{rxn} = \sum_P v_P \bar{g}_P - \sum_R v_R \bar{g}_R = \sum_P v_P (\bar{h}_P - T\bar{s}_P) - \sum_R v_R (\bar{h}_R - T\bar{s}_R) \tag{2.7}$$

式中，v_P 和 v_R 分别为生成物 P 和反应物 R 的化学计量数。化学计量数等于相应生成物和反

应物的摩尔数。在蓄电池放电工况过程中，化合物中所含的化学能直接转化为电能。

2.3 蓄电池可逆电势

图 2.1 所示为蓄电池系统，其中由于电化学反应、混合效应、相变等原因，蓄电池的温度随时间和位置而变化。考虑蓄电池的充放电过程都发生在特定的体积中，同时所有的蓄电池反应（即一对电极反应）均同时发生。假设蓄电池内部温度均匀 [即 $T_{cell} = f(t)$]，并且动能和势能的变化均忽略不计，这种蓄电池的热力学第一定律和热力学第二定律可以写成（Dincer 和 Rosen，2021；Rosen 和 Farsi，2022）：

$$\frac{dE_{cv}}{dt} = -\dot{Q} - \dot{W} + \sum_R \dot{N}_R \bar{h}_R - \sum_P \dot{N}_P \bar{h}_P \tag{2.8}$$

$$\frac{dS_{cv}}{dt} = -\frac{\dot{Q}}{T} + \sum_R \dot{N}_R \bar{s}_R - \sum_P \dot{N}_P \bar{s}_P + \dot{S}_{gen} \tag{2.9}$$

式中，dE_{cv}/dt 为电池能量随时间的变化；$\dot{N}_P$ 和 $\bar{h}_P$ 分别为每个产物的摩尔流量和摩尔焓；$\dot{N}_R$ 和 $\bar{h}_R$ 分别为每个反应物的摩尔流量和摩尔焓；$\dot{Q}$ 为传热速率，包括所有与环境和其他热源的传热速率（即 $\dot{Q} = \sum_l \dot{Q}_l$）；$\dot{W}$ 为在整个控制体积内热交换功率的表达式；dS_{cv}/dt 为控制体积的熵随时间的变化；T 为传热过程发生时的绝对温度；$\bar{s}_P$ 和 $\bar{s}_R$ 分别为每个生成物和反应物的摩尔熵；$\dot{S}_{gen}$ 为控制体积内的熵生成率。

一般来说，对于控制容积与其他容器或环境之间的热交换过程，控制容积的损失热定义为负，获得热定义为正。对于做功交换，在控制体积上所做的功定义为负，而控制体积所做的功定义为正。

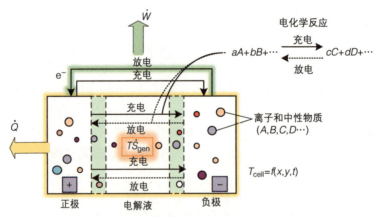

图 2.1 广义蓄电池系统 [电池温度是位置 (x，y) 和时间 t 函数，充电时的电化学反应和放电时的电化学反应是相反的]

为了帮助建模和分析，认为蓄电池系统满足如下假设：
1) 所有的反应物和生成物都处于相同温度和压力下。
2) 蓄电池与冷却系统接触，冷却系统将蓄电池温度维持在一个特定值（即 $dT_{cell}/dt = 0$），如图 2.2 所示。

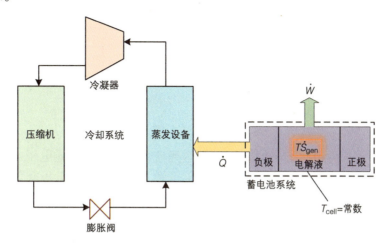

图 2.2 使用冷却系统来维持蓄电池系统温度恒定

3）电池工作在稳定状态（即 $dE_{cv}/dt = 0$ 和 $dS_{cv}/dt = 0$）。

因为在稳态条件下，没有与系统的能量和熵相关的变化，所以式（2.8）和式（2.9）左边的项为 0。因此式（2.8）和式（2.9）可写成如下形式：

$$\dot{W} = -\dot{Q} + \sum_R \dot{N}_R \bar{h}_R - \sum_P \dot{N}_P \bar{h}_P \tag{2.10}$$

$$\dot{Q} = T\left(\sum_R \dot{N}_R \bar{s}_R - \sum_P \dot{N}_P \bar{s}_P\right) + T\dot{S}_{gen} \tag{2.11}$$

将式（2.10）中的 $\dot{Q}$ 代入式（2.11）可得

$$\dot{W} = \left(\sum_R \dot{N}_R \bar{h}_R - \sum_P \dot{N}_P \bar{h}_P\right) - T\left(\sum_R \dot{N}_R \bar{s}_R - \sum_P \dot{N}_P \bar{s}_P\right) - T\dot{S}_{gen} \tag{2.12}$$

回顾吉布斯自由能的定义（即 $\bar{g} = \bar{h} - T\bar{s}$），式（2.12）可以用吉布斯函数表示如下：

$$\dot{W} = -\left(\sum_P \dot{N}_P \bar{g}_P - \sum_R \dot{N}_R \bar{g}_R\right) - T\dot{S}_{gen} \tag{2.13}$$

式中，括号中的项表示化学反应中的吉布斯自由能变化率。在真实系统中，熵生成率（即 $\dot{S}_{gen}$）总是正的，这意味着系统在实际运行中，由于不可逆性和损失，熵总是增加的。理想情况下，熵生成率为 0，表示系统中没有不可逆性或损失。这样的系统称为可逆系统。对于在可逆条件下运行的系统，产生的功率是最大的，可以写为

$$\dot{W}_{rev} = \dot{W}_{max} = -\left(\sum_P \dot{N}_P \bar{g}_P - \sum_R \dot{N}_R \bar{g}_R\right) \tag{2.14}$$

因此，对于在理想条件下工作的可逆蓄电池系统，放电模式下可产生的最大功率见

式（2.14）。式（2.14）也可以用蓄电池内部发生的化学反应中每摩尔还原剂来表示。当还原剂的摩尔流量为 $\dot{N}_{R=RA}$，每摩尔还原剂的功率和可逆功率分别为

$$\dot{W}/\dot{N}_{R=RA} = w = -\frac{1}{\dot{N}_{R=RA}}\left(\sum_P \dot{N}_P \bar{g}_P - \sum_R \dot{N}_R \bar{g}_R\right) - \frac{1}{\dot{N}_{R=RA}} T\dot{S}_{gen} \qquad (2.15)$$

$$\dot{W}_{rev}/\dot{N}_{R=RA} = w_{rev} = -\frac{1}{\dot{N}_{R=RA}}\left(\sum_P \dot{N}_P \bar{g}_P - \sum_R \dot{N}_R \bar{g}_R\right) \qquad (2.16)$$

另外，蓄电池在可逆状态下的电压能够达到最大值，称为可逆电压或平衡电压。同样，当没有电流流过蓄电池时，蓄电池的电压是最大的，比如在电极间放置一个高阻抗（电阻）稳压器时，没有电流可以通过电池。这个电压叫作开路电压。开路电压可以通过实验测量，但是由于扩散的不可逆性，通过实验测得的开路电压一般低于可逆电压。然而，开路电压与可逆电压之间的差异通常是很小的，在分析中可以忽略不计。

在蓄电池的放电模式中，由于电极之间压差而产生的电动势使内部电路中的电荷从负极（阳极）移动到正极（阴极）。在充电模式中，外部的电势能施加到蓄电池上迫使电荷从正极移动到负极。对于真实的蓄电池而言，放电模式下所做的功是电压 E 和电荷 C 的函数：

$$W = EC \qquad (2.17)$$

这里的电荷 C 可以用反应中转移的电子数量 n_e 和法拉第常数表示，因此式（2.17）可以变为

$$W = EC = E(n_e F) \qquad (2.18)$$

如前所述，当单体蓄电池在运行过程中可逆时，蓄电池所产生的功达到最大值，相应的蓄电池电压也达到最大值，其数值等于蓄电池平衡电压 E_{eq} 和可逆电压。因此，在此条件下式（2.18）可表达为

$$W_{rev} = -\Delta G = E_{eq}(n_e F) \qquad (2.19)$$

因此，由于不可逆（即熵的产生）而损失的电压可以从可逆电压中扣除：

$$E = E_{eq} - \frac{T\dot{S}_{gen}}{n_e F} \qquad (2.20)$$

对于像蓄电池这种多组分/多相系统发生电化学反应时，吉布斯自由能与电化学/化学势和各相 j 中各物质 i 的摩尔含量相关，如下所示：

$$G = \sum_j \sum_i v_i^j \mu_i^j \qquad (2.21)$$

式中，v_i^j 为 j 相中电中性物质或带电物质 i 的化学计量系数（相当于摩尔量）；μ_i^j 为 j 相中带电物质 i 的电化学势（或电中性物质的化学势）。但需要注意的是，即使不是每一相都包含所有的离子，但每一相都是电中性的。例如，在电解质中，阴离子和阳离子的数量需要相等，从而满足电中性的条件（即 $\sum_j c_i z_i = 0$，其中 c_i 和 z_i 分别代表物质 i 的摩尔浓度和

电荷数）。这些约束条件可以用来确定物质浓度。此外，在达到相平衡阶段时，这些相中任何离子的电化学势都是相同的。例如，在有电解质（ϵ）和固体盐（φ）两种平衡相的电化学蓄电池中，离子 i 在两相中的电化学势相等（即 $\mu_i^\epsilon = \mu_i^\varphi$）。计算相平衡的方法之一是吉布斯自由能最小法，以及确定电解槽中物质平衡浓度所需化学计量数和电荷数的约束条件。

式（2.21）中使用的电化学势与二级参考状态（$\mu_i^\ominus$）的电化学电位和物质 i 的活性系数（α_i）的关系如下：

$$\mu_i = \mu_i^\ominus + RT \ln \alpha_i \tag{2.22}$$

式中，T 为绝对温度；R 为理想气体常数（$R = 8.314 \text{ J} \cdot \text{K}^{-1}\text{mol}^{-1}$）；参数 α_i 为物质 i 的活性，α_i 表示单位质量溶剂中溶质的摩尔数，可由物质的摩尔浓度 b_i 计算得到。α_i、b_i 与活度系数 γ_i 的关系如下：

$$\alpha_i = b_i \gamma_i \tag{2.23}$$

在存在非理想（真实）混合物的蓄电池或其他任何电化学蓄电池中，需要定义活性系数，以解释离子强度和电解质中离子相互作用导致的与理想条件的偏差。对于混合物的理想状态，活性系数被定义为 1，这种状态称为二级参考状态。换句话说，无限稀释的溶液（即所有带电离子和中性溶质的浓度接近于 0）可以被认为是二级参考状态，在这个状态下，所有带电离子和中性溶质的活性系数接近于 1。

在许多文献的报道中，一般用标准状态这个术语来定义理想溶质，就像用这个术语来定义其他相的标准状态（例如，对于气相，标准状态定义为在标准压力下（1bar）符合理想气体方程的纯物质）。在标准状态下测量的热力学性质被称为标准热力学性质。需要注意的是，不同的标准状态或二级参考状态按照惯例可能被定义为气体、液体和固体混合物。因此，在使用标准热力学性质表来描述溶液之前，了解在测量这些属性参数时所使用的标准是很重要的。例如，SUPCRT92 数据库（Johnson 等，1992）在 25℃、1atm 单位浓度为 1mol/L 的条件下测量离子的标准热力学属性，而 Newman 和 Thomas-Alyea 则将溶液的理想条件定义为无限稀释溶液（即所有物质的摩尔浓度都趋近于零）。

蓄电池热力学模型应当考虑活度系数对电化学蓄电池热力学特性（如吉布斯自由能、熵和焓）的影响。因此，非理想条件下的吉布斯自由能、焓和熵等热力学性质可以用标准热力学属性来表示：

$$\bar{g}_i = \bar{g}_i^\circ + RT \ln(\alpha_i) \tag{2.24}$$

$$\bar{h}_i = \bar{h}_i^\circ - RT^2 \frac{\partial \ln(\alpha_i)}{\partial T} \tag{2.25}$$

$$\bar{s}_i = \frac{1}{T}(\bar{h}_i - \bar{g}_i) \tag{2.26}$$

式中，$\bar{g}_i$、$\bar{h}_i$ 和 $\bar{s}_i$ 分别为物质 i 的标准摩尔吉布斯自由能、标准摩尔焓和标准摩尔熵；$\bar{g}_i^\circ$、$\bar{h}_i^\circ$ 分别为标准状态下的标准摩尔吉布斯自由能和标准摩尔焓。从式（2.22）和式（2.24）

可以明显看出，式（2.24）中的 $\bar{g}_i^\circ$ 和式（2.22）中的 μ_i° 效用相同，用来表示在标准状态或二次参考状态下的吉布斯自由能。

一些文献已经报道了基于溶液浓度的活度系数的经验相关性。一个著名的活度系数模型是 Debye-Hückel 理论，它是几种电解质在一定浓度范围内活度系数经验相关性的基础。稀电解质溶液的活性系数可以表示为

$$\ln \gamma_i = -\frac{1}{1 + B_{DH}\bar{a}I_e^{0.5}}(A_{DH}z_i^2 I_e^{0.5}) \tag{2.27}$$

式中，B_{DH} 和 A_{DH} 为无限稀释电解质活度系数 Debye-Hückel 模型中定义的常数，它们的值可以通过针对电池电解质溶液的浓差和熔点表达实验来确定；z_i 和 $\bar{a}$ 分别为物质 i 的电荷数和离子的平均直径；I_e 为电解质的摩尔离子强度，它和物质 i 的浓度（c_i）（即摩尔浓度）和电荷数（z_i）有关：

$$I_e = \frac{1}{2}\left(\sum_i c_i z_i^2\right) \tag{2.28}$$

此外，Debye 和 Hückel 开发了求解该电解质的平均活性系数的方程，该方程将单溶质电解质 A（即 $i=A$）解离成带阳离子电荷数和阴离子电荷数。

$$\ln \gamma_A = \ln \gamma_\pm = -\frac{1}{1 + BaI_e^{0.5}}(A_{DH}z^+ z^- I_e^{0.5}) \tag{2.29}$$

式中，$\ln \gamma_\pm$ 为摩尔尺度上的平均活性系数，可以对单一电解质溶液测量和查表获得。

对于高浓度的电解质溶液，需要在 Debye-Hückel 方程中加入额外的项来解释在 Debye-Hückel 理论中被忽略的效应，即

$$\ln \gamma_\pm = -\frac{1}{1 + BaI_e^{0.5}}(A_{DH}z^+ z^- I_e^{0.5}) + B_2 b + B_3 b^{\frac{3}{2}} + B_4 b^2 + \cdots + B_n b^{\frac{n}{2}} + \cdots \tag{2.30}$$

式中，b 为物质 A 的摩尔浓度；$B_{k=2,3,\cdots}$ 的值可以通过将式（2.30）拟合到活性系数数据中来经验估计。

众所周知，在蓄电池系统的电极中会同时发生几种电化学反应。假设物质 i 在电池运行过程中总是处于 m 相，这将会导致物质 i 具有特定的二级参考状态，并且电解质中该物质的任何沉淀都要单独计算。同样对 j 相进行求和也就变得多余了，因为物质 i（即求和）可以求解出 j 相。然后，式（2.22）和式（2.24）中的吉布斯自由能关系可以代入式 2.19）得到电极可逆运行下半反应的能量变化：

$$W_{rev,hr} = -\Delta G_{hr} = -\Delta G_{hr}^\ominus + RT \ln\left[\frac{\Pi(b_i^{v_i}\gamma_i^{v_i})_R}{\Pi(b_i^{v_i}\gamma_i^{v_i})_P}\right] \tag{2.31}$$

式中，$\Delta G_{hr}^\ominus$ 为在正极或负极发生的半反应的标准吉布斯自由能变化，反应物（R）在此转化为生成物（P）。

包括阳极和阴极在内的整个反应（或整个蓄电池）的能量变化由每个半反应的吉布斯自由能变化给出：

$$W_{\text{rev,or}} = -\Delta G_{\text{ov}} = \Delta G_{\text{anode}} - \Delta G_{\text{cathode}}$$

回顾式（2.19），其中 $W_{\text{rev}} = E_{\text{eq}}(n_eF)$，电极和整个蓄电池的平衡电压（或开路电压）可分别由如下各式得到：

$$\begin{aligned} E_{\text{eq,hr}} &= -\frac{\Delta G_{\text{hr}}^{\Theta}}{(n_eF)} + \frac{RT}{(n_eF)} \ln\left[\frac{\Pi(b_i^{v_i}\gamma_i^{v_i})_R}{\Pi(b_i^{v_i}\gamma_i^{v_i})_P}\right] \\ &= -E_{\text{eq,hr}}^{\circ} + \frac{RT}{(n_eF)} \ln\left[\frac{\Pi(b_i^{v_i}\gamma_i^{v_i})_R}{\Pi(b_i^{v_i}\gamma_i^{v_i})_P}\right] \end{aligned} \quad (2.32)$$

$$\begin{aligned} E_{\text{eq,or}} &= \frac{\Delta G_{\text{anode}}^{\Theta}}{(n_eF)} - \frac{\Delta G_{\text{cathode}}^{\Theta}}{(n_eF)} + \left\{\frac{RT}{(n_eF)} \ln\left[\frac{\Pi(b_i^{v_i}\gamma_i^{v_i})_R}{\Pi(b_i^{v_i}\gamma_i^{v_i})_P}\right]\right\}_{\text{cathode}} - \left\{\frac{RT}{(n_eF)} \ln\left[\frac{\Pi(b_i^{v_i}\gamma_i^{v_i})_R}{\Pi(b_i^{v_i}\gamma_i^{v_i})_P}\right]\right\}_{\text{anode}} \\ &= E_{\text{eq,anode}}^{\circ} - E_{\text{eq,cathode}}^{\circ} + \left\{\frac{RT}{(n_eF)} \ln\left[\frac{\Pi(b_i^{v_i}\gamma_i^{v_i})_R}{\Pi(b_i^{v_i}\gamma_i^{v_i})_P}\right]\right\}_{\text{cathode}} - \left\{\frac{RT}{(n_eF)} \ln\left[\frac{\Pi(b_i^{v_i}\gamma_i^{v_i})_R}{\Pi(b_i^{v_i}\gamma_i^{v_i})_P}\right]\right\}_{\text{anode}} \end{aligned} \quad (2.33)$$

式中，$E_{\text{eq,hr}}$ 为电极平衡电压（即阳极或阴极半反应的平衡电压）；$E_{\text{eq,or}}$ 为整个蓄电池的平衡电压（总反应的平衡电压包括正极和负极的半反应）；$E_{\text{eq,anode}}^{\circ}$ 和 $E_{\text{eq,cathode}}^{\circ}$ 分别为负极和正极的标准电位。

式（2.32）和式（2.33）称为能斯特方程。在反应中，它们将反应电压（全反应和半反应）和标准电极电压、温度和物质活性的互相影响联系起来。表 2.1 给出了几种蓄电池发生半反应的标准电压。

表 2.1　几种蓄电池发生半反应的标准电压

蓄电池类型	负极半反应和标准电压	正极半反应和标准电压
铅酸蓄电池	$Pb(s) + SO_4^{2-}(aq) \rightarrow PbSO_4(s) + 2e^-$ $E_{\text{anode}}^{\circ} = -0.36\text{V}$	$PbO_2(s) + SO_4^{2-}(aq) + 4H^+ + 2e^- \rightarrow PbSO_4(s) + 2H_2$ $E_{\text{cathode}}^{\circ} = 1.69\text{V}$
碱性蓄电池	$Zn(s) + 2OH^-(aq) \rightarrow ZnO(s) + H_2O(l) + 2e^-$ $E_{\text{anode}}^{\circ} = -1.28\text{V}$	$2MnO_2(s) + H_2O(l) + 2e^- \rightarrow Mn_2O_3(s) + 2OH^-(aq)$ $E_{\text{cathode}}^{\circ} = 0.15\text{V}$
镍锌蓄电池	$Zn + 4OH^- \rightarrow ZnOH_4^- + 2e^-$ $E_{\text{anode}}^{\circ} = -1.2\text{V}$	$2NiO(OH) + 2H_2O + 2e^- \rightarrow 2Ni(OH)_2 + 2OH^-$ $E_{\text{cathode}}^{\circ} = 0.15\text{V}$
钴酸锂蓄电池	$Li^+(aq) + C_6(s) + e^- \rightarrow LiC_6$ $E_{\text{anode}}^{\circ} = -3.0\text{V}$	$CoO_2(s) + Li^+(aq) + e^- \rightarrow LiCoO_2$ $E_{\text{cathode}}^{\circ} = 1.0\text{V}$

注：表中数据改编自 Libertexts 2020 年的研究报告，参考 http://chem. libertexts. org/Bookshelves/Analytical_Chemistry/Supplemental_Modules_(Analytical_Chemistry)/Electrochemistry(2022 年 5 月 25 日可访问）。

2.4　蓄电池能量守恒

在本节中，式（2.8）和式（2.9）表达的热力学第一定律应用在温度均匀但随时间变化的蓄电池系统中。该条件意味着蓄电池在非稳态（瞬态）条件下工作。蓄电池能量守恒可以用来预测蓄电池内部的产热量和蓄电池温度，这是蓄电池热管理系统和设计的重要参数。

回顾图2.1和图2.2，其中展示了常见蓄电池系统能量交换和产生的方案。在本例中，没有冷却系统来维持蓄电池温度在恒定值。因此，蓄电池内部产生的能量会导致蓄电池温度上升。这意味着蓄电池内部的能量会随着时间的推移而增加，蓄电池会向周围环境散发热量，如图2.3所示。根据图2.3，该蓄电池系统的能量守恒可以表示为

$$-\dot{Q}_{\text{loss}} - \dot{W} = \frac{\text{d}E}{\text{d}t} \quad (2.34)$$

式中，$\dot{Q}_{\text{loss}}$为通过对流和辐射（蓄电池损失热量的两种方式）的热量损失速率；$\dot{W}$为放电时产生的电功率或充电消耗的功率，后一种功率等于蓄电池电流和电压的乘积（IV）；$\text{d}E/\text{d}t$为蓄电池能量随时间的变化。

蓄电池表面的能量损失速率包括热对流和热辐射换热率，如下所示：

$$\dot{Q}_{\text{loss}} = h_0 A(T - T_{\text{a}}) + \varepsilon FA(T^4 - T_{\text{a}}^4) \quad (2.35)$$

式中，A为蓄电池面积；h_0为换热系数；T为蓄电池温度；T_{a}为环境温度；ε为表面发射率；F为蓄电池表面与周围环境的视域因子。

在化学反应中状态的变化和化学成分的变化导致蓄电池能量变化率与时间有关（$\text{d}E/\text{d}t$）。换句话说，蓄电池的显能、潜能和化学能都会随着蓄电池运行而变化。因此，蓄电池随着时间的能量变化可以写成

$$\frac{\text{d}E}{\text{d}t} = \frac{\text{d}E_{\text{senible}}}{\text{d}t} + \frac{\text{d}E_{\text{latent}}}{\text{d}t} + \frac{\text{d}E_{\text{chemical}}}{\text{d}t} \quad (2.36)$$

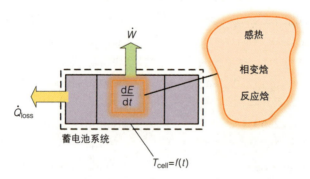

图2.3 在没有冷却系统（或热管理系统）的情况下蓄电池系统运行示意图
（蓄电池在运行过程中，由于内能的变化，蓄电池的温度会随着时间的推移而升高）

回顾整个蓄电池温度均匀的假设，并进一步假设蓄电池在工作过程中热容的变化可以忽略不计，蓄电池显热能的变化率可以写为

$$\frac{\text{d}E_{\text{senible}}}{\text{d}t} = mc_{\text{p}} \frac{\text{d}T}{\text{d}t} \quad (2.37)$$

式中，m为蓄电池质量；c_{p}为蓄电池在常压下的比热容，在蓄电池运行中实际上是恒定的；$\text{d}T/\text{d}t$为蓄电池温度随时间的变化。

2.4.1 相变项

蓄电池潜热的变化速率 dE_{latent}/dt 是相变过程的平均焓变速率。例如，在 LiCl-KCL 溶液中 LiCl 通常存在于熔融电解质相中，但由于相变，部分 LiCl 可能会析出。另一个例子是由于低温操作，液态蓄电池中的水结晶为冰。Bernardi 等人提出了相变引起的平均焓变速率的表达式：

$$\frac{dE_{latent}}{dt} = \frac{dH_{phase\,change}}{dt} = -\sum_{j \neq m}\sum_i \left[\frac{dN_{i,j}}{dt}\left(\Delta h_{i,j \to m}^\circ - RT^2 \frac{d\ln\left(\frac{\gamma_{i,m}^{ave}}{\gamma_{i,j}^{ave}}\right)}{dt}\right)\right] \quad (2.38)$$

式中，$\Delta h_{i,j \to m}^\circ$ 为 m 相的物质 i 在二级参考状态下的摩尔焓；$dH_{phase\,change}/dt$ 为基于所有物质平均组成计算得到的。需要注意的是，当 m 相是蓄电池运行过程中唯一存在的相时，相变引起的焓变为零（即 $dH_{phase\,change}/dt = 0$）。

2.4.2 反应焓项

蓄电池系统化学能随时间的变化 $dE_{chemical}/dt$ 相当于由于蓄电池电化学反应而产生的焓变速率。回顾式（2.5）关于电极反应的焓，电化学反应导致的焓变速率可以用反应物的摩尔流量（$\dot{N}_R$）和生成物的摩尔流量（$\dot{N}_P$）表示：

$$\frac{dH_r}{dt} = \sum_P \dot{N}_P \bar{h}_P - \sum_R \dot{N}_R \bar{h}_R \quad (2.39)$$

这里，dH_r/dt 是基于所有物质的平均组成计算得到的。吉布斯-亥姆霍兹方程可用来把焓值和吉布斯自由能与温度联系起来，如下所示：

$$\left[\frac{\partial\left(\frac{\bar{g}}{T}\right)}{\partial T}\right]_P = -\frac{\bar{h}}{T^2} \quad (2.40)$$

同时，物质 i 的摩尔流量（$\dot{N}_i$）可以用法拉第第一定律表示，该定律将物质的摩尔传递速率与电流 I 联系起来。电极反应基于蓄电池运行过程中，物质 i 总是处于 m 相，电解质中物质的任何沉淀都是单独计算得到的。因此，在电极反应中，在相 m 中产生或消耗的物质 i 和在另一相中的沉淀可以表示为

$$\dot{N}_i = \left(\frac{dN_i}{dt}\right)_{j=m} = \left(\frac{v_i I}{n_e F}\right)_{j=m} + \left(\frac{dN_i}{dt}\right)_{j \neq m} \quad (2.41)$$

式中，v_i 为物质 i 的化学计量数；n_e 为被转移的电子数；F 为法拉第常数（$F = 96487$ C/mol）；下标 j 为相。式（2.41）中，第二项表示物质 i 沉淀导致的相变过程。在后面，这一项作为相变项单独计算。因此，在相 m 中产生或消耗的物质 i 的摩尔流量为 $\dot{N}_i = v_i I/n_e F$。

将式（2.40）和式（2.41）代入式（2.39）并回顾式（2.19），其中反应的吉布斯自由能的变化与平衡电压有关 [即 $-\Delta G = E_{eq}(n_e F)$]，与反应 r 焓值相关的能量变化率的最终形式可以写成

$$\frac{\mathrm{d}H_r}{\mathrm{d}t} = I_r T^2 \frac{\mathrm{d}\frac{E_{eq,r}}{T}}{\mathrm{d}T} \tag{2.42}$$

式中，$E_{eq,r}$ 为平均组分下电极反应 r 的平衡电压（或理论开路电压），可以通过式（2.32）中的能斯特方程确定。电极反应 r 的分电流 I_r 在阳极反应中为负，在阴极反应中为正。注意在蓄电池中可能会同时发生几个电极反应。蓄电池中与所有电极反应相关的总能量变化率等于每个反应相关的 $\mathrm{d}H_r/\mathrm{d}t$ 之和：

$$\frac{\mathrm{d}E_{\text{chemical}}}{\mathrm{d}t} = \frac{\mathrm{d}H_{\text{rxn}}}{\mathrm{d}t} = \sum_r I_r T^2 \frac{\mathrm{d}\frac{E_{eq,r}}{T}}{\mathrm{d}T} \tag{2.43}$$

这里乘以分电流的项就是反应 r 的焓电压。

2.4.3 混合效应

由于 $\Delta \dot{H}_{\text{rxn}}$ 和 $\Delta \dot{H}_{\text{phase change}}$ 是根据所有物质的平均组成来定义的，因此忽略了组成的变化和混合效应带来的误差。为了解释这些影响，混合焓项也加入式（2.36）中。将式（2.37）、式（2.38）和式（2.43）代入式（2.36）中并在式（2.36）中考虑混合效应可得

$$\frac{\mathrm{d}E}{\mathrm{d}t} = mc_p \frac{\mathrm{d}T}{\mathrm{d}t} + \frac{\mathrm{d}H_{\text{phase change}}}{\mathrm{d}t} + \frac{\mathrm{d}H_{\text{rxn}}}{\mathrm{d}t} + \frac{\mathrm{d}H_{\text{mixing}}}{\mathrm{d}t} \tag{2.44}$$

式中，$\mathrm{d}H_{\text{mixing}}/\mathrm{d}t$ 为混合过程中焓的变化率，用各组分焓的变化来表示。混合焓包括弛豫或生成浓度曲线。在没有相变效应的情况下，这一项表示在蓄电池工作期间由电流中断而导致的产热速率。弛豫效应发生在蓄电池放电停止后。当放电电流停止时，电压首先出现阶跃，然后在几个小时内逐渐上升。在弛豫过程中由于电流流经过程中形成浓度梯度而产生热量（即浓度曲线的产生），这种产热与混合热有关。在蓄电池弛豫期间，浓度梯度会随时间逐渐减小，趋于均匀的成分浓度分布。Bernardi 等人推导出 $\mathrm{d}H_{\text{mixing}}/\mathrm{d}t$ 的表达式如下：

$$\frac{\mathrm{d}H_{\text{mixing}}}{\mathrm{d}t} = -\sum_j \frac{\mathrm{d}}{\mathrm{d}t} \left[\int_{v_j} \cdot \sum_i c_{i,j} RT^2 \frac{\partial \ln\left(\frac{\gamma_{i,j}}{\gamma_{i,j}^{\text{ave}}}\right)}{\partial T} \mathrm{d}v_j \right] \tag{2.45}$$

式中，$\mathrm{d}v_j$ 为相 j 的体积微分元；$c_{i,j}$ 为物质 i 在 j 相的浓度。由式（2.45）可知，混合焓变速率是组分空间变化的函数，而其他项如 $\mathrm{d}H_{\text{phase change}}/\mathrm{d}t$ 和 $\mathrm{d}H_{\text{rxn}}/\mathrm{d}t$ 依赖于平均组分。$\mathrm{d}H_{\text{mixing}}/\mathrm{d}t$ 的解析计算是非常困难的，因为它需要在浓度曲线上进行复杂的积分。然而，通过忽略混合焓来简化可能会导致对蓄电池温度的低估或者高估。例如，适当绝缘的铅酸蓄电池在放

电电流停止后温度通常会升高,而高温蓄电池在电流中断后温度会下降。此外,在蓄电池运行过程中(电流流经)会产生浓度分布,如果不考虑混合效应,蓄电池温度通常会被低估。对于可以忽略混合焓的条件,应该合理地考虑平均组分以减小由于忽略混合效应而引起的误差。

2.5 蓄电池产热率

当忽略蓄电池运行过程中的混合和相变效应且认为对流换热是蓄电池热量损失的唯一途径时,式(2.34)中的能量守恒可以表示为

$$mc_p\frac{dT}{dt} + \sum_{r=1,2,\cdots} I_r T^2 \frac{d\frac{E_{eq,r}}{T}}{dT} = -h_0 A(T-T_a) - IV \tag{2.46}$$

反应焓这一项的速率可以写成 $-\sum_{r=1,2,\cdots} I_r E_{eq}$ 和 $\sum_{r=1,2,\cdots} I_r T dE_{eq,r}/dT$ 之和。因此,式(2.46)可以改写成

$$h_0 A(T-T_a) + mc_p\frac{dT}{dt} = \left(\sum_{r=1,2,\cdots} I_r E_{eq,r} - IV\right) - \sum_{r=1,2,\cdots} I_r T \frac{dE_{eq,r}}{dT} \tag{2.47}$$

其中,式(2.47)右侧代表蓄电池系统内的产热速率,它是系统内存储热量变化速率($mc_p dT/dt$)和向系统外传热速率 [$h_0 A(T-T_a)$] 的总和。回顾可逆功率 IE_{eq},式(2.47)右边括号中的项而可以看作真实电位与可逆电位之差。电化学反应的不可逆性会使蓄电池产生过电位。这一项被称为极化产热率(或不可逆产热速率),并且它包括欧姆热(或焦耳热)以及电荷和质量传递的过电势。当蓄电池可逆运行时,该项为0(即 $\sum_{r=1,2,\cdots} I_r E_{eq,r} - IV = 0$)。欧姆热是电流流经内阻引起的。

$\sum_{r=1,2,\cdots} I_r T (dE_{eq,r}/dT)$ 被称为熵或可逆产热速率,体现在反应焓中。这一项表明热量是由蓄电池内的可逆熵变产生的。实际上,该项表示蓄电池在可逆等温运行过程中的产热速率。该项被称为熵热,它与相关电化学反应的熵变成正比,即

$$\sum_{r=1,2,\cdots} I_r T(dE_{eq,r}/dT) = T\sum_{r=1,2,\cdots} I_r dE_{eq,r}/dT = T\sum_{r=1,2,\cdots} \frac{1}{n_{e,r}F}dS_r \tag{2.48}$$

因此,蓄电池内产热源由可逆和不可逆过程组成,其中可逆和不可逆过程中分别由可逆热(熵热)、欧姆损耗、电荷和质量传递引起的不可逆热(极化热)决定。对于考虑了混合和相变效应的情况,见式(2.47),蓄电池内部的能量生成速率可写成

$$\dot{Q}_{gen} = \left(\sum_{r=1,2,\cdots} I_r E_{eq,r} - IV\right) - \sum_{r=1,2,\cdots} I_r T \frac{dE_{eq,r}}{dT} + \frac{dH_{mixing}}{dt} + \frac{dH_{phase\ change}}{dt} \tag{2.49}$$

在蓄电池放电过程中,电极中的活性物质通过电化学反应转化为放电产物,直至蓄电池电压接近放电电压阈值。这种转化程度被称为电极材料的利用率。此外,利用率的百分比表示在放电过程中经过特定时间后,使用电量与初始电量(即放电过程开始时)的比率。

表 2.2 展示了一个可充电锂铝/硫化铁蓄电池在电极活性物质层级不同电极材料利用率下能量守恒方程 [式（2.49）] 中各项的大小。以下电化学反应同时发生在该蓄电池的正极：

表 2.2 包括 LiAl-FeS 蓄电池正极的可逆和不可逆产热速率的产热率（单位：W/m²）

能量贡献率	利用率（%）			
	0	10	20	30
极化产热率	33	45	50	55
熵热率	7	7	7	7
反应焓和电功率 （即第一行和第二行之和）	40	52	57	62
混合热率	0	0.05	0.5	0
热损失率	−37	−37	−37	−37

注：数据来源于 Bernardi D., Pawlikowski E., Newman J., 1985. A general energy balance for battery systems. J. Electrochem. Soc. 132(1), 5–12.

$$\text{反应}1(r=1): 2\text{FeS} + 2\text{Li} + 2e^- \longrightarrow \text{Li}_2\text{FeS}_2 + \text{Fe} \tag{2.50}$$

$$\text{反应}2(r=2): \text{Li}_2\text{FeS}_2 + 2\text{Li}^+ + 2e^- \longrightarrow 2\text{Li}_2\text{S} + \text{Fe} \tag{2.51}$$

蓄电池适当绝缘使蓄电池温度和热量损失不会发生显著变化（即等温运行），可以看出混合效应的焓值比反应焓小得多。此外，极化产热率随电极利用率的增加而增加，而熵热率则保持不变。

对于等温运行的蓄电池，蓄电池内产生的所有热量都转移到蓄电池外部（例如蓄电池热管理系统）。蓄电池等温模型为了解电池在不同温度下的运行以及温度如何影响蓄电池性能提供了有用的信息。通过该模型的帮助，可以确定蓄电池有效运行的温度范围。为了使蓄电池温度保持在工作温度范围内，设计热管理系统来控制蓄电池时间和空间内的温度。第 5 章详细介绍了蓄电池热管理系统。

近年来，与蓄电池系统和蓄电池热管理系统相关的许多领域都是研究、评估和发展的主题。其中包括用于蓄电池的新型热管理系统的技术（Al-Zareer 等，2018，2019a；Malik 等，2016；Koohi-Fayegh 和 Rosen，2020）以及锂离子蓄电池的电化学建模和热性能管理系统（Al-Zareer 等，2017，2019b，2020；Malik 等，2018）。此外，还需要进一步研究开发不同领域的蓄电池系统应用和热管理系统，特别是运输领域，以提高能源利用率和减少碳和污染物排放对环境的影响。

2.6 结束语

本章描述了蓄电池热力学模型的发展概况。首先，描述热力学基本原理以帮助理解蓄电池热力学。热力学第一定律和热力学第二定律应用在广义蓄电池上。由此可见，蓄电池电压与吉布斯自由能有关。假设蓄电池运行是可逆的，由此推导出平衡电压和能斯特方程。然后，考虑蓄电池的真实（不可逆）运行情况，定义了蓄电池内部产热率和电化学反应不可逆而导致的过电位。最后，利用蓄电池的热力学模型，确定蓄电池有效运行的温度范围。这清楚地表明，设计蓄电池热管理系统以保持蓄电池温度在最佳范围内是非常重要的。

问题与思考

2.1 定义反应焓和吉布斯自由能。

2.2 什么是可逆功？它与蓄电池的可逆电位有什么关系？

2.3 蓄电池功和可逆功的区别是什么？

2.4 反应的可逆电位与标准电极电位，以及温度和反应中相互作用的物质活性有什么关系？

2.5 蓄电池产热的一般方程是什么？

2.6 什么是蓄电池系统的可逆产热速率？它和蓄电池系统中的不可逆产热速率有什么不同？

2.7 将蓄电池适当热绝缘，维持蓄电池温度稳定在30℃。蓄电池在放电时可以产生100kW的电功率，其中在蓄电池内部产生130kJ/s的热量。忽略蓄电池运行中的混合和相变效应，并认为对流换热是蓄电池热量损失的唯一路径，确定蓄电池的热损失速率。

2.8 假设一个质量为100g、表面积为100cm^{2}的锂钴氧化物蓄电池，其放电过程中负极和正极的氧化还原反应如下：

负极氧化反应： $LiC_6 \longrightarrow C_6 + e^- + Li^+$

正极还原反应： $CoO_2 + e^- + Li^+ \longrightarrow LiCoO_2$

总反应： $LiC_6 + CoO_2 \longrightarrow C_6 + LiCoO_2$

在钴酸锂蓄电池运行过程中，混合和相变效应可以忽略不计。此外，钴酸锂蓄电池暴露在空气中（作为冷却剂），温度为20℃。平衡电位为温度的函数，关系如下：

$$E_{eq} = -\frac{1}{84}T^2 + \frac{1}{24}T - 5.25 \quad (E_{eq} \text{单位为 V，} T \text{单位为 K})$$

假设蓄电池系统处于稳态运行状态，且蓄电池表面与空气之间的自然对流换热系数为20W/(m^2·K)，在蓄电池放电电流为12A时，确定蓄电池放电电压为温度的函数。

2.9 当蓄电池温度在20~30℃范围内变化时，说明研究问题2.8中锂离子蓄电池电压随温度的变化。

参考文献

Al-Zareer, M., Dincer, I., Rosen, M.A., 2017. Electrochemical modeling and performance evaluation of a new ammonia-based battery thermal management system for electric and hybrid electric vehicles. Electrochim. Acta 247, 171–182.

Al-Zareer, M., Dincer, I., Rosen, M.A., 2018. A review of novel thermal management systems for batteries. Int. J. Energy Res. 42 (10), 3182–3205.

Al-Zareer, M., Dincer, I., Rosen, M.A., 2019a. Comparative assessment of new liquid-to-vapor type battery cooling systems energy. Energy 188, 116010.

Al-Zareer, M., Dincer, I., Rosen, M.A., 2019b. A novel approach for performance improvement of liquid to vapor based battery cooling systems. Energy Convers. Manage. 187, 191–204.

Al-Zareer, M., Dincer, I., Rosen, M.A., 2020. A thermal performance management system for lithium-ion battery packs. Appl. Therm. Eng. 165, 114378.

Bernardi, D., Pawlikowski, E., Newman, J., 1985. A general energy balance for battery systems. J. Electrochem. Soc. 132 (1), 5–12.

Dincer, I., Rosen, M.A., 2021. Thermal Energy Storage: Systems and Applications, third ed. Wiley, London.

Farsi, A., Zamfirescu, C., Dincer, I., Naterer, G.F., 2020. Electrochemical transport in CuCl/HCl (aq) electrolyzer cells and stack of the Cu–Cl cycle. J. Electrochem. Soc. 167 (4), 044515.

Johnson, J.W., Oelkers, E.H., Helgeson, H.C., 1992. SUPCRT92: a software package for calculating the standard molal thermodynamic properties of minerals, gases, aqueous species, and reactions from 1 to 5000 bar and 0 to 1000°C. Comput. Geosci. 18 (7), 899–947.

Koohi-Fayegh, S., Rosen, M.A., 2020. A review of energy storage types, applications and recent developments. J. Energy Storage 27, 101047.

Malik, M., Dincer, I., Rosen, M.A., 2016. Review on use of phase change materials in battery thermal management for electric and hybrid electric vehicles. Int. J. Energy Res. 40 (8), 1011–1031.

Malik, M., Dincer, I., Rosen, M.A., Mathew, M., Fowler, M., 2018. Thermal and electrical performance evaluations of series connected Li-ion batteries in a pack with liquid cooling. Appl. Therm. Eng. 129, 472–481.

Newman, J., Thomas-Alyea, K.E., 2012. Electrochemical Systems, third ed. John Wiley & Sons, New Jersey.

Rosen, M., Farsi, A., 2022. Sustainable Energy Technologies for Seawater Desalination. Elsevier, Academic Press, United Kingdom.

Zamfirescu, C., Naterer, G.F., Rosen, M.A., 2017. Chemical exergy of electrochemical cell anolytes of cupric/cuprous chlorides. Int. J. Hydrog. Energy 42 (16), 10911–10924.

第 3 章
蓄电池电化学建模

本章目标

- 建立广义蓄电池系统的电化学模型。
- 讨论蓄电池系统中由极化引起的不可逆性。
- 确定蓄电池系统中电化学反应、离子和电荷的转移过程中的产热速率。
- 通过定义蓄电池系统的能量效率和其他性能指标讨论蓄电池性能。

本章各符号及说明如下。

符号	说明	单位	符号	说明	单位
B	指前因子	—	j	摩尔通量密度	mol/(cm^2·s)
c	浓度	mol/cm^3	k_c	反应速率常数	—
D	扩散系数	cm^2/s	n_e	电极反应中转移电荷数量	—
E	蓄电池电势	V	r	径向位置	cm
F	法拉第常数	C/mol	R	理想气体常数(8.3143)	J/(mol·K)
g	比吉布斯自由能	J/mol	T	温度	℃, K
Δg_a	比吉布斯活化函数	J/mol	t	时间	s
H	蓄电池高度	cm	tr	迁移数	—
i	电流密度	A/cm^2	u_i	物质 i 的迁移率	cm^2·mol/(J·s)
i_0	交换电流密度	A/cm^2	v	流速	cm/s
I	总电流	A	z	电荷数	—

希腊字母	说明	单位	希腊字母	说明	单位
α	反应传递系数	—	η_s	表面过电位	V
β	对称因子	—	Φ	电势	V
η_{energy}	能量效率	—	κ	离子电导率	S/m
η_c	浓差过电位	V	γ	活度系数	—
η_{ov}	总过电位	V	σ	电导率	S/cm
η_{ohm}	欧姆过电位	V			

41

下标	说明	下标	说明
a	负极	eq	平衡
c	正极	j	相位
conc	浓度	ocp	开路电位

3.1 引言

本章描述了蓄电池的电化学建模,包括蓄电池系统的电化学模型。蓄电池电化学模型包括电极电化学反应、离子在电解质中的传输、扩散和电荷转移。

在电化学研究中,传输、热力学和动力学是相互关联的。利用单体蓄电池的电化学模型,可以确定单体蓄电池的过电位,随后可以用于计算单体蓄电池内部的产热。换句话说,电化学模型可以确定充放电过程中电化学反应的产热速率和焦耳热(由于电流流经内阻而产生的热量)。然后,将这些产热速率用于能量守恒方程(在第 2 章中已介绍),以确定蓄电池温度。还可以通过传热传质模型确定蓄电池温度,并将蓄电池温度传递到电化学模型中以更新电化学计算。

因此,蓄电池内部的产热速率和温度是将电化学模型和传热传质模型耦合起来的两个参数。本章将介绍蓄电池总电压。然后,描述电化学反应、通过电解质的电荷和离子传输现象以及由此产生的极化。

3.2 蓄电池的总电压

通过电化学分析,我们可以确定电化学蓄电池中的电压损失(Farsi 等,2020)。识别各种类型的过电位和损耗有助于确定其发生的原因和位置,并为给定电池找到解决这些不可逆性的方法。在一个蓄电池系统中,极化主要包括电化学极化、欧姆极化和浓差极化。电化学极化是反应在电极表面受阻而导致电极电位偏离平衡电位的现象,而欧姆极化是溶液、电极系统本身所具有的电阻所导致的电极电位偏离平衡电位的现象。浓差极化是电解质中存在浓度梯度造成电极电位偏离平衡电位的现象。

需要注意的是,平衡电压(或可逆电压)是蓄电池可逆运行时所能达到的最大电池电压。由于存在电流通过引起的极化现象,蓄电池的实际电压低于平衡电压。当没有电流通过蓄电池时,蓄电池电压也是最大的。这个电压被称为开路电压,它大致上等于平衡电压。

单体蓄电池的极化代表蓄电池在实际运行过程中的不可逆性。因此,通过在实际电压 E 中减去平衡电压 E_{eq},过电位 η_{ov} 可以计算为

$$\eta_{ov} = E - E_{eq} \tag{3.1}$$

式中,η_{ov} 为蓄电池总的过电位。如图 3.1 所示,将总的过电位分解成不同部分,包括活化过电位、欧姆过电位和浓差过电位。图 3.1 展示了一个广义的单体蓄电池。蓄电池由负极和正极(工作电极)组成。其中每一个工作电极都有两个参考电极,它们被放置在工作电极附近(点①和点②),位于浓度均匀的电解质区域(点③)。参考电极与相应的工作电极由相同的材料制成。例如,如果负极由石墨碳制成,其对应的参考电极(放置在负极附近

并位于均匀的电解质区域）也由石墨碳组成。参考电极中没有电流流出，它们只感知携带电流的电解质中的电位。

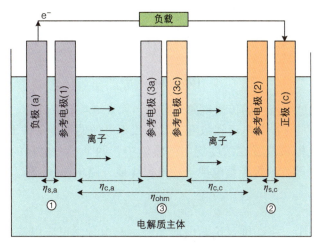

图 3.1 单体蓄电池中的工作电极、参考电极和过电位区域

为了计算负极和正极之间的电位差（即单体蓄电池真实电压 E），我们可以从负极开始向正极移动，计算中间每个工作/参考电极之间的电位差。负极和正极之间的电位差一般可以写为

$$E = \Phi_a - \Phi_c = (\Phi_a - \Phi_1) + (\Phi_1 - \Phi_2) - (\Phi_c - \Phi_2) \tag{3.2}$$

此处，$(\Phi_1 - \Phi_2)$ 可以进一步分解成

$$(\Phi_1 - \Phi_2) = (\Phi_1 - \Phi_{3,a}) + (\Phi_{3,a} - \Phi_{3,c}) + (\Phi_{3,c} - \Phi_2) + \eta_{ohm} \tag{3.3}$$

式中，Φ_a 和 Φ_c 分别为负极和正极电压；Φ_1 和 $\Phi_{3,a}$ 分别为与靠近负极（点①）和电解质主体（点③）的负极参考电极相关的电位；Φ_2 和 $\Phi_{3,c}$ 分别为靠近正极（点②）和电解质主体（点③）的正极参考电极相关的电位；η_{ohm} 为由于电流流经电解液而产生的欧姆过电位。

如前所述，电化学极化与电化学反应受到的阻碍有关。实际上，电化学反应的发生需要一个驱动力（活化能）来诱发。这种驱动力被称为电化学极化。为了测量电化学极化，需要在工作电极旁放置一个参考电极。由于参考电极处没有电流，而工作电极处电位差会产生电流，因此工作电极与参考电极之间的电位差可测量活化过电位。所以，式（3.2）右侧的第一项和第三项分别代表负极（$\eta_{s,a}$）和正极（$\eta_{s,c}$）的活化过电位，即

$$(\Phi_a - \Phi_1) = \eta_{s,a} \tag{3.4}$$

$$(\Phi_c - \Phi_2) = \eta_{s,c} \tag{3.5}$$

下一节将详细讨论电化学极化。

如前所述，浓差极化是电解质中的浓度梯度引起的。电解质内的浓度变化需要在电流停止后，在扩散和对流引起浓度分布开始之前进行测量。放置在电解质主体区域的参考电极用于估计浓度分布均匀和无电流流动的状态。因此，放置在电解质主体区域的参考电极

和其他放置在工作电极附近的参考电极之间的电势差可用于表示由于浓度差而产生的欧姆过电位。因此，式（3.3）右侧的第一项和第三项分别对应于负极（$\eta_{c,a}$）和正极（$\eta_{c,c}$）的浓差过电位，即

$$(\Phi_1 - \Phi_{3,a}) = \eta_{c,a} \quad (3.6)$$

$$(\Phi_{3,c} - \Phi_2) = \eta_{c,c} \quad (3.7)$$

浓差极化可以通过电池内的传质现象来定义，将在 3.4 节中讨论。

平衡电位的定义是在没有电流和浓度梯度导致不可逆的平衡条件下的电位。

由于两个参考电极被放置在浓度均匀的流体中，两个参考电极的压差等于可逆电压。因此，式（3.3）右侧第二项等于蓄电池平衡电位（或开路电压），即

$$(\Phi_{3,a} - \Phi_{3,c}) = E_{eq} \quad (3.8)$$

在接下来的章节中，将详细讨论蓄电池系统中与电化学反应以及离子和电荷转移过程相关联的不可逆性。

3.3 电化学极化

如前所述，电化学极化反映电化学反应受到的阻碍。换句话说，这种不可逆性与电化学反应中的速率决定步骤的活化能有关。速率决定步骤是电化学反应中最慢的步骤，通常控制着电化学反应的速率。在电极表面，一些随机的热碰撞导致氧化和还原反应朝着正向和反向发生。但是，为了简单起见，我们假设仅有一个步骤在电化学反应中是最慢的，并且这个步骤控制整个蓄电池的反应速率，如下所述：

$$O + n_e e^- \rightleftharpoons R \quad (3.9)$$

式中，O 为氧化物质；R 为还原物质。正向反应对应着生成物的生成，反向反应对应着反应物的生成。负极处发生的反应是氧化反应，而正极处发生的反应是还原反应。图 3.2 所示为电极和电解质界面上氧化和还原反应中电子的相对能量。在氧化反应中，电子从一个能量相对较高的反应物转移到电极上。在还原反应中，电子从电极转移到能量相对较低的反应物上。换句话说，在正极上施加负电位会增加电子的能量，从而导致电子附近物质还原。同时，在负极上施加正电位会降低电子能量，从而导致电子从反应物转移到电极。

半反应的反应速率可以用正向反应中 R 的生成速率或反向反应中 R 的消耗速率来表示。反应速率可以用电极上的电流密度来定义。因此，正向反应和反向反应速率之间的差值对应于由负极反应和正极反应产生的净电流密度。

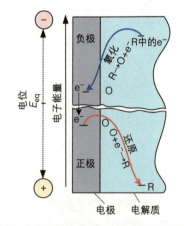

图 3.2　电极和电解质界面上氧化和还原反应中电子的相对能量

图 3.3 所示为放置在电解质中正极相邻的电位分布和控制体积单元。在电极和电解质界面单位面积上的正向反应应用质量守恒，表明物质 O 从电解质主体到电极上的传输速率等于 O 在正反应中的消耗速率。因此，由正极反应（i_c）产生的电流密度可写成

$$\frac{i_c}{n_e F} = K_c c_O = T B_c \exp\left(\frac{-\Delta g_c}{RT}\right) c_O \qquad (3.10)$$

式中，B_c 为正极反应的指数因子；T 为绝对反应温度；R 为理想气体常数；Δg_c 为在正极反应中的比吉布斯函数的变化；c_O 为正极反应中的 O 浓度。有人指出，式（3.10）类似于一级化学反应的表达式。

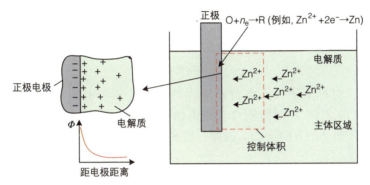

图 3.3 放置在电解质中正极相邻的电位分布和控制体积单元

对于正向反应和负向反应，都存在一个能量壁垒，需要越过这个能量壁垒才能开始和进行反应。此部分可以用过渡态理论来描述，因此可以用势能与反应完成度的关系图来说明，如图 3.4 所示。对于正向反应，反应物需要越过曲线峰值，也就是能量壁垒。能量壁垒（或活化能）等于反应物吉布斯函数与位于曲线峰值处的活化复合物之间的差值。同样，对于逆向反应，产物吉布斯函数和活化复合物之差对应于需要克服的能量壁垒。

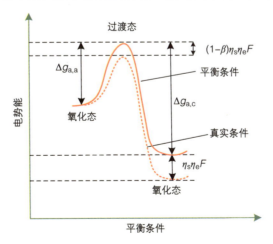

图 3.4 基本电荷转移过程的能势图（$O + n_e e^- \rightleftharpoons R$）[实线表示真实条件下的外加电势（$\Delta \Phi$），虚线对应的是平衡电势（$\Delta \Phi_{eq}$）]

在正极反应中，比吉布斯函数的变化可以表示为

$$\Delta g_c = \Delta g_{a,c} + \beta n_e F \Delta \Phi \tag{3.11}$$

式中，$\Delta g_{a,c}$ 为激活正极反应的比吉布斯函数；n_e 为转移的电子数目；F 为法拉第常数；$\Delta \Phi$ 为电极和电解液之间的电压差，可以近似为给定电极的相对电位（即参考电极）。事实上，电势差从电极和电解质界面移到电解液主体时减小。当电极放置于电解质中时，在电极和电解质侧界面处产生两层平行电荷。这种平行的电荷层称为双电层，如图3.3所示。需要注意的是，通过一些简化，电极和电解质界面可以被视为电容器。

式（3.11）中的参数 β 为对称因子，通常在 0 和 1 之间变化。但是，通常将对称因子取为 0.5。负极反应和正极反应的传递系数（分别是 α_a 和 α_c）是另一个可以用对称因子 β 表示的动力学参数：

$$\alpha_a = 1 - \beta \tag{3.12}$$

$$\alpha_c = \beta \tag{3.13}$$

从概念上讲，对称因子表示电势差形成的电场是如何更倾向于一个方向的反应的。式（3.11）中的项 $\beta n_e F \Delta \Phi$ 表明物质 O 克服电场所做的功。这个反应（$O + n_e^- \rightarrow R$）的电场与 O 朝着与正极相反的方向运动。因此，将式（3.11）代入式（3.10）可得

$$\frac{i_c}{n_e F} = TB_c \exp\left(-\frac{\Delta g_{a,c}}{RT}\right) \exp\left(-\frac{\beta n_e F \Delta \Phi}{RT}\right) c_O = k_c \exp\left(-\frac{\beta n_e F \Delta \Phi}{RT}\right) \tag{3.14}$$

式中，k_c 为正极反应的速率常数，可以被阿伦尼乌斯公式很好地近似表达 [即 $k_c = TB_c\exp(-\Delta g_{a,c}/RT)$]。

同样，对于在负极发生的氧化反向反应，负极反应产生的电流密度等于 R 的消耗速率。因此负极反应产生的电流密度（i_a）可以表示为

$$\frac{i_a}{n_e F} = K_a c_R = TB_a \exp\left(-\frac{\Delta g_a}{RT}\right) c_R \tag{3.15}$$

式中，Δg_a 为在负极反应中比吉布斯函数的变化；B_a 为负极反应的指数因子；c_R 为负极反应的反应物浓度。Δg_a 可以表示为

$$\Delta g_a = \Delta g_{a,a} - (1-\beta) n_e F \Delta \Phi \tag{3.16}$$

式中，$\Delta g_{a,a}$ 为激活负极反应的比吉布斯函数；右边第二项前的负号表示电场有助于 R 从负极向电解质主体的运动，从而降低了 Δg_a 的值。

将式（3.15）代入式（3.16）可得

$$\begin{aligned}\frac{i_a}{n_e F} &= TB_a \exp\left(-\frac{\Delta g_{a,a}}{RT}\right) \exp\left[-\frac{(1-\beta)n_e F \Delta \Phi}{RT}\right] c_O \\ &= k_a \exp\left[-\frac{(1-\beta)n_e F \Delta \Phi}{RT}\right]\end{aligned} \tag{3.17}$$

式中，k_a 为负极反应的速率常数，可以通过阿伦尼乌斯公式很好地近似表达 [即 $k_a = TB_a\exp(-\Delta g_{a,a}/RT)$]。

在可逆反应条件下,相同数量的离子和电子穿过电解质和电极,意味着相同数量的反应物转化为产物,反之亦然。这也意味着与负极和正极反应相关的电流密度是相同的[即净电流密度为0(开路状态)]。在可逆状态下,电极和电解质界面之间的电位差等于平衡(或可逆)电位 $\Delta\Phi_{eq}$。与此条件相对应的电流密度称为交换电流密度 i_0,可表示为

$$i_0 = i_a = i_c \tag{3.18}$$

联立式(3.14)、式(3.17)、式(3.18),平衡电位可由下式求得:

$$k_a \left\{ \exp\left[\frac{(1-\beta)}{RT} n_e F \Delta\Phi_{eq}\right] \right\} c_R = k_c \left\{ \exp\left[\frac{(-\beta)}{RT} n_e F \Delta\Phi_{eq}\right] \right\} c_O \tag{3.19}$$

将上述方程重新排列得到:

$$\Delta\Phi_{eq} = E_{eq} = \frac{RT}{n_e F} \ln\left(\frac{k_c c_O}{k_a c_R}\right) \tag{3.20}$$

将式(3.20)代入式(3.14)、式(3.17)、式(3.18),得到交换电流密度,如下:

$$i_0 = nF k_a^\beta k_c^{1-\beta} c_R^\beta c_O^{1-\beta} \tag{3.21}$$

交换电流密度 i_0 取决于温度、反应物和生成物浓度以及电极和电解液界面性质。一般情况下,交换电流密度在 $10^{-7} \sim 1\text{mA/cm}^2$ 之间。

在单体蓄电池实际的运行中存在极化,负极和正极的反应速率不同,导致净电流 ($i \neq 0$)。因此,由负极反应和正极反应导致的净电流密度可以写成

$$\begin{aligned}\frac{i}{n_e F} &= \frac{1}{n_e F}(i_a - i_c) \\ &= \left(k_a \left\{\exp\left[\frac{(1-\beta)}{RT} n_e F \Delta\Phi\right]\right\} c_R\right) - \left(k_c \left\{\exp\left[\frac{(-\beta)}{RT} n_e F \Delta\Phi\right]\right\} c_O\right)\end{aligned} \tag{3.22}$$

在非平衡状态下,极化通过降低氧化态能级增加氧化反应速率并降低还原反应速率,如图3.4所示。实际上,正极方向的活化能增加了。电极和电解质之间的电位差可以写成平衡电位($\Delta\Phi_{eq}$)和活化过电位(η_s),即

$$\Delta\Phi = \Delta\Phi_{eq} + \eta_s \tag{3.23}$$

为了理解单体蓄电池在实际运行条件下内部发生的反应,考虑负极中发生的氧化反应 $Zn \rightarrow Zn^{2+} + 2e^-$,并且电流流经单体蓄电池。在这种情况下,由于不可逆性,电极附近的电压降从 $\Delta\Phi_{eq}$ 变为更大的正值($\Delta\Phi$),它会随着电流密度的增加变成更大的正值。同样,由于不可逆性,正极中持续的还原反应 $Zn^{2+} + 2e^- \rightarrow Zn$ 随着电流的通过使电极附近的电压降从 $\Delta\Phi_{eq}$ 变成一个更小的负值($\Delta\Phi$),它也会随着电流密度的增加变成一个更小的负值。因此,当电流通过蓄电池时,由于过电位的存在,实际电压降的绝对值总是大于平衡电压的绝对值(即,$|\Delta\Phi| > |\Delta\Phi_{eq}|$)。此外,结果表明负极反应的活化过电位为正值,正极反应的活化过电位为负值。

图 3.4 展示了施加一个不可逆电位 $\Delta\Phi$ 如何将负极方向和正极方向的氧化态能级分别从 $\Delta g_{a,a}$ 和 Δg_c 变化到 Δg_a 和 Δg_c。实际上，正极方向的活化能增加了 $\beta\eta_s n_e F$，负极方向的活化能减少了 $(1-\beta)\eta_s n_e F$。考虑到电化学极化有助于负极反应的进行并阻碍正极反应，可以更好地理解这一点。

我们可以用平衡电位和活化过电位（即 $\Delta\Phi = \Delta\Phi_{eq} + \eta_s$）来表示式（3.22）。因此式（3.22）可以写作

$$\frac{i}{n_e F} = k_a \left\{ \exp\left[\frac{1-\beta}{RT} n_e F(\Delta\Phi_{eq} + \eta_s)\right]\right\} c_R - k_c \left\{\exp\left[\frac{-\beta}{RT} n_e F(\Delta\Phi_{eq}+\eta_s)\right]\right\} c_O \quad (3.24)$$

将平衡电位表达式 [式（3.20）] 代入上述方程可得

$$\frac{i}{n_e F} = k_a \left\{\exp\left[\frac{1-\beta}{RT} n_e F\eta_s + \alpha_a \ln\left(\frac{k_c c_O}{k_a c_R}\right)\right]\right\} c_R - k_c \left\{\exp\left[\frac{-\beta}{RT} n_e F\eta_s - \alpha_c \ln\left(\frac{k_c c_O}{k_a c_R}\right)\right]\right\} c_O \quad (3.25)$$

根据交换电流密度表达式 [式（3.21）]，修改式（3.25）得到净电流密度的表达式：

$$i = i_0 \left[\exp\left(\frac{1-\beta\eta_s n_e F}{RT}\right) - \exp\left(\frac{-\beta\eta_s n_e F}{RT}\right)\right] \quad (3.26)$$

式（3.26）提供了电流密度和电势之间的关系，被称为巴特勒-福尔默方程。方程中的交换电流密度 i_0 与化学动力学中的反应速率常数相似。确定 i_0 的一种方法是通过 $\ln(i)$ 与 η_s 的关系图，这个关系图可以通过特定类型的反应物、产物、电极和电解质的实验数据获得。

3.4 浓差极化

在蓄电池充放电过程中，质量、动量和电荷的传递以及热量和功的传递同时发生。这些机制的传递速率对蓄电池的性能影响很大。当同时考虑这些现象时，用于描述这些转移过程的数学公式将会变得复杂。在本节中，将简要描述单体蓄电池内的转移过程以及由此产生的浓差极化。

在上一节中，为了推导电化学极化的表达式，假设物质浓度不随电流密度而变化。然而，在蓄电池实际运行中，在电解质不同部位存在浓度梯度。这些浓度梯度通常是蓄电池向外输出相对大的电流时，靠近电极的电解质浓度相较于电解质主体浓度较低导致的。这种反应物的浓度差与反应物或生成物的质量传递限制有关，会导致蓄电池在运行过程中的电压损失。因此，蓄电池放电时应该设置一个上限电流。蓄电池所能放出的最大电流称为极限电流密度。极限电流密度取决于电解质类型、电极和相互作用物质的扩散系数。导致电解质中存在浓度梯度的其他原因可能是存在低扩散率和低流动性的物质降低电化学反应速率。这些是反应物和生成物难以到达或远离反应位点的浓差极化现象产生的主要原因。后续部分描述了各种类型的传输现象，然后讨论了这种现象引起的浓差极化。

类似于在导体两端施加电位差来产生电子传输的驱动力，在离子溶液中施加电场形成离子流动的驱动力。这个离子流或离子电流可以描述为离子溶液中带电物质通量之和，即

$$i = \sum_i F z_i j_i \quad (3.27)$$

式中，i 为离子溶液中的电流密度；F 为法拉第常数；z_i 为物质 i 的电荷数；j_i 为物质 i 的摩尔通量密度。离子在电解液中可以以迁移、扩散和对流的形式进行运动。迁移是指离子在电解质中受到外电场作用下的运动，扩散是由浓度梯度（物质从高浓度区域向低浓度区域扩散）驱动的运动，对流是指大量流体的运动，如图 3.5 所示。离子的净通量是这三种运动的总和。

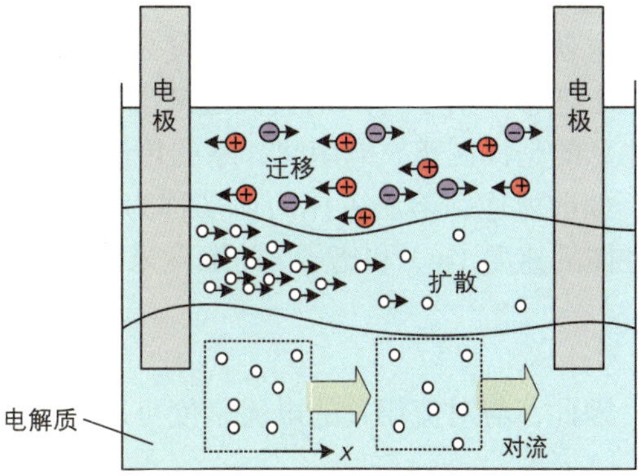

离子 i 由于迁移而产生的摩尔通量密度，称为迁移通量密度，可表示为

$$j_{i,\text{Migration}} = -F z_i u_i c_i \nabla \Phi \quad (3.28)$$

图 3.5　蓄电池中以迁移、扩散和对流进行的物质传递

式中，u_i 为离子 i 的流速；c_i 为物质 i 的浓度；$\nabla \Phi$ 是电势梯度。因此，由迁移产生的电流密度可表示为

$$i_{\text{Migration}} = -\left(F^2 \sum_i z_i^2 u_i c_i \right) \nabla \Phi \quad (3.29)$$

式（3.29）中，括号中的量表示带电物质的流动性，被称为离子电导率 k，即 $k = F^2 \sum z_i^2 u_i c_i$。如前所述，离子的流动在电解质中产生离子电流。这意味着每个离子通过携带溶液中的一小部分电流来贡献离子电流。这部分电流被称为传递数（tr）。离子 i 的传递数可以表示为

$$\text{tr}_i = \frac{F z_i j_i}{i} = \frac{F z_i j_i}{\sum_i F z_i j_i} \quad (3.30)$$

离子传递数的不同源于这些离子电子迁移率的不同。电子迁移率反映了电子在电场作用下在溶液中快速移动的能力。离子迁移流量与其传递数成正比。显而易见，溶液或电解质中所有离子传递数总和为 1。与迁移数有关的摩尔通量可以用传递数表示为

$$j_{i,\text{Migration}} = \frac{\text{tr}_i}{F z_i} i \quad (3.31)$$

通过带电物质向电极移动，可以在电解质中产生浓度梯度。实际上，一个离子转移的电荷数小于 1 表明电解质中有一些来自其他离子的流量。这些流量会产生浓度梯度，这是扩散现象的驱动力。离子 i 由于扩散而产生的摩尔通量密度可以用物质 i 的扩散系数（D_i）和物质 i 引起的浓度梯度（∇c_i）表示为

$$j_{i,\text{Diffusion}} = -D_i \nabla c_i \quad (3.32)$$

因此，由扩散导致的电流密度可以表示为

$$i_{\text{Diffusion}} = -\sum_i F z_i D_i \nabla c_i \quad (3.33)$$

应当注意,传递数被定义为在没有浓度梯度的情况下通过离子迁移所携带的部分电流。这就意味着,在形成浓度梯度之前关闭离子在电解质中移动的通道,离子的转移仅仅是由于迁移(由于施加电场的运动)而不是扩散。因此,传递数越大,浓度梯度越小。值得注意的是,在充放电期间,高的传递数减轻了电极表面附近离子的积累(浓差极化)。

如前所述,溶质主体的运动称为对流。对流引起的离子i的摩尔通量密度可以根据流体主体的速度(v)和离子i的浓度来确定:

$$j_{i,\text{Convection}} = c_i v \quad (3.34)$$

因此,与对流相关的电流密度可以写成

$$i_{\text{Convection}} = -\sum_i F z_i c_i v \quad (3.35)$$

注意,由于溶液是电中性的,所有阴离子和阳离子浓度总和为0(即$\sum_j c_i z_i = 0$)。因此,中性溶液中的对流运输过程中不会产生离子电流。但是,主体溶剂的运动会导致溶液的混合并随后影响溶液中的浓度分布。例如,主体溶液通过强制或自然对流运动可以有效地将反应离子导向电极表面。

电解质中总的电流密度是迁移、扩散和对流引起的电流密度的总和,即

$$i = -\left(F^2 \sum_i z_i^2 u_i c_i\right) \nabla \Phi - \sum_i F z_i D_i \nabla c_i - \sum_i F z_i c_i v \quad (3.36)$$

电解质中的传输现象可以用几个传输性质来表征:电导率(κ)、离子的扩散系数和离子传递数。此外,离子的扩散系数和传递数决定了浓度的大小,电导率决定了(欧姆)内阻。溶液在环境温度下的扩散系数通常在$10^{-5} \text{cm}^2/\text{s}$数量级。

当电解液是电中性且不存在浓度梯度时,式(3.36)后两项为0,表达式简化为基于离子电导率的欧姆定律,如下所示:

$$i = -\left(F^2 \sum_i z_i^2 u_i c_i\right) \nabla \Phi = -\kappa \nabla \Phi \quad (3.37)$$

当电中性的电解质中存在浓度梯度时,电压梯度对应于:

$$\nabla \Phi = -\frac{i}{\kappa} - \frac{F}{\kappa} \sum_i z_i D_i \nabla c_i \quad (3.38)$$

该方程表明,即使在没有电流密度(即$i=0$)的情况下,由于扩散电位[即$(F/\kappa)\sum_i z_i D_i \nabla c_i$]的存在,电解质中也会存在电位差。在存在浓度梯度的溶液中,任意两点之间的电位差是由浓度差引起的。这种由浓度梯度引起的电位差被称为浓差极化。当电解质主体和电极表面上的反应物和生成物之间存在浓度差异时,蓄电池内部就会出现浓差极化。回顾图3.1,浓差过电位等于两个参考电极之间的电位差,其中一个位于工作电极附近,另

一个位于电解质主体区域。可以将式（3.38）修改为扩散电位的形式，并从电极表面积分到电解质主体区域以求解浓差过电位，即

$$\eta_c = E_{conc} + \int_0^{bulk} \left(\frac{1}{\kappa} - \frac{1}{\kappa_{bulk}} \right) i_x dx \qquad (3.39)$$

式中，η_c为浓差过电位；x为到电解质主体的距离；等式右侧的第一项和第二项表示与扩散电位和电导率随浓度变化而产生的相关过电位；E_{conc}为非均匀浓度溶液上的电位差（蓄电池中的电解液）。这种电位差解释了溶液两个点之间浓度差的唯一影响，这两个点被多孔介质分开，只允许扩散传输，如图3.6所示。实际上，E_{conc}是用于防止两个电极之间流动（迁移传输）的电位，这两个电极仅在相邻溶液上的浓度不同。E_{conc}可由下式求出：

$$E_{conc} = \frac{RT}{F} \sum_i \ln \frac{(c_i^{v_i} \gamma_i^{v_i})_{bulk}}{(c_i^{v_i} \gamma_i^{v_i})_0} + \frac{RT}{F} \int_0^{bulk} \sum_j \frac{tr_j}{z_j} \frac{\partial \ln c_j \gamma_{j,n}}{\partial x} dx \qquad (3.40)$$

式中，γ_i为物质i的活度系数；j为相数。需要注意的是，式中的第一项对应于能斯特方程[式（2.32）]中的浓度相关项，可用于确定平衡电位。将式（3.40）与能斯特方程进行比较，可以看出平衡电位取决于平衡状态下生成物和反应物的浓度，而式（3.40）还解释了由非均匀溶液中的浓度差引起的扩散电位。实际上，式（3.40）中的项显示了j相和结合区（相与相之间的边界）由浓度差引起的扩散电位导致的不可逆性。

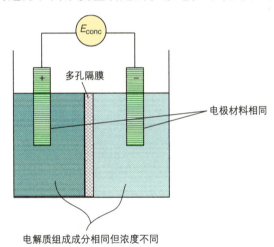

图3.6 电位差仅由具有相同成分的两种电解质之间的浓度差引起的一种浓差蓄电池

3.5 欧姆极化

式（3.3）中最后一项（即η_{ohm}）表示电流流经电阻引起的极化。电阻是由于电流和离子流通过单体蓄电池而产生的。电流与从负极嵌出的电子流经蓄电池内部组件界面和外电路有关。电流的通过会导致电压损失，并且损失的程度与电池流入或流出的电流大小有关。离子电流与离子和电中性物质通过电解质有关。蓄电池电压的另一种损失是电解质对物质的流动阻力导致的。对于设计合理的蓄电池来说，欧姆损耗的主要来源往往是电解液的离子电阻。

欧姆损耗与流经的电流有关,两者的关系如下：

$$\eta_{\text{ohm},e} = -\frac{I}{\sigma} \quad (3.41)$$

式中,$\eta_{\text{ohm},e}$ 为与电流相关的欧姆过电位；I 为蓄电池输出的总电流；σ 为电极的电导率。

回顾式（3.29）,给出在电场影响下离子在均匀电解质中的流动关系式：

$$i = -\kappa \nabla \Phi \quad (3.42)$$

式中,κ 为离子电导率。

式（3.42）可以用来计算蓄电池的离子电阻。离子电阻取决于蓄电池的几何形状。例如,对于电流仅沿径向流动的圆柱形蓄电池,垂直剖面图如图 3.7 所示,式（3.42）可表示为

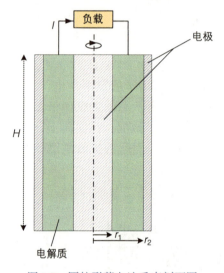

图 3.7 圆柱形蓄电池垂直剖面图

$$i(r) = -\kappa \frac{d\Phi}{dr} \quad (3.43)$$

从圆柱形蓄电池中流出（或流入）的电流密度 i 与总电流 I 之间的关系可以用蓄电池高度（H）表示为

$$i(r) = \frac{I}{2\pi r H} \quad (3.44)$$

将式（3.44）代入式（3.43）可得由离子电流通过造成的总电压损失,即

$$\Phi(r_2) - \Phi(r_1) = \eta_{\text{ohm},i} = -\frac{I}{2\pi r H \kappa} \ln \frac{r_2}{r_1} \quad (3.45)$$

式中,$\eta_{\text{ohm},i}$ 为与阻碍离子流动有关的欧姆过电位。在式（3.45）中,欧姆过电位是在电解质离子电导率（κ）恒定的情况下计算的。然而,在浓差过电位表达式中考虑了离子电导率随浓度变化的影响,见式（3.39）。从式（3.45）中可以看出,除了蓄电池几何形状外,离子电导率也会影响欧姆过电位。事实上,离子电导率越高,离子电阻越低。因此,选择合

适的电解质是很重要的，因为它能够提供有效的离子传输，从而降低了蓄电池的电位损失。

3.6 单体蓄电池性能

图 3.8 所示为包括电极和周围导电电解质的蓄电池半电池中的电位和反应物浓度分布及过电位区域，包括电化学极化、浓差极化和欧姆极化（η_s、η_c 和 η_{ohm}）的区域。

单体蓄电池的性能可以通过定义各种性能指标来评价。一个常见的性能评价指标是能量效率，它是真实条件下放电输出或充电输入的净功率与理想条件下净功率的比值。前面指出，在平衡状态下，没有由极化引起的不可逆性，蓄电池电压被称为平衡电位（或可逆）电压（E_{eq}），它对应于开路电压（E_{ocp}）。实际上，开路电压表示在这种情况下电化学相互作用如何接近理想（可逆）条件。

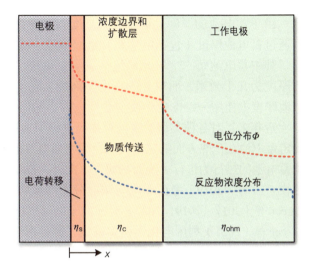

图 3.8 包括电极和周围导电电解质的蓄电池半电池中的电位和反应物浓度分布和过电位区域

图 3.9 所示为单体蓄电池放电过程中的电压 - 容量曲线（蓄电池在放电过程中所能输送的电量）。该图显示了蓄电池电势（电压）对放电过程中使用的电荷量的依赖性。在放电周期开始时（图 3.9 最左边），蓄电池电压为最大值，即开路电压。在某一点（如 A 点），蓄电池电压开始迅速下降，这主要是由于交换电流密度大幅降低，因此电化学极化剧烈增加。因此，在 A 点附近，浓差

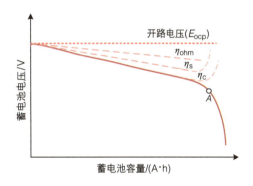

图 3.9 单体蓄电池放电过程中的电压 - 容量曲线

极化大幅度增加。蓄电池电压下降的速率取决于用于制造蓄电池电极和电解质的材料类型。从图 3.9 可以看出，欧姆极化、电化学极化和浓差极化将蓄电池电压从开路电压降低到实际电压。在放电过程中，欧姆过电位随电流线性增加。

因此，在理想条件下，蓄电池是可逆运行的，蓄电池电压等于开路电压。蓄电池在放电时输出的功率最大，充电时输入功率最小。在放电时，实际蓄电池的能量效率（η_{energy}）可以定义为蓄电池输出的净功率与可逆功率的比值，即

$$\eta_{energy,discharge} = \frac{\int IE dt}{\int IE_{ocp} dt} = \frac{\int (IE_{ocp} - \eta_s - \eta_c - \eta_{ohm}) dt}{\int IE_{ocp} dt} \quad (3.46)$$

同样，在充电模式下，蓄电池的能量效率可以表示为输入电池的可逆功与实际输入电

池的功之比：

$$\eta_{\text{energy,charge}} = \frac{\int IE_{\text{ocp}} \mathrm{d}t}{\int IE \mathrm{d}t} = \frac{\int IE_{\text{ocp}} \mathrm{d}t}{\int (IE_{\text{ocp}} - \eta_{\text{s}} - \eta_{\text{c}} - \eta_{\text{ohm}}) \mathrm{d}t} \quad (3.47)$$

由于蓄电池的厚度远远小于其高度和宽度，在合理的精度下，蓄电池的电化学研究可以通过蓄电池厚度（包括电解质和电极厚度）在一维上进行。图 3.10 所示为方形蓄电池尺寸，其中蓄电池每一个单元都包括三层：负极、正极以及正负极之间的隔膜。单元中每层的厚度为几十微米，而单元的宽度和高度为几十厘米。因此，与使用三维模型相比，在蓄电池厚度上使用一维电化学模型会产生较小的误差。

近年来，对各种类型的蓄电池系统进行了大量的电化学分析研究。通过这些研究，可以确定蓄电池在产热方面的热行为以及温度对电性能的影响。例如，Galatro 等（2020）对锂离子蓄电池的热行为进行了全面的研究。此外，Dees 等（2002）对锂聚合物电池进行了电化学建模。Li 等（2019）考虑非均匀浓度分布的影响，对锂电池进行了类似的研究。同样，Al-Zareer 等（2017，2019，2020）对锂离子电池热性能管理系统进行了电化学分析和评估。Al-Zareer 等（2021）利用电化学模型确定了圆柱形锂离子蓄电池的导热系数，以确定蓄电池的工作电压和产热速率。Yin 等（2019）提出了一种基于电化学模型的锂离子蓄电池充电新方法，其中也考虑了副反应。Mei 等（2019）研究了设计参数对蓄电池性能的影响，他们还基于电化学 - 热耦合模型进行了优化。Wu 等（2018）将人工网络方法应用于锂离子蓄电池的设计。许多基于可再生能源的蓄电池系统的性能评估也已被报道（Taslimi 等，2021；Cai 等，2020；Rosen 和 Farsi，2022；Dehghan Abnavi 等，2019；Zhang 等，2018）。

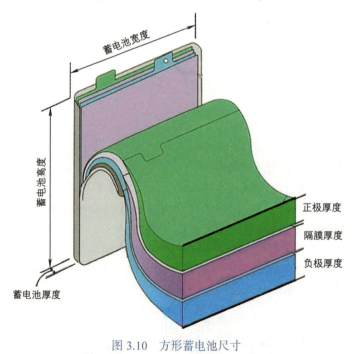

图 3.10　方形蓄电池尺寸

（该图源自 Al-Zareer M., 2019. Development and modeling of novel battery thermal management systems for electric and hybrid electric vehicles. PhD thesis, Ontario Tech University, Oshawa, Canada。）

3.7 结束语

本章提出并描述了单体蓄电池的电化学模型。电化学模型可以确定电化学反应中由于不可逆性、电荷和质量传递过程产生的极化来源。对电化学极化进行了深入的描述,解释了电化学反应中电压损失的概念。此外,还描述了浓差极化,厘清了扩散对电压损失的影响。将欧姆损耗解释为分别对电子和离子流动的内阻。它显示了蓄电池极化是如何降低蓄电池电压的。最后,根据蓄电池系统在可逆条件下的性能接近程度来定义蓄电池系统的性能。蓄电池的电化学研究可以为设计和开发合适的蓄电池材料提供参考。

问题与思考

3.1 单体蓄电池的电压、平衡电位和过电位有什么区别?

3.2 定义单体蓄电池电化学极化。列出并描述产生电化学极化的主要原因。

3.3 定义单体蓄电池浓差极化。列出并描述产生浓差极化的主要原因。

3.4 定义单体蓄电池的欧姆极化。列出并描述产生欧姆极化的主要原因。

3.5 单体蓄电池中质量传递的三种方式是什么?并进行解释。

3.6 当从正极或负极移动到电解质主体时,单体蓄电池中反应物浓度和电压是如何变化的?

3.7 描述并解释单体蓄电池的能量效率。能量效率和单体蓄电池的不可逆性有什么关系?

3.8 当单体蓄电池中发生氧化和还原反应时,电子的能量是如何变化的?如果在负极上施加一个正电势,蓄电池的能量是增加还是减少?为什么?

3.9 单体蓄电池活化能是什么?它和巴特勒-福尔默方程有什么关系?

3.10 考虑图 3.11 所示的锂离子蓄电池放电时的电压-容量曲线,放电时间为 1h,在设计点 B 时确定如下内容:

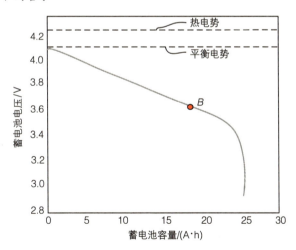

图 3.11 锂离子蓄电池放电时的电压-容量曲线

1)锂离子蓄电池提供的实际电功率。
2)锂离子蓄电池所能提供的理想电功率(即单体蓄电池内无极化)。

3）锂离子蓄电池在放电过程中的能量效率。

3.11 在研究问题 3.10 中，如果有可能以某种方式将锂离子蓄电池中电化学反应释放的全部能量转换为电能，则输出电势可以达到 4.3V。这个电势称为热电势，如图 3.11 所示。根据研究问题 3.10 提供的数据，在 B 点（图 3.11）计算锂离子蓄电池放电时的产热率。

参 考 文 献

Al-Zareer, M., Dincer, I., Rosen, M.A., 2017. Electrochemical modeling and performance evaluation of a new ammonia-based battery thermal management system for electric and hybrid electric vehicles. Electrochim. Acta 247, 171–182.

Al-Zareer, M., Dincer, I., Rosen, M.A., 2019. A novel approach for performance improvement of liquid to vapor based battery cooling systems. Energy Convers. Manag. 187, 191–204.

Al-Zareer, M., Dincer, I., Rosen, M.A., 2020. A thermal performance management system for lithium-ion battery packs. Appl. Therm. Eng. 165, 114378.

Al-Zareer, M., Michalak, A., Da Silva, C., Amon, C.H., 2021. Predicting specific heat capacity and directional thermal conductivities of cylindrical lithium-ion batteries: a combined experimental and simulation framework. Appl. Therm. Eng. 182, 116075.

Cai, W., Li, X., Maleki, A., Pourfayaz, F., Rosen, M.A., Alhuyi Nazarie, M., Bui, D.T., 2020. Optimal sizing and location based on economic parameters for an off-grid application of a hybrid system with photovoltaic, battery and diesel technology. Energy 201, 117480.

Dees, D.W., Battaglia, V.S., Bélanger, A., 2002. Electrochemical modeling of lithium polymer batteries. J. Power Sources 110 (2), 310–320.

Dehghan Abnavi, M., Mohammadshafie, N., Rosen, M.A., Dabbaghian, A., Fazelpour, F., 2019. Techno-economic feasibility analysis of stand-alone hybrid wind/photovoltaic/diesel/battery system for the electrification of remote rural areas: case study Persian Gulf coast-Iran. Environ. Prog. Sustain. Energy 38 (5), 13172.

Farsi, A., Zamfirescu, C., Dincer, I., Naterer, G.F., 2020. Electrochemical transport in CuCl/HCl (aq) electrolyzer cells and stack of the Cu-Cl cycle. J. Electrochem. Soc. 167 (4), 044515.

Galatro, D., Al-Zareer, M., Da Silva, C., Romero, D., Amon, C., 2020. Thermal behavior of lithium-ion batteries: aging, heat generation, thermal management and failure. Front. Heat Mass Transfer 14, 17.

Li, J., Wang, D., Pecht, M., 2019. An electrochemical model for high C-rate conditions in lithium-ion batteries. J. Power Sources 436, 226885.

Mei, W., Chen, H., Sun, J., Wang, Q., 2019. The effect of electrode design parameters on battery performance and optimization of electrode thickness based on the electrochemical-thermal coupling model. Sustain. Energy Fuels 3 (1), 148–165.

Rosen, M., Farsi, A., 2022. Sustainable Energy Technologies for Seawater Desalination. Elsevier, Academic Press, United Kingdom.

Taslimi, M., Ahmadi, P., Ashjaee, M., Rosen, M.A., 2021. Design and mixed integer linear programming optimization of a solar/battery based conex for remote areas and various climate zones. Sustain. Energy Technol. Assess. 45, 101104.

Wu, B., Han, S., Shin, K.G., Lu, W., 2018. Application of artificial neural networks in design of lithium-ion batteries. J. Power Sources 395, 128–136.

Yin, Y., Hu, Y., Choe, S.Y., Cho, H., Joe, W.T., 2019. New fast charging method of lithium-ion batteries based on a reduced order electrochemical model considering side reaction. J. Power Sources 423, 367–379.

Zhang, W., Maleki, A., Rosen, M.A., Liu, J., 2018. Optimization with a simulated annealing algorithm of a hybrid system for renewable energy including battery and hydrogen storage. Energy 163, 191–207.

第 4 章
蓄电池热特性

本章目标

- 描述蓄电池系统的热特性。
- 解释蓄电池系统的热特性与产热、老化机理、热失效和热管理系统之间的联系。
- 建立单体蓄电池的热 - 电化学耦合模型。
- 利用热 - 电化学耦合模型确定蓄电池的平均温度和蓄电池内部的温度分布。
- 描述、讨论关于热效应在对蓄电池性能和寿命影响方面带来的挑战与机遇。
- 描述、讨论正极和负极的主要衰退机理。
- 描述、讨论温度、放电/充电倍率和荷电状态对各种蓄电池化学成分老化的影响。

本章各符号及说明如下。

符号	说明	单位	符号	说明	单位
a	每单位体积的多孔电极表面积	m^2/m^3	P	压强	Pa
C_p	恒压比热	$J/(kg \cdot K)$	$\dot{Q}$	产热功率	W
DOD	放电深度	%	$\dot{q}$	热流	W/cm^2
E	单体电势	V	R	通用气体常数	$8.3143 J/(mol \cdot K)$
E_{act}	活化能	J/mol	R_j	物质 j 平均生成速率	$mol/(cm^3 \cdot s)$
E_{eq}	平衡电势	V	S	熵	kJ/K
E_H	焓势	V	SOC	荷电状态	%
$\bar{H}$	物质部分摩尔焓	J/mol	T	温度	K,℃
h_{conv}	对流换热系数	$W/(cm^2 \cdot K)$	T_a	环境温度	K,℃
i	电流密度	A/m^2	T	时间	s
i_n	界面电流密度	A/m^2	V	速度	m/s
I	单体电流	A	V_{cell}	单体蓄电池体积	m^3
J	物质摩尔通量	$mol/(cm^2 \cdot s)$	dv	差分蓄电池系统的体积	m^3
k	导热系数	$J/(cm \cdot s \cdot K)$	x	方向指示	

希腊字母	说明	希腊字母	说明
v	体积（m^3）	τ	应力（N/cm^2）
η	过电位（V）	φ	一般温度依赖性
ϕ	电势（V）	δ	蓄电池厚度（μm）
ρ	密度（kg/m^3）		

下标	说明	下标	说明
a	负极	s	源
c	正极	ref	参考
gen	产生	1	固相
j	相标号	2	液相
l	反应数标号		

首字母缩略词	说明	首字母缩略词	说明
LCO	钴酸锂	NCA	镍钴铝酸锂
LFP	磷酸铁锂	NCM	镍钴锰酸锂
LMO	锰酸锂	SEI	固体电解质界面膜
LTO	钛酸锂		

4.1 引言

蓄电池内部热量源于内部电化学反应和物质运动的阻力。热量的产生可以通过蓄电池系统的热力学和电化学测试开展分析，在第 2 章和第 3 章中有详细描述。产生的热量通过几种材料和界面传导至蓄电池外表面，并由外部冷却流体以对流的形式对蓄电池进行散热。因此，蓄电池的运行温度和储存温度对蓄电池系统的寿命、性能、安全性和最终成本都起着关键作用。蓄电池的热特性对蓄电池系统热管理系统提出了相应的要求。本章通过考察蓄电池系统内的主要热效应，描述了蓄电池系统的热特性及其与产热、老化机理、热失效和热管理系统的联系。还提出了热 - 电化学耦合模型，利用该模型可以确定蓄电池的平均温度与蓄电池内部的温度分布。此外，还讨论了热效应在对蓄电池性能和寿命的影响方面带来的挑战与机遇。

4.2 蓄电池老化机理

蓄电池系统的老化一般指由电解质、电极和隔膜中的化学和物理相互作用引起的衰退。蓄电池系统的老化表现为输出功率、容量的减小（称为功率和容量衰减）和内阻的增加。更具体地说，蓄电池系统中的老化会阻止离子交换过程提供其全部容量，从而导致蓄电池性能下降。这种性能下降通常是根据容量随时间的变化和蓄电池的健康状态来确定的。

蓄电池健康状态是当前蓄电池容量与蓄电池寿命初始阶段的容量相比的指标。这个指标可用来预测蓄电池寿命结束的时间。例如，用于电动汽车的锂离子蓄电池，其使用寿命结束时的容量约为其使用寿命开始时标称容量的 80%。蓄电池的健康状态本身并不是一个独立的物理特性,与内阻、容量和功率的减小、充放电循环次数等一系列参数有关。当蓄电池可储存的电量随着反复使用开始减少时,它就会经历容量衰减。同样,随着使用蓄电池的内阻增加,蓄电池在额定电压下可传输的电量会减少,蓄电池就会出现功率衰减。已报道多种方法用来估计蓄电池系统的健康和老化状态,其中包括以下内容:

1)等效电路模型(Birkl 等,2017;Eddahech 等,2015)。在这些模型中,蓄电池被简化为等效电路模型。

2)电化学模型(Doyle 和 Newman,1995;Newman 和 Tiedemann,1975;Afshar,2017;Daleverny 等,2011;Wagemaker 等,2011)。在这些模型中,对每个蓄电池中发生的现象进行建模。

3)压力因素与容量衰减的相关性(Galatro 等,2020b;Rohr 等,2017;Wu 等,2019)。在这些方法中,内阻的增加可以通过加速老化实验来确定。

图 4.1 所示为锂离子蓄电池在不同工作温度下容量衰减曲线和相对内阻随寿命的变化情况。测量了蓄电池内阻相对于初始条件下的相对值(Keil,2017)。在 0.3 年(约 100 天)的特定寿命阶段内,可以观察到:随着工作温度从 10℃增加到 55℃,容量衰减从 2%增加到 7%。此外,蓄电池的内阻会随着时间的推移而上升,并且随着蓄电池温度的升高,这种影响会变得更加明显。因此,显然温度对蓄电池的老化机理有显著的影响。大多数蓄电池的工作温度通常建议在 20~40℃之间,因为通常这个温度范围可以使蓄电池具有更好的性能和更长的使用寿命。这种理想的蓄电池温度范围可以通过使用蓄电池热管理系统来实现。

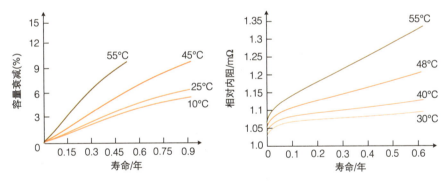

图 4.1 锂离子蓄电池在不同工作温度下容量衰减曲线(Schimpe 等,2018)和相对内阻(Keil,2017)随寿命的变化情况

蓄电池的热特性取决于其固有特性,如固有热稳定性、蓄电池表面温度的异质性和非均匀性,以及诸如荷电状态、电流负载和工作温度等外在因素。常被提及的外部因素为外部应力,因为其加速了蓄电池系统的衰退过程,导致其性能随时间的推移而下降。荷电状态(SOC)表示在给定时间内可用容量与可以存储在蓄电池中的最大可能电荷的比率。因此,SOC 值为 100% 表示蓄电池充满电,0% 表示蓄电池完全放电。蓄电池的 SOC 可以根据活性电极材料的特性来测量。以锂离子蓄电池为例,当所有可循环的锂离子都转移到负极时,荷电状态为 100%,而在荷电状态为 0% 时,所有这些离子都转移回正极。此外,电极结构的质量决定了能够产生可循环离子的活性材料的百分比。

4.2.1 循环老化和日历老化

老化可分为循环模式和日历模式。日历模式的老化是指蓄电池在存储或处于休息状态时发生的不可逆的容量损失。在静止状态下，蓄电池暴露在环境温度下，没有任何可能加速老化的外部影响。温度和充电状态等存储条件可能会加剧或削弱日历老化。例如，在锂离子蓄电池中，相对较高的温度（超过40℃）和相对较低的温度（低于10℃）会导致活性离子的损失，随后离子相互作用、扩散降低，从而导致蓄电池的容量衰减。SOC是影响蓄电池日历老化的另一个因素。对于相同类型的蓄电池，温度相同时，在不同的SOC下，老化的速度会不同（Barré等，2013）。SOC越高（特别是超过70%），老化速度就越高，这是由于在高SOC下会发生不良副反应（Palacín，2018）。

循环模式的老化是指充放电循环过程中的不可逆损耗。与日历老化一样，温度和SOC的升高会加剧日历老化，这两种压力因素也会使循环老化更加明显。此外，放电/充电倍率（C-rate）和SOC变化也是影响充放电老化机理的重要因素。循环老化增加于更高的放电/充电倍率和更高的SOC变化（Santhanagopalan等，2014）。蓄电池寿命期间的充电/放电电压是影响老化过程的另一个因素，高充电截止电压会提升蓄电池的衰退速率（Kötz等，2010）。

除了已经提到的日历老化和循环老化的压力因素外，蓄电池化学也会产生重要影响。在日历老化方面，例如，镍锰钴三元（NMC）、钴酸锂（LCO）和锰酸锂（LMO）蓄电池在高温工况下相较镍钴铝三元（NCA）和磷酸铁锂（LFP）蓄电池对老化更敏感（Galatro等，2020a，b）。同样，在循环老化方面，LFP和NMC蓄电池在高充电倍率（快速充电）下相较NCA蓄电池对老化更敏感（Galatro等，2020a，b）。关于循环和日历模式下的老化，以及各种因素对这些老化速度的影响，已经有大量研究。表4.1总结了最近几项针对不同蓄电池化学成分和工况条件下循环和日历模式的老化研究。

表4.1 针对不同蓄电池化学成分和工况条件下循环和日历模式的老化研究

老化模式	研究人员	关键结论
日历老化	Keil等（2016），Ecker等（2012），Gismero等（2019），Dubarry等（2018），Eddahech等（2015）	1）对于所有蓄电池化学成分，容量衰减随存储温度增加而显著增加，而SOC对蓄电池退化机制的影响较小 2）在高温工况下，NMC、LCO和LMO为正极的蓄电池相较NCA和LFP为正极的蓄电池对老化更敏感 3）据报道，在低温运行时，LFP为正极的蓄电池的容量会迅速衰减 4）据报道，与LCO、NMC、NCA和LFP为正极的蓄电池相比，钛酸锂氧化物（LTO）为正极的蓄电池在低温和高温下对日历老化的敏感性较低
循环老化	Han等（2014），Wang等（2011），Wu等（2017），Devie等（2014），Petzl和Danzer（2014），Tippmann等（2014），Leng等（2015）	1）对于所有蓄电池化学成分，在高温（$T>40℃$）和低温（$T<20℃$）的循环模式下，充电速率（倍率）和温度增加会大大增加老化程度 2）在高放电/充电倍率下，LTO和NCA为正极的蓄电池相较LFP和NMC为正极的蓄电池更适合循环老化

4.2.2 锂离子蓄电池的老化

关于蓄电池老化机理的研究很多，尤其是锂离子蓄电池。例如 Birkl 等（2017）研究了锂离子蓄电池老化机理的因果关系。图 4.2 所示为锂离子蓄电池中老化机理的因果分析。

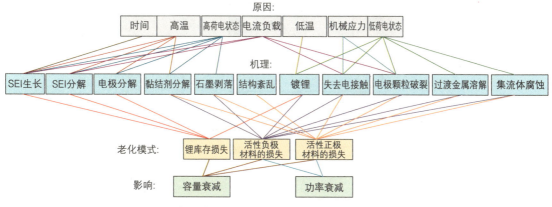

图 4.2 锂离子蓄电池老化机理的因果分析（Birkl 等，2017）

在锂离子蓄电池中，可以形成固体电解质界面（SEI），这个过程可以描述如下：在第一次充电过程开始时，锂离子从正极脱嵌到电解质中，然后迁移到负极，由于这些相互作用，SEI 的边界相在界面上生成，使蓄电池能够可逆循环。这些界面在正极和负极的电解质-电极界面上形成，并且在负极侧更为明显，如图 4.3 所示。SEI 通常由正极电解质和锂离子的不溶性分解产物组成。然而，成分会随着温度的变化而变化。此外，SEI 在负极表面提供钝化层，防止电解液进一步分解，SEI 厚度的增加导致锂离子嵌入和脱嵌过程中内阻增加，因而蓄电池在不同工作温度下的性能取决于 SEI 的稳定性和钝化效果。因此，蓄电池热管理系统的使用必须将蓄电池温度保持在适当的范围内，以确保钝化能力和 SEI 的稳定性。

在锂离子蓄电池中，负极的老化是由温度、SOC 和过充电应力因素引起的衰退结果。在相对较高的温度（50℃以上）和较高的

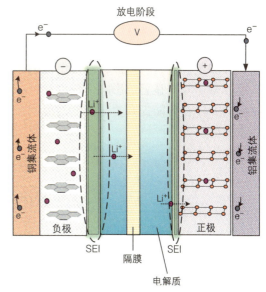

图 4.3 锂离子蓄电池中的锂离子从 SEI 通过

SOC（80% 以上）下，固体电解质界面逐渐溶解。像锂盐这样渗透性较差的物质就会由此形成。这些锂盐形成对锂离子运动的阻力，随后增加负极的阻力。此外，在相对较低的温度下（低于 20℃），锂在 SEI 和负极中的扩散变慢，这就导致锂以枝晶的形式沉积在负极上，这一过程被称为镀锂。镀锂的后果比蓄电池高温工况运行的后果更严重，因为它增加了蓄电池中的老化机制。图 4.4 所示为低温下锂离子蓄电池负极发生的锂沉积（镀锂）和 SEI 分解。

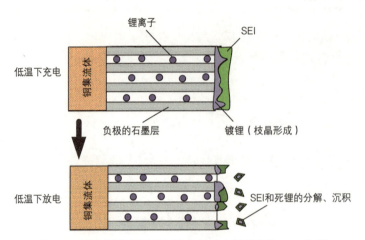

图 4.4　低温下锂离子蓄电池负极发生的镀锂和 SEI 分解

正极内的老化机理是由于温度和 SOC 的影响。图 4.5 所示为锂离子蓄电池正极老化机理及其对蓄电池材料和性能的影响。如前所述，SEI 也会在正极形成，但厚度比负极的要薄。因此，SEI 厚度和钝化能力对正极的影响不如负极明显。此外，蓄电池的化学性质，如负极和正极的材料组成，对蓄电池的性能和寿命有着显著的影响，新型负极材料的开发有可能提高蓄电池的性能和能量密度。

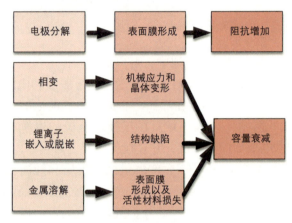

图 4.5　锂离子蓄电池正极老化机理及其对蓄电池材料和性能的影响

4.3　热失控

在蓄电池系统运行过程中，即使有蓄电池热管理系统存在，也可能发生一些无法控制的极端事件，这类事件往往会导致蓄电池失效。在某些情况下，一个大的单个蓄电池可以产生大量的热量，这些热量可能导致失效蓄电池附近的其他蓄电池热失控，进而导致整个蓄电池组失效。

当蓄电池的温度超过起始温度时，蓄电池就会发生热失控，起始温度是由 SEI 分解导致蓄电池开始自产热的温度。随着温度的进一步升高，蓄电池的失效加快，最终会释放出各种气体，导致蓄电池起火和燃烧，而引发热失控的故障可能是电极之间、集流体之间、负极与集流体之间的内短路。表 4.2 列出了锂离子蓄电池中各电极化学物质热失控起始温度。

表 4.2 锂离子蓄电池中各电极化学物质热失控起始温度

电极	化学物质	热失控触发温度 /℃
负极	人造石墨	130
	普通石墨	120
正极	镍钴铝三元（NCA）	300
	锰酸锂（LMO）	300
	钴酸锂（LCO）	250～270
	磷酸铁锂（LFP）	250
	镍锰钴三元（NMC）	120

蓄电池中的热失控也可能是由于过放电或过充电，这会比正常的放电或充电倍率下产生更多的热量，多余的产热量无法从蓄电池中散失，从而导致蓄电池温度升高。随着温度的升高，蓄电池内部电化学反应速度加快，从而产生更多无法散失的热量。蓄电池中可能发生的放热反应在其他文献中详尽讨论过（Spotnitz 和 Franklin，2003）。蓄电池中的这种链式反应一旦开始就很难停止，如图 4.6 所示。热失控过程的持续导致蓄电池的失效和破坏，通常是通过蓄电池中储存的能量被火灾和/或爆炸突然释放出来。此外，在热失控过程中，单个蓄电池的温度升高也会影响附近的其他蓄电池，产生多米诺骨牌效应。因此，一个蓄电池的故障和失效往往会导致整个蓄电池组的失效。

还有其他因素也会导致热失控，比如外部/内部短路、过充电/过放电和过热。内部短路可能是由蓄电池中存在的杂质引起的，这是制造过程中的问题或涉及蓄电池的破坏造成的。图 4.6 所示描述了锂离子蓄电池系统中的热失控过程。

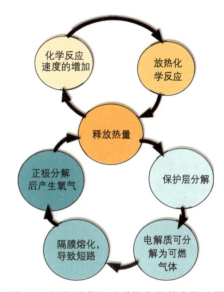

图 4.6 锂离子蓄电池系统中的热失控过程

为了防止热失控，应该限制充电的电流和电压，因为这样可以控制蓄电池的温度。此外，应采用适当的冷却系统，使蓄电池温度保持在所需的温度范围内（在环境温度附近）。如前所述，蓄电池组某一部分的热失控会影响到其他部分，因此最佳的阻断方法是将蓄电池从设备中取出。

4.4 蓄电池的产热率和温度变化

确定蓄电池中产生热量的不同来源非常重要，因为可以采用适当的策略来抑制这些热源，从而延长蓄电池的寿命。在本节中，简要介绍了蓄电池中的产热源（在第 2 章和第 3 章中进行了全面描述）。此外，还讨论了可以提升蓄电池产热率的应力因素的作用。

蓄电池产生的热量有 3 个基本来源：①电子流动的阻力（即焦耳热或欧姆热）；②电化学反应的阻力（即电极反应中电极和电解质之间电荷转移时产生的热量）；③活性离子的嵌入和脱嵌（即熵热），这改变了电极中的原子构型。焦耳热被称为极化热（或不可逆热），而熵热是可逆的热量,因为它代表蓄电池可逆等温运行期间产生的热量。

基于蓄电池在均匀温度下的热力学能量平衡,可以写出蓄电池中产热率 $\dot{Q}_{gen}$ 的一般表达式:

$$\dot{Q}_{gen} = I(E_{eq} - E) - I\left(T\frac{\partial E_{eq}}{\partial T}\right) \quad (4.1)$$

式中,I 为蓄电池电流;E_{eq} 为平衡电位;E 为蓄电池电位;T 为蓄电池绝对温度。式(4.1)右边的第一项表示不可逆的产热率,包括单体蓄电池中的电荷和传质过电位以及欧姆损耗;第二项表示蓄电池单元内的可逆或熵热速率。在式(4.1)中,相变和混合效应被忽略。当负极和正极温度相同时,可以根据蓄电池内的热力学熵变化率(即 TdS/dt)确定熵(或可逆)产热率。请注意,式(4.1)中的电极电位是根据单体中所有物质的平均浓度确定的。使用平均浓度可能会导致对产热率的估计出现显著误差。因此,Rao 和 Newman(1997)对式(4.1)中的表达式进行了修正,考虑了各相的局部平均浓度,然后应用法拉第定律计算蓄电池的产热率。

考虑蓄电池局部热效应的局部产热率如下:

$$\dot{Q}_{gen} = -\int_{v}\left(\sum_{l} ai_{n,l}E_{H,l}dv\right) - IE \quad (4.2)$$

式中,a 为多孔电极单位体积的表面积;$i_{n,l}$ 为反应 l 的界面电流密度;$E_{H,l}$ 为反应焓变对应的焓势。可逆热效应可以通过将平衡电势(E_{eq})表示为平均焓势(E_H)来确定。式(4.2)右侧的第一项表示平均焓势(也包括熵热),它在电化学反应发生的蓄电池厚度上进行积分。

Rao 和 Newman(1997)以及 Thomas 和 Newman(2003)后来研究了蓄电池中的局部热生成率,并考虑了蓄电池不同区域的界面和大块材料的产热情况。在他们的分析中,与电解质浓度梯度相关的热效应被忽略了。对于局部不可逆产热通量(即蓄电池单位表面积的不可逆产热率)的一维分析,在电极厚度上进行积分,如图 4.7 所示,也就是说,

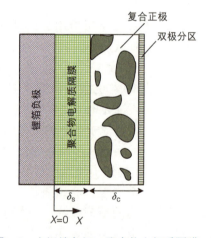

图 4.7 由锂箔负极、聚合物电解质隔膜、复合正极、双极分区组成的锂聚合物蓄电池

$$\dot{q}_{gen} = i\Delta\Phi + i\eta_a + \int_{x_1}^{x_2}\left(ai_n\eta_c - i_1\frac{d\Phi_1}{dx} - i_2\frac{d\Phi_2}{dx}\right)dx \quad (4.3)$$

式(4.3)表示总不可逆热生成,包括电解液和隔膜中的焦耳热(或欧姆热)以及对负极和正极反应的电阻(即负极和正极的表面过电位)。右边的第一项(即 $i\Delta\Phi$)是欧姆热通量,它对应于分离器两相之间的电位差 [即 $\Delta\Phi = \Phi(0) - \Phi(x_1)$]。其中,$i\eta_a$ 项表示负极内的产热通量,$\int_{x_1}^{x_2}(ai_n\eta_c - i_1 d\Phi_1/dx - i_2 d\Phi_2/dx)dx$ 内的三项分别表示正极、电解液和导电基质

（即固相）内的产热通量。也有研究认为假设没有混合效应，忽略电解液中的浓度梯度得到的结果是相同的（Rao 和 Newman，1997；Thomas 和 Newman，2003）。Thomas 和 Newman（2003）后来通过应用于电解质中物质焓的泰勒级数解释了混合效应。

表 4.3 给出了影响蓄电池可逆和不可逆产热率的主要因素。这些因素对蓄电池的影响通过蓄电池温度的变化表现得很明显。因此，通过测量蓄电池温度，可以间接确定蓄电池的产热率。此外，蓄电池材料和物理性质的固有不均匀性可能导致蓄电池温度分布不均匀。因此，在单体蓄电池中采用均匀的材料，并通过热管理系统对蓄电池组进行适当的冷却和加热，对于维持蓄电池表面温度的均匀分布非常重要。

表 4.3 影响蓄电池可逆和不可逆产热率的主要因素

因素	对蓄电池产热率的影响
电极微观结构[①]	电极较低的孔隙率导致电解质中欧姆热增加以及电极-隔膜界面附近的产热点增加。电极微观结构影响单体蓄电池的温度分布和产热率
SOC[①]	熵热在低 SOC（<25%）和高放电深度（DOD > 75%）时增加，这导致可逆热增加。注：DOD 是放电量与蓄电池额定容量的百分比
环境温度（T_0）[①]	由于极化损耗增加，低环境温度和较高的放电倍率导致不可逆产热率增加
充放电倍率[①]	更高的充电倍率和放电倍率（>1C）导致更高的产热率，因为在高充放电倍率下欧姆损耗增加。此外，低充放电倍率（<1C）会导致可逆产热率增加
蓄电池尺寸[②]	蓄电池尺寸的增加导致活性材料在电极中的不均匀分布，这导致蓄电池单元中的产热率（特别是欧姆产热率）的不均匀分配
蓄电池材料体系[③]	可逆热量在 LCO 蓄电池中更为显著，而在 LMO、NCM 和 LFP 蓄电池中，不可逆热量随着容量的增加而增加。此外，对于具有相同石墨负极的 LFP、LMO 和 LCO 蓄电池，产热率几乎在相同的范围内，而 NMC 蓄电池的产热率与其他蓄电池材料体系相比更高

[①] 参考（Kantharaj 和 Marconnet，2019）。
[②] 参考（Santhanagopalan 等，2014）。
[③] 参考（Kantharaj 和 Marconnet，2019；Lin 等，2017）。

4.5 蓄电池的热特性模型

蓄电池的热特性模型可以是电化学和热耦合的，也可以是解耦的，这取决于在估计蓄电池系统的产热率时所考虑的假设。如前所述，蓄电池系统的运行取决于蓄电池的温度和充放电倍率。解耦模型在蓄电池温度恒定的假设下，使用经验相关性来描述充放电倍率曲线（从实验中获得）。然而，解耦模型比耦合模型更简单，在蓄电池对温度不敏感的情况下是准确的。热-电化学耦合模型首先从模型中产生电势和电流，然后使用该信息来确定蓄电池内部的产热率，之后预测蓄电池内的温度分布。这反过来又用于产生新的蓄电池电势和电流。

Pals 和 Newman（1995）提出了一种部分耦合模型，用以降低耦合模型的复杂性。在他们的模型中，假设蓄电池内部的产热率几乎与蓄电池的放电历史无关。

像蓄电池这样的多组分系统的热能方程，由微分能量平衡推导而来，可以写成

$$\rho_j c_{pj}\left(\frac{\partial T_j}{\partial t}+v_j\cdot\nabla T_j\right)+\left(\frac{\partial \ln \rho_j}{\partial \ln T_j}\right)\left(\frac{\partial P_j}{\partial t}+v_j\cdot\nabla P_j\right) \\ =-\nabla\cdot\dot{q}_j-\tau_j\cdot\nabla v_j+\sum_{\text{species}}\overline{H}_j(\nabla\cdot J_j-R_j) \quad (4.4)$$

式中，下标 j 为相位；c_p、ρ、v、P 分别为恒压下的比热、密度、速度和压力；$\dot{q}$ 和 τ 分别为热通量和应力；$\overline{H}$ 和 J 分别为迁移和扩散引起的物质偏摩尔焓和物质摩尔通量；R_j 为物质 j 的均质产率。在式（4.4）中，右边的最后一项表示物质通过迁移和扩散传递的热能，其总和涵盖了 j 相中的所有物质。左边最后一项和右边的后两项分别表示机械能向热能的可逆和不可逆转换。由于黏性耗散（即 $\tau\cdot\nabla v$）和可忽略的压力功和体力 [即（$\partial\ln\rho/\partial\ln T$）（$\partial P/\partial t+v\cdot\nabla P$）] 且不发生均相化学反应（即 R_j），则式（4.4）化简为

$$\rho_j c_{pj}\left(\frac{\partial T_j}{\partial t}+v_j\cdot\nabla T_j\right)=-\nabla\cdot\dot{q}_j+\sum_{\text{species}}\overline{H}_j(\nabla\cdot J_j) \quad (4.5)$$

热通量项（$\dot{q}$）包括物质间扩散、传导和达富尔热通量所携带的热通量。达富尔热通量（$\dot{q}_D$）表示扩散热效应，与其他两个热通量项相比，它通常可以忽略不计。因此，j 相的热通量密度可以写成

$$\dot{q}_j=\sum\overline{H}_j(\nabla\cdot J_j)-k_j\nabla T_j+\dot{q}_D \quad (4.6)$$

式中，k_j 为相 j 的导热系数。假设蓄电池系统局部热平衡，应用连续性方程（即 $\nabla v_j=0$），忽略式（4.5）中的混合焓和相变，得到如下结果：

$$\frac{\partial(\rho c_p T)}{\partial t}+\nabla(v\cdot T)=\nabla\cdot k\nabla T+\dot{q}_s \quad (4.7)$$

上述微分方程描述了蓄电池系统中的温度分布。左边的第一项和第二项分别代表系统中能量的积累和对流，右边的第一项和第二项分别表示系统中的传导和热源。

现在，我们可以将上面描述的热模型与蓄电池系统的电化学模型耦合起来。这意味着依赖于温度的蓄电池物理化学性质（例如，离子电导率和电解质的扩散系数）与热模型和电化学模型相关联。两个模型的耦合可以通过阿伦尼乌斯方程来实现，该方程将一般的温度依赖性质 φ（例如，离子电导率）与该性质演化过程的活化能（$E_{\text{act},\varphi}$）联系起来：

$$\varphi=\varphi_{\text{ref}}\exp\left[\frac{E_{\text{act},\varphi}}{R}\left(\frac{1}{T_{\text{ref}}}-\frac{1}{T}\right)\right] \quad (4.8)$$

式中，φ_{ref} 为参考温度（T_{ref}）下与温度相关的一般性质值。图 4.8 所示描述了蓄电池系统的热 - 电化学耦合模型。首先，从电化学模型中确定焦耳热和化学反应引起的局部产热率。然后，将这些信息应用到热能守恒方程中，由此可以确定蓄电池温度，得到的温度被反馈以更新电化学模型中物理化学性质的计算。

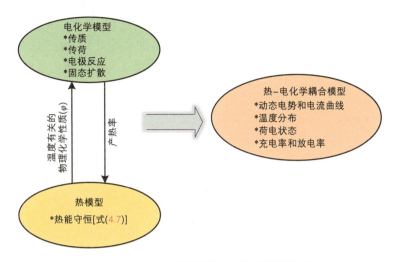

图 4.8 蓄电池系统的热-电化学耦合模型

我们现在将描述积累、对流、传导和热源的公式 [即式（4.7）] 应用于单体蓄电池。对于大块电解质不流动的固定蓄电池，式（4.7）中的对流项可以忽略。因此，式（4.7）可写成如下所示的瞬态传导：

$$\frac{\partial(\rho c_p T)}{\partial t} = \nabla \cdot k \nabla T + \dot{q}_s \tag{4.9}$$

对于单体蓄电池，其厚度较小，则适用集总参数方法。这表明对流传热系数（h_{conv}）与蓄电池厚度（δ）之积与蓄电池导热系数（k）之比非常小（即 $h_{conv}\delta/k \ll 1$）。因此，整个蓄电池温度均匀的假设是准确的。由于温度没有空间变化，传导项也被消除了。因此，根据每单位体积蓄电池对周围环境的散热率（$\dot{q}_{loss}$）和体积平均产热率（$\dot{q}_{gen}$），式（4.9）可以表示为

$$\dot{q}_{gen} = \frac{\partial(\rho c_p T)}{\partial t} + \dot{q}_{loss} \tag{4.10}$$

这个随时间变化的温度微分方程通常用于锂聚合物蓄电池、铅酸蓄电池、镍氢蓄电池和锂离子蓄电池。对周围环境的散热率通常发生彻底对流，如

$$\dot{q}_{loss} = \frac{1}{V_{cell}}[h_{conv}A_{cell}(T - T_a)] \tag{4.11}$$

式中，V_{cell} 为蓄电池体积；h_{conv} 为对流换热系数；A 为蓄电池散热的表面积；T_a 为环境温度。单体蓄电池的发热率（$V_{cell}\dot{q}_{gen}$）可以用式（4.2）来确定。将式（4.2）和式（4.11）代入式（4.10），并将单位体积换算为蓄电池的总体积，得到单体蓄电池的产热率表达式如下：

$$-\int_v\left(\sum_l a i_{n,l} U_{H,l} dv\right) - IE = \frac{\partial(m c_p T)}{\partial t} + h_{conv}A_{cell}(T - T_a) \tag{4.12}$$

式（4.12）类似于第 2 章中描述的从蓄电池的能量平衡中获得的产热率方程 [即

式(2.47)]。图 4.9 所示为锂离子蓄电池不同对流换热系数在 1C 充电期间温度随电荷输入的变化。可以看出，当放电深度接近 100% 时，蓄电池的温度升高。此外，在与周围环境的热对流率较高时（即对流换热系数的值较高），蓄电池散热率较高，随后蓄电池温度降低。

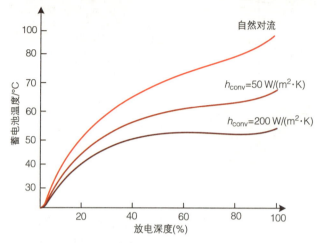

图 4.9　锂离子蓄电池不同对流换热系数在 1C 充电期间温度随电荷输入的变化

4.6　蓄电池中热特性的影响：挑战与机遇

为了使蓄电池系统得到更广泛的应用，加强其竞争力，特别是在主要替代品是传统内燃机的车辆应用中，蓄电池用户需要能够在任何地方快速地为蓄电池充电。尽管通过快速充电方法减少了蓄电池系统充电所需的时间，但在此过程中，蓄电池的产热率显著增加，从而导致更高的温度梯度，并以有利于 SEI 生长的方式增加蓄电池的非均质性。另外，在低温范围内（小于 −20℃）快速充电时，会发生镀锂现象，在蓄电池中形成镀锂，造成明显的容量损失。因此，蓄电池热管理系统的应用是必要的，以便在使用快速充电时提供冷却效果，并在极低的蓄电池温度（寒冷的天气条件）下提供加热以避免镀锂。

蓄电池的热特性和温度对其寿命和性能的影响相关的挑战和机遇主要集中在延迟老化的实际应用和最小化快速充电对蓄电池非均质性和温度梯度影响的策略上。下面将介绍减缓老化机制和减少或最小化快速充电对蓄电池非均质性和温度梯度影响的主要策略和实践。

4.6.1　尽量降低应力因素对蓄电池老化机理的影响

可以采用几种策略来延缓蓄电池系统的老化速度，以降低应力因素对蓄电池老化机理的影响，包括热管理系统的使用、新型负极材料的开发，以及蓄电池用户的实践，其使用说明以及蓄电池的维护如下。

蓄电池使用者的正确做法可以延缓蓄电池的循环老化和日历老化。建议将充满电的蓄电池放在室温而不是高温下，将处于静止状态的蓄电池放在室温而不是低温下。也建议避免通过提高放电深度（相对于蓄电池容量的放电百分比）和整个蓄电池的均匀温度来提高蓄电池的性能和寿命（Wikner 和 Thiringer, 2018）。此外，热管理系统通过散发蓄电池中产生的热量来防止蓄电池的热失控。针对各种类型的蓄电池热管理系统，已有大量研究报道（Al-Zareer 等，2018，2019a，b，2020）。在第 5 章中对这些进行了全面的讨论。蓄电池热管理系统的设计基于单体蓄电池、模组和包的热特性，考虑单体蓄电池和串联或并联的温度变化的单体蓄电池集成。在循环老化过程中，蓄电池热管理系统应将蓄电池温度保持在所需范围内，以确保单体蓄电池内 SEI 的稳定性。此外，蓄电池热管理系统应通过在蓄电池间提供均匀的温度分布来防止蓄电池中不同的老化路径。最后，蓄电池热管理系统应控制高充电率（即快速充电）期间的温升。

与开发新的负极材料或改进目前用于蓄电池系统的负极材料有关的许多领域已经成为研究和评估的主题。此外，Mussa 等（2019）表明，氧化钴等纳米复合材料的应用可以使锂离子蓄电池在高温（高达 100℃）下运行，并具有稳定的电化学性能。

为了减缓锂离子蓄电池的老化机制（例如，消除镀锂和 SEI 生长），并最大限度地降低蓄电池（在负极制造过程中产生的）固有的非均匀性，从而减小蓄电池之间的温度梯度，前人已经进行了许多研究，以寻找最合适的负极材料来代替石墨负极。石墨烯和石墨烯基向氧化石墨烯的过渡已经被确定为最合适的材料，可以用来代替石墨作为负极。Luo 等（2018）证明，在锂离子蓄电池的负极中，除了元素石墨烯外，还使用氧化石墨烯等金属硫化物，大幅减少了蓄电池内部热量的产生，从而提高了锂离子蓄电池的性能。虽然石墨烯具有相对较高的容量和较低的老化速率，但其初始库仑效率（参与电化学反应的离子与总离子的比率）较低。因此，仍然需要进一步的研究来确定合适的负极材料，既能有高库仑效率，又能有高容量、快速充电时温升低和低成本等优势。

4.6.2 快速充电方法

快速充电的方法有几种，这些方法包括恒电位和恒流组合充电、脉冲充电，以及负脉冲充电。

在恒电位和恒流组合充电方法中，由充电器施加恒流，直到蓄电池电位接近规定的电位。在此电位之上，电压保持恒定值，电流略有下降，直到充电完全。在脉冲充电法中，电流脉冲被输送到蓄电池中，从而减少了充电的时间。然而，这种方法的产热率大大增加，因此选择合适的脉冲频率可以潜在地降低蓄电池中的阻抗和随后的产热。负脉冲充电被认为是一种很有前途的充电方法，因为它允许在脉冲充电的剩余时间内通过对蓄电池施加小倍率放电来降低或最小化蓄电池的温升。这会导致蓄电池去极化，从而实现高充电倍率。

快速充电方法受以下因素的限制：蓄电池过电位急剧增加的极限电流，以及蓄电池的动力学（通过它来描述老化的程度）。Tomaszewska 等（2019）概述了蓄电池系统中的各种快速充电方法。

4.7 结束语

在本章中，描述了蓄电池的热特性及其与老化机理、热失效、产热和热管理系统的关系；提出并描述了热-电化学耦合模型，通过该模型，可以确定蓄电池的平均温度和蓄电池内的温度分布；讨论了正极和负极的主要衰退机理，作为其中的一部分，研究了温度、放电/充电倍率和充电状态对循环模式和日历模式下各种蓄电池化学物质老化的影响；此外，还描述了蓄电池中产生热量的来源以及应力因素对可逆和不可逆产热率的影响。在低温环境下（＜20℃），老化主要与镀锂有关，而在高温环境下（40℃＜T＜触发温度），老化主要源于 SEI 的生长。在中间蓄电池温度域，蓄电池寿命和性能处于最高值。最后，回顾了与蓄电池热特性对其寿命和性能的影响相关的挑战与机遇。

这些挑战与减缓蓄电池老化和减少快速充电对蓄电池异质性和蓄电池内温度梯度影响的策略有关。机遇包括致力于通过有效乃至高效的蓄电池热管理系统、有效的快速充电方法和正确选择负极材料来最大限度地缓解上述问题。

问题与思考

4.1 解释蓄电池系统中使用的以下各词：健康状态；荷电状态；容量衰减；功率衰退。
4.2 蓄电池系统的老化机理是什么？蓄电池中常见的老化有哪两种？
4.3 锂离子蓄电池的 SEI 是如何形成的？加速锂离子蓄电池 SEI 形成的主要因素是什么？
4.4 蓄电池系统出现热失控现象的主要原因有哪些？如何控制热失控？
4.5 列出并描述影响单体蓄电池可逆和不可逆产热率的因素。
4.6 在蓄电池系统中，哪些行为可以减缓老化机理？
4.7 考虑不同倍率（放电倍率）下锂离子蓄电池的电压-放电容量图。可以观察到，当放电倍率相对较高时，单体蓄电池的有效容量会降低。放电时间为 1h。整个单体蓄电池温度均匀，单体蓄电池表面积为 100cm²，质量为 100g。根据下式，平衡电位随温度呈线性变化：

$$E_{eq} = 1.43 \times 10^{-4} T^2 + 0.04T - 2.1 (E_{eq}\text{单位为V}，T\text{单位为K})$$

如图 4.10 所示，设计点 A 的温度分别为 25℃、27℃、30℃ 和 34℃，放电倍率分别为 0.1C、1C、2C 和 4C。

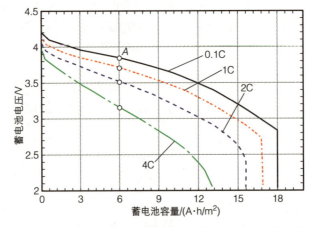

图 4.10 四种放电倍率下蓄电池电压随蓄电池容量的变化

1）确定蓄电池在各放电倍率下的产热率。

2）讨论在放电倍率分别在 0.1C、1C、2C 和 4C 时，保持蓄电池温度在 25℃、27℃、30℃ 和 34℃ 下，热管理系统的特性应该是什么。

参 考 文 献

Afshar, S, 2017. Lithium-Ion Battery SOC Estimation, PhD Dissertation. University of Waterloo, Waterloo, Ontario, Canada.

Al-Zareer, M., Dincer, I., Rosen, M.A., 2018. A review of novel thermal management systems for batteries. Int. J. Energy Res. 42 (10), 3182–3205.

Al-Zareer, M., Dincer, I., Rosen, M.A., 2019a. Comparative assessment of new liquid-to-vapor type battery cooling systems energy. Energy 188, 116010.

Al-Zareer, M., Dincer, I., Rosen, M.A., 2019b. A novel approach for performance improvement of liquid to vapor based battery cooling systems. Energy Convers. Manage. 187, 191–204.

Al-Zareer, M., Dincer, I., Rosen, M.A., 2020. A thermal performance management system for lithium-ion battery packs. Appl. Therm. Eng. 165, 114378.

Barré, A., Deguilhem, B., Grolleau, S., Gérard, M., Suard, F., Riu, D., 2013. A review on lithium-ion battery ageing mechanisms and estimations for automotive applications. J. Power Sources 241, 680–689.

Birkl, C.R., Roberts, M.R., McTurk, E., Bruce, P.G., Howey, D.A., 2017. Degradation diagnostics for lithium ion cells. J. Power Sources 341, 373–386.

Dalverny, A.L., Filhol, J.S., Doublet, M.L., 2011. Interface electrochemistry in conversion materials for Li-ion batteries. J. Mater. Chem. 21 (27), 10134–10142.

Devie, A., Dubarry, M., Liaw, B.Y., 2014. Diagnostics of Li-ion commercial cells – experimental case studies. ECS Trans. 58 (48), 193.

Doyle, M., Newman, J., 1995. Modeling the performance of rechargeable lithium-based cells: design correlations for limiting cases. J. Power Sources 54 (1), 46–51.

Dubarry, M., Qin, N., Brooker, P., 2018. Calendar aging of commercial Li-ion cells of different chemistries—a review. Curr. Opin. Electrochem. 9, 106–113.

Ecker, M., Gerschler, J.B., Vogel, J., Käbitz, S., Hust, F., Dechent, P., Sauer, D.U., 2012. Development of a lifetime prediction model for lithium-ion batteries based on extended accelerated aging test data. J. Power Sources 215, 248–257.

Eddahech, A., Briat, O., Vinassa, J.M., 2015. Performance comparison of four lithium–ion battery technologies under calendar aging. Energy 84, 542–550.

Galatro, D., Al-Zareer, M., Da Silva, C., Romero, D., Amon, C., 2020a. Thermal behavior of lithium-ion batteries: aging, heat generation, thermal management and failure. Front. Heat Mass Transf. 14, 17.

Galatro, D., Silva, C.D., Romero, D.A., Trescases, O., Amon, C.H., 2020b. Challenges in data-based degradation models for lithium-ion batteries. Int. J. Energy Res. 44 (5), 3954–3975.

Gismero, A., Stroe, D.I., Schaltz, E., 2019. Calendar aging lifetime model for NMC-based lithium-ion batteries based on EIS measurements. In: 2019 Fourteenth International Conference on Ecological Vehicles and Renewable Energies (EVER). IEEE, pp. 1–8.

Han, X., Ouyang, M., Lu, L., Li, J., Zheng, Y., Li, Z., 2014. A comparative study of commercial lithium ion battery cycle life in electrical vehicle: aging mechanism identification. J. Power Sources 251, 38–54.

Kantharaj, R., Marconnet, A.M., 2019. Heat generation and thermal transport in lithium-ion batteries: a scale-bridging perspective. Nanoscale Microscale Thermophys. Eng. 23 (2), 128–156.

Keil, P., 2017. Aging of Lithium-Ion Batteries in Electric Vehicles. PhD Thesis, Technical University of Munich, Munich, Germany.

Keil, P., Schuster, S.F., Wilhelm, J., Travi, J., Hauser, A., Karl, R.C., Jossen, A., 2016. Calendar aging of lithium-ion batteries. J. Electrochem. Soc. 163 (9), 1872.

Kötz, R., Ruch, P.W., Cericola, D., 2010. Aging and failure mode of electrochemical double layer capacitors during accelerated constant load tests. J. Power Sources 195 (3), 923–928.

Leng, F., Tan, C.M., Pecht, M., 2015. Effect of temperature on the aging rate of Li ion battery operating above room temperature. Sci. Rep. 5 (1), 1–12.

Lin, C., Wang, F., Fan, B., Ren, S., Zhang, Y., Han, L., Liu, S., Xu, S., 2017. Comparative study on the heat generation behavior of lithium-ion batteries with different cathode materials using accelerating rate calorimetry. Energy Procedia 142, 3369–3374.

Luo, R.P., Lyu, W.Q., Wen, K.C., He, W.D., 2018. Overview of graphene as anode in lithium-ion batteries. J. Electron. Sci. Technol. 16 (1), 57–68.

Mao, C., Wood, M., David, L., An, S.J., Sheng, Y., Du, Z., Meyer III, H.M., Ruther, R.E., Wood III, D.L., 2018. Selecting the best graphite for long-life, high-energy Li-ion batteries. J. Electrochem. Soc. 165 (9), A1837.

Mussa, Y., Ahmed, F., Abuhimd, H., Arsalan, M., Alsharaeh, E., 2019. Enhanced electrochemical performance at high temperature of cobalt oxide/reduced graphene oxide nanocomposites and its application in lithium-ion batteries. Sci. Rep. 9 (1), 1–10.

Newman, J., Tiedemann, W., 1975. Porous-electrode theory with battery applications. AICHE J. 21 (1), 25–41.

Palacín, M.R., 2018. Understanding ageing in Li-ion batteries: a chemical issue. Chem. Soc. Rev. 47 (13), 4924–4933.

Pals, C.R., Newman, J., 1995. Thermal modeling of the lithium/polymer battery: I. Discharge behavior of a single cell. J. Electrochem. Soc. 142 (10), 3274.

Petzl, M, Danzer, MA, 2014. Nondestructive detection, characterization, and quantification of lithium plating in commercial lithium-ion batteries. J. Power Sources 254, 80–87.

Rao, L., Newman, J., 1997. Heat-generation rate and general energy balance for insertion battery systems. J. Electrochem. Soc. 144 (8), 2697.

Rohr, S., Müller, S., Baumann, M., Kerler, M., Ebert, F., Kaden, D., Lienkamp, M., 2017. Quantifying uncertainties in reusing lithium-ion batteries from electric vehicles. Procedia Manuf. 8, 603–610.

Santhanagopalan, S, Smith, K, Neubauer, J, Kim, GH, Pesaran, A, Keyser, M, 2014. Design and Analysis of Large Lithium-Ion Battery Systems. Artech House.

Schimpe, M., von Kuepach, M.E., Naumann, M., Hesse, H.C., Smith, K., Jossen, A., 2018. Comprehensive modeling of temperature-dependent degradation mechanisms in lithium iron phosphate batteries. J. Electrochem. Soc. 165 (2), A181.

Spotnitz, R., Franklin, J., 2003. Abuse behavior of high-power, lithium-ion cells. J. Power Sources 113 (1), 81–100.

Thomas, K.E., Newman, J., 2003. Thermal modeling of porous insertion electrodes. J. Electrochem. Soc. 150 (2), A176.

Tippmann, S., Walper, D., Balboa, L., Spier, B., Bessler, W.G., 2014. Low-temperature charging of lithium-ion cells part I: electrochemical modeling and experimental investigation of degradation behavior. J. Power Sources 252, 305–316.

Tomaszewska, A., Chu, Z., Feng, X., O'Kane, S., Liu, X., Chen, J., Ji, C., Endler, E., Li, R., Liu, L., Li, Y., 2019. Lithium-ion battery fast charging: a review. ETransportation 1, 100011.

Wagemaker, M., Singh, D.P., Borghols, W.J., Lafont, U., Haverkate, L., Peterson, V.K., Mulder, F.M., 2011. Dynamic solubility limits in nanosized olivine $LiFePO_4$. J. Am. Chem. Soc. 133 (26), 10222–10228.

Wang, J., Liu, P., Hicks-Garner, J., Sherman, E., Soukiazian, S., Verbrugge, M., Tataria, H., Musser, J., Finamore, P., 2011. Cycle-life model for graphite-$LiFePO_4$ cells. J. Power Sources 196 (8), 3942–3948.

Wikner, E, Thiringer, T, 2018. Extending battery lifetime by avoiding high SOC. Appl. Sci. 8 (10), 1825.

Wu, Y., Keil, P., Schuster, S.F., Jossen, A., 2017. Impact of temperature and discharge rate on the aging of a $LiCoO_2/LiNi_{0.8}Co_{0.15}Al_{0.05}O_2$ lithium-ion pouch cell. J. Electrochem. Soc. 164 (7), A1438.

Wu, Z., Wang, Z., Qian, C., Sun, B., Ren, Y., Feng, Q., Yang, D., 2019. Online prognostication of remaining useful life for random discharge lithium-ion batteries using a gamma process model. In: 20th International Conference on Thermal, Mechanical and Multi-Physics Simulation and Experiments in Microelectronics and Microsystems (EuroSimE). IEEE, pp. 1–6.

第 5 章
蓄电池热管理系统

本章目标

- 介绍蓄电池热管理系统。
- 阐述热管理系统对蓄电池安全、长时间和高效运行的需求,特别是在高功率应用场景中。
- 阐述和讨论传统的蓄电池热管理系统,包括空气、液体和相变材料单元,以及它们之间的集成。
- 介绍并阐述最近开发的蓄电池热管理系统技术,例如蒸发池沸腾型蓄电池热管理系统。

5.1 引言

蓄电池广泛应用于各种设备,如电动汽车、智能手机、笔记本计算机等。人们越来越需要通过将多个蓄电池堆叠在一个蓄电池组中来提高蓄电池的能量和容量,并以更高的电流为蓄电池充电以缩短充电时间,这些均会导致蓄电池产生更高的热量,特别是在高功率放电和充电应用中,蓄电池会产生大量的热量,有必要将这种热量从蓄电池中去除,因为它会对蓄电池性能产生不利影响,并可能导致蓄电池故障。

使用蓄电池热管理系统是必要的,特别是在相对高功率的应用场景中,原因如下:

1)需要调节蓄电池温度,从而使其保持在最佳范围内。

2)需要避免或减少蓄电池内任何不均匀的温度分布,特别是在极端环境下高倍率放电和/或充电过程中(例如极热或极冷的工况)。

虽然蓄电池热管理系统通常设计用于冷却蓄电池系统,但它们应该能够在低温度环境下为蓄电池的初始运行提供热量。此外,蓄电池热管理系统需要通过避免或至少减少热失控现象(即允许蓄电池温度超过可能导致火灾和爆炸的临界点)的发生,为蓄电池提供一个安全的运行环境。在热失控发生时,热管理系统需要能够将蓄电池的废气排出去。

除了在管理热效应方面的有效性之外,还需要在蓄电池热管理系统中探究各种特性。一些主要期望的特性如下:质量轻、紧凑、成本低、易于维护、可靠性高、易于包装和功耗低（Khan 等，2017；Pesaran 等，1999）。

5.2 蓄电池热管理系统的设计

蓄电池热管理系统的设计涉及许多步骤，其设计过程与传统换热器的设计过程有些类似。蓄电池热管理系统设计的主要步骤如下：

1）确定蓄电池热管理系统设计的目标和约束条件（例如：尺寸、几何形状、方向、数量、传热介质、最大压降、通风需求和成本）。

2）评估不同工况下蓄电池内部的产热量和蓄电池温度分布。这些信息可以通过蓄电池和蓄电池组的热力学、热学和电化学建模来获得。

3）通过测量、分析评估或估计，确定蓄电池的热物理特性，如组件（如单体蓄电池或外壳）在各种充电状态和温度下的材料热容量。这可以使用蓄电池/模块组件的质量加权平均值和量热仪方法来完成（Santhanagopalan 等，2014）。

4）计算与热管理系统接触的模组在各种工况下的温度，通常使用能量守恒和传热原理进行。为了进行全面的考虑，这类工作需要关注相关的传热流体（空气、液体）以及各种流动路径和流速。

5）测定蓄电池热管理系统中的传热流体与蓄电池之间的传热速率。这一步通常涉及使用计算流体动力学（CFD）、相关性或实验方法。

6）根据蓄电池系统的热特性和热管理系统估计的冷负荷，评估蓄电池热管理系统的预期性能。

7）蓄电池主要热管理系统的构建和测试，包括主要系统和辅助组件，如风扇、泵、蒸发器和加热器的尺寸设计和安装。可以确定与能源要求、复杂性、性能和维护相关的重要设计标准，并与替代系统进行比较。根据需要引入理论模拟中未考虑的实际限制，必要时设计人员利用更新的信息重新执行先前的设计步骤，尽可能以最佳方式实现设计规范。

8）优化蓄电池热管理系统，实现设计目标。

如前所述，蓄电池系统的性能高度依赖于其工作温度，因此认识蓄电池内部的产热方式非常重要。要做到这一点，了解蓄电池的产热情况以及温度对蓄电池性能的影响是很重要的。本书第 2～4 章分别描述了蓄电池的热力学、电化学和热特性，从这些处理中，可以确定蓄电池的热特性。考虑到多种设计和工况，已经对各种类型蓄电池的蓄电池热管理系统进行了广泛的研究。

在所有蓄电池热管理系统的设计中，了解蓄电池系统的热特性是很重要的。图 5.1 所示简要说明了蓄电池系统的热特性。一般认为蓄电池中的产热源于四个方面：活性离子的嵌入和脱嵌（即熵热）、相变热、过电位以及由于混合而释放的热量，后三个来源被称为不可逆热，而熵热是可逆热，因为它代表了蓄电池可逆等温运行期间产生的热量。由过电位产生的热量如图 5.1 所示，是由对电化学反应的阻力（即电极反应中电极和电解质之间电荷转移过程中产生的热量）、对电子流动的阻力（即焦耳热或欧姆热），以及对电解质中离子运动的阻力造成的。

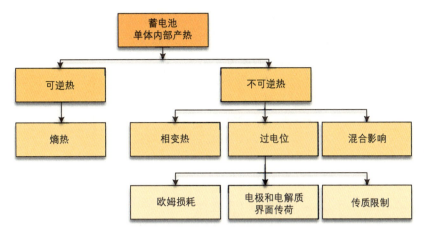

图 5.1 蓄电池系统的热特性

5.3 蓄电池热管理系统的分类

大多数蓄电池热管理系统可分为三大类：基于空气、基于液体、基于相变材料（PCM）。

基于相变材料蓄电池热管理系统包括基于固液相变和液气相变的系统。在本章中，PCM 是一种在相变温度下分别通过熔化和凝固吸收和释放能量的物质。在基于液气相变的系统中，可以使用热管通过传热流体将热量从蓄电池传递到冷凝器，或者可以将蓄电池直接浸入固定的液体传热流体中。前者被称为热管型蓄电池热管理系统，后者被称为蒸发池沸腾型蓄电池热管理系统。图 5.2 所示为蓄电池热管理系统的主要分类。

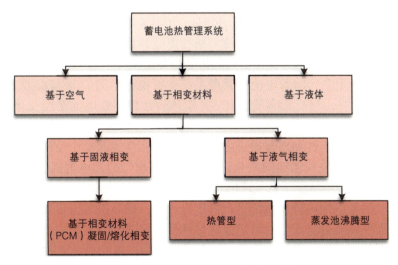

图 5.2 蓄电池热管理系统的主要分类

其他类型的蓄电池热管理系统是基于上述三种主要的类型进行选择性集成开发而来的。例如，基于 PCM 的系统可以与基于液体或基于空气的系统集成。在这个组合系统中，基于 PCM 的系统从一组蓄电池中吸收热量，然后由基于液体或基于空气的热管理系统冷却。通常，通过向蓄电池提供均匀冷却并将蓄电池的温度保持在所需的工作条件下，可以通过这种集成热管理系统实现均匀的温度分布。

蓄电池热管理系统可以分为被动冷却和主动冷却两种。在被动冷却系统中，环境温度用于冷却蓄电池，而在主动冷却系统中，能源用于为蓄电池提供冷却。主动冷却本身可以根据直接冷却和间接冷却进行分类，分别基于冷却介质与蓄电池直接或间接接触。

在以下章节中，介绍了基于空气的、基于液体的、基于 PCM 的和基于液气相变的蓄电池热管理系统。

5.4 基于空气的蓄电池热管理系统

基于空气的热管理系统一般分为强制对流和自然对流气流系统。在自然对流系统中没有额外的能量使空气进入蓄电池组并通过蓄电池组，而在强制对流空气流动中，可利用能量使空气进入蓄电池组并通过蓄电池组。强制对流气流热管理系统比自然对流气流系统具有更高的换热系数，从而使作为冷却介质的空气与蓄电池组之间的传热更有效。因此，大多数基于空气的蓄电池热管理系统都是基于强制对流气流进行设计的，这也是本节的重点。这些系统成本低、配置简单、维护方便。通常，基于空气的蓄电池热管理系统能够为中等冷却负荷应用提供冷却。

基于空气的蓄电池热管理系统存在许多设计方案，这些方案在气流路径、气流速度和蓄电池组中蓄电池的排列方面有所不同。本书介绍了最近一些关于基于空气的蓄电池热管理系统的重要研究，这些都是基于空气的蓄电池热管理系统设计的例证。

图 5.3a 和 b 分别显示了典型的蓄电池组水平和纵向配置。在水平蓄电池组配置中，空气冷却剂的入口和出口暴露在蓄电池的较大表面积上，而在纵向配置中，气流的入口和出口暴露在蓄电池的较薄宽度上。根据 Xu 和 He（2013）的研究，水平配置比纵向配置表现出更好的冷却性能，这主要是由于空气流动路径更短；作者还发现，水平配置可以通过增加底部风管来进一步改进，从而提供更大的传导换热面积。

图 5.4 所示为基于空气的蓄电池热管理系统中蓄电池组的 U 形和锥形 Z 形风管。Sun 和 Dixon（2014）证明，与 U 形风管相比，Z 形风管在控制蓄电池温度变化方面表现得更有效。此外，空气冷却剂流动的入口和出口几何形状会影响冷却通道空气流速的均匀性，从而影响蓄电池温度均匀性和冷却通道之间的压降。在空气流动中使用锥形入口和出口可以显著减少冷却通道中空气流速的变化，从而提供更均匀的蓄电池温度；同时还发现，Z 形风管在进、出口变细的情况下，气流的压降要小于 U 形风管。

在基于空气的蓄电池热管理系统平行气流设计中，提高进风流量可以降低蓄电池组温度，但单独增加进风流量对蓄电池组温度均匀性没有显著影响。采用二次通风口可提高平行气流设计方案的性能，如图 5.5 所示。二次通风口的位置和尺寸对蓄电池的最高温度和蓄电池组内的温度均匀性影响显著。有研究人员建议将二次通风口放置在温度最高的蓄电池附近（Hong 等，2018）；另外可通过增大排气口尺寸来降低蓄电池的最高温度（Hong 等，2018）。

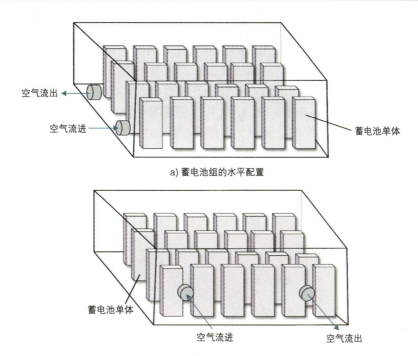

图 5.3 蓄电池组的水平和纵向配置（其中空气冷却剂的入口和出口分别暴露在蓄电池的较大表面积和较薄的宽度上）

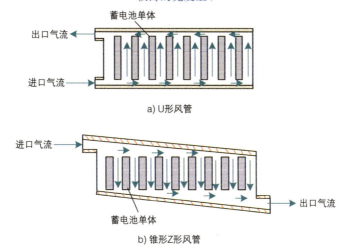

图 5.4 基于空气的蓄电池热管理系统中蓄电池组的 U 形和锥形 Z 形风管

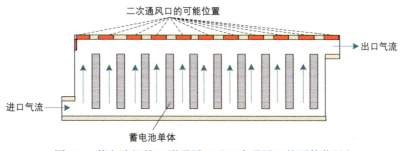

图 5.5 蓄电池组的 Z 形通风口（二次通风口的可能位置）

当蓄电池组中包含圆柱形蓄电池时，可以在蓄电池热管理系统中使用轴向气流方向。当在这样的蓄电池热管理系统中使用正向轴向气流方向时，如图 5.6 所示，圆柱形蓄电池呈轴向排列，空气从蓄电池组中间的通道流过。增大蓄电池组的间距会略微提高蓄电池组的平均温度，这是不符合预期的，但它有助于改善蓄电池组内的温度均匀性（即降低了蓄电池组间的温差）（Yang 等，2016a，b）。此外，随着蓄电池组径向间隔的增加，为蓄电池组提供冷却所需的功率也会增加。而且，在使用前向轴向气流方案时，蓄电池温度会随着空气流速的增加而降低。

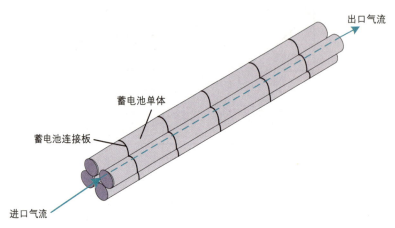

图 5.6　含圆柱形蓄电池的蓄电池组的轴向气流冷却

Wang 等（2014）研究了强制空气对流蓄电池热管理系统的多种设计配置。蓄电池组考虑了各种横截面面积和形状（方形、矩形、六角形和圆形），如图 5.7 所示。在图中，从蓄电池组的俯视图显示了蓄电池单元的排列。风扇用于通过圆柱形蓄电池提供强制空气对流，气流入口如图 5.7 所示。强制空气通过方形蓄电池组设计向轴向流动，对于矩形设计，空气从一侧进入，从另一侧离开通道。根据所采用的排列方式，一些蓄电池冷却得很好，而另一些蓄电池冷却得不充分。在单体蓄电池的矩形排列中，中间的单体蓄电池没有得到有效冷却，而在方形设计中，靠近蓄电池组壁的单体蓄电池没有得到有效冷却。除了蓄电池组设计外，其他设计参数，如单体蓄电池间距和入口气流的温度和速度，也会显著影响蓄电池组中蓄电池的冷却。

蓄电池系统的出口空气可以在空气冷却系统中冷却，然后返回蓄电池系统或排放到环境中，即不回收。空气冷却系统可以被设计成在空气域中除去热量，比如汽车驾驶室。在冷却空气不回收的情况下，如图 5.8 所示，冷却蓄电池后，空气由一个或多个风扇排放到环境中。这种风冷系统相对较小，因为不需要空间循环空气。一种常用的驾驶室空气冷却系统是蒸汽压缩制冷循环，它由蒸发器、压缩机、冷凝器和空调组成膨胀阀。温度相对较低的空气通过风管和歧管被风扇吹到蓄电池系统。在空气循环的情况下，热量从蓄电池中排出的相对高温的空气传递到蒸发器，因此空气可以返回蓄电池系统吸收热量。在一些应用中，如电动汽车和混合动力汽车，空气流动通过蓄电池系统冷却可以由汽车运动诱发。虽然这种基于空气的冷却系统不使用动力来移动空气，但它仅限于像电动汽车和混合动力汽车这样带有蓄电池组的移动设备。

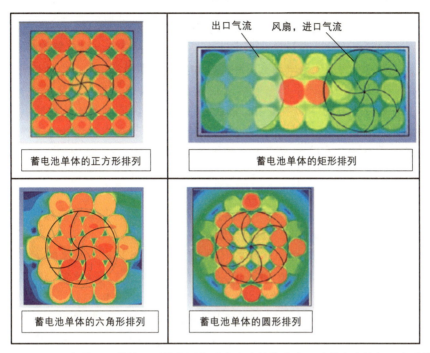

图 5.7　用于强制对流空气蓄电池热管理系统的圆柱形蓄电池的各种布置（蓄电池越红，表示其温度越高）

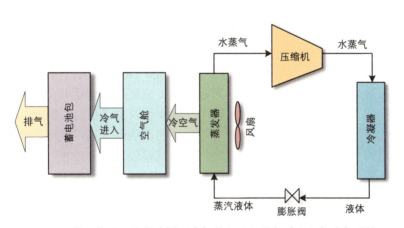

图 5.8　利用蒸汽压缩制冷循环冷却蓄电池组的驾驶室空气冷却系统

基于空气的蓄电池热管理系统并非没有挑战。虽然空气基蓄电池热管理系统体积小，并且消耗相对较少的功率来排出蓄电池系统的热量，但它们不能有效地在蓄电池组中的单体蓄电池之间提供均匀的温度分布，部分原因是空气的热容量低、导热系数低。此外，空气冷却系统只能通过消除显热来提供冷却，这对于大功率蓄电池的应用通常是不够的。试图增加空气流速来为产生大量热量的大功率蓄电池应用提供高冷却效果可能是有问题的，因为这样做通常会导致大型管道、歧管和风扇数量的增加，并带来高功耗。此外，基于空气的热管理系统可能会有噪声，因为它们通常与风扇和鼓风机一起工作。因此，已经开发了其他类型的蓄电池热管理系统，而不是基于空气的系统。

5.5 基于液体的蓄电池热管理系统

考虑到空气的蓄电池热管理系统的缺点，特别是对于高产热负荷，推动了基于液体的蓄电池热管理系统的发展。这些系统特别适合于电动汽车和混合动力汽车等相对高功率的蓄电池应用。基于液体的冷却系统是电动汽车和混合动力汽车中最常用的蓄电池热管理系统。

基于液体的蓄电池热管理系统一般可以根据蓄电池表面是否与传热流体直接或间接接触进行分类。在直接接触的冷却系统中，选择一种介电传热流体（如矿物油），以消除短路的风险，通常是为了从蓄电池中去除热量。与间接式的基于液体的蓄电池热管理系统相比，这种类型的热管理系统具有冷却速率更高和更紧凑的优点。一些利用沸腾相变现象的直接接触液冷系统将在本节中进行描述。然而，对于某些蓄电池应用来说，使用基于直接接触的传热流体是不切实际的。相反，间接接触式液体冷却系统可以直接用于从蓄电池系统散热。更高的传热流体流速可以用于基于间接接触的系统，因为与基于直接接触的热管理系统中的传热流体相比，工作流体通常具有更低的黏度。

一般来说，具有增强导热性和热容的传热流体更适合于基于液体的蓄电池热管理系统。各种传热流体可用于间接接触式冷却系统，包括水、乙二醇-水溶液、含聚丙烯酸钠的去离子水、矿物油、Al_2O_3-水纳米流体、液态金属和制冷剂 R-134a。虽然液态水通常被用作液体基冷却系统的传热流体，但它存在几个挑战，包括低导热性和在零度以下的气候条件下冻结的问题。水的这些缺点可以通过添加防冻剂（如乙二醇）和氧化铝（Al_2O_3）或纳米材料等材料来增强水的热性能来解决。

使用间接接触式热管理系统，传热流体要么通过金属板（冷板）内的通道泵送，要么通过分立管泵送。冷板可以制作成扁平形（适用于棱柱形蓄电池）或圆柱形（适用于圆柱形蓄电池），它也可以作为蓄电池的结构支撑。冷板可以放置在蓄电池内部、单体蓄电池之间（"三明治"配置），也可以放置在蓄电池模块两侧。图 5.9 展示了平面冷板在棱柱形蓄电池中的各种布置方案。对于内部冷板的布置方案，流道尺寸应足够小，以允许它们嵌入到蓄电池的组件间。此外，冷板及其通道应由化学惰性材料组成，以防止可能与单体蓄电池的组件发生化学反应。当冷板布置在蓄电池模块的两侧时，可以使用两个散热器（将热量从蓄电池传递到更冷的散热器）来有效地将热量从模块传递到冷板。对于冷板的"三明治"方案，即布置在单体蓄电池间，冷板的厚度应该足够小，以便于在单体蓄电池间更好地布置这些板。可以根据最大化传热效率和最小化流道内压降来设计冷板的流动模式和流道数量。

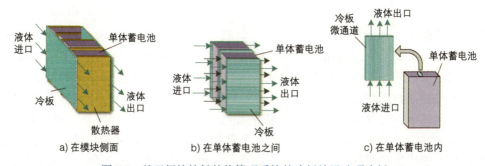

图 5.9 基于间接接触的热管理系统的冷板放置选项冷板

图 5.10 展示了使用冷板的间接接触热管理系统流道设计的典型方案，主要方案为平行通道和蛇形通道。在冷板中流道的平行配置中，通道数量的增加会带来更好的冷却性能。然而，存在一个最佳流道数，超过此数量，冷却性能没有明显的改善。此外，随着流道宽度和冷介质质量流率的同时增加，蓄电池组的最高温度，以及蓄电池间的温差都会减小。冷板流道蛇形方案的压降比平行方案的压降大得多。在冷板内流道的蛇形设计中，增加通道弯曲半径和宽度可以强化冷却过程，降低压力损失。此外，还可以通过把进口流道拓宽到出口，实现传热面积、冷却剂速度和固液温度梯度之间的平衡，从而导致所有板区域的传热相等。此外，在平行配置中，发散形状的流道是一种有效的设计特性，其中蓄电池组的最高温度和冷板内的压降被最小化。

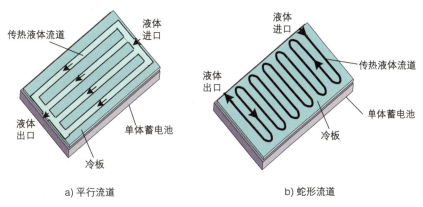

a) 平行流道　　　　　　　　　　b) 蛇形流道

图 5.10　冷板的平行流道和蛇形流道结构

微流道冷板冷却方法也可以用于单体蓄电池散热，如图 5.11a 所示。在这种方法中，在蓄电池之间放置一组高导热系数的微流道冷板，并直接附着在蓄电池上。这种方法能够在整个蓄电池组中提供均匀的温度分布。由于该方法液体冷却剂的流动采用窄而长的流道，因此整体压降相对较高。因此，需要电泵在较高的静压下泵出较高的液体冷却剂流量，这导致该方法使用较高的电力。因此，有必要对微流道冷板冷却系统进行优化，以确定流道的最佳数量和几何形状、液体流速和方向以及冷板的运行控制。

另一种类型的间接液体蓄电池热管理系统涉及在单体蓄电池间使用散热片。对于这种基于散热片的冷却方法，如图 5.11b 所示，在单体蓄电池间附着具有高导热性的翅片。散热片将每节蓄电池的热量传递给在冷板中流动的液体冷却剂，然后液体被排到外面。这种方法只能在单体蓄电池水平上提供均匀的温度。实际上，蓄电池和散热片之间的温差会逐渐减小，导致冷却性能下降。此外，由于液体是向前流动的（从第一节蓄电池到最后一节蓄电池），当它到达最后一节蓄电池时，它的温度会升高。因此，若采用这种冷却方法，不能使整个蓄电池组温度分布均匀。

从蓄电池组中吸收热量的基于液体的冷却板系统的设计和配置在本节的前面部分进行了描述。为了扩展该方法，下面描述可用于冷却从蓄电池组流出的液体冷却剂的二次冷却循环。图 5.12a 所示为典型的二次冷却系统。它包括两个回路：制冷剂回路和液体冷却剂回路。一个两通阀用于调节流体流量以匹配冷却负荷。以下设置可用于两通阀：

1）对于相对较高的冷负荷，设置该阀允许液体（即冷却介质）进入冷水机组，通过压缩制冷循环进行冷却。

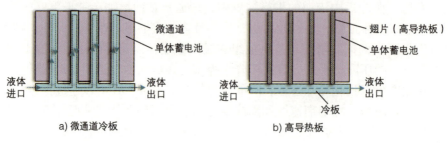

图 5.11 使用微通道冷板和高导热板（散热片）冷却蓄电池

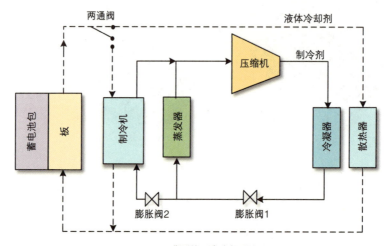

a) 典型的二次冷却系统

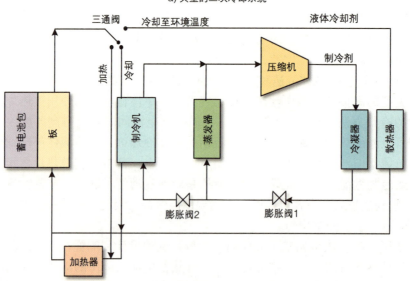

b) 用于冷却和加热蓄电池组的二次冷却和加热系统

图 5.12 二次冷却系统

2）对于相对较低的冷却负荷，当环境温度低于液体温度时，设置两通阀，使得液体能够通过散热器，从而在散热器中使用环境空气对液体进行冷却。

在温度非常低的运行环境下（例如，在冬季时）加热蓄电池的情况下，可以修改图 5.12a 所示的方案，向系统添加图 5.12b 所示的热泵功能。然后，通过使用三通阀改变工作流体的方向，对蓄电池进行加热，也可以对其进行冷却。选择液体蓄电池热管理系统的二次冷却类型和设计，在各种功率负载和环境条件下将蓄电池温度维持在所需的工作温度范围内是很重要的。

通过合理的基于液体的蓄电池热管理系统设计，即使在极端的操作和/或环境条件下，例如在非常热或非常冷的条件下快速放电或充电，也可以实现所需的蓄电池工作温度。基于液体的蓄电池热管理系统体积紧凑，但结构复杂。它们具有额外的组件（例如冷却剂管道），这通常会增加重量和泄漏风险，从而导致更多的维护要求。

最近报道了基于液体的蓄电池热管理系统的几个重要进展。这些通常旨在改善各种操作条件下的冷却性能。Basu 等（2016）提出了一种基于热管概念的新型液体冷却系统，其中铝导电元件用于一组锂离子单体蓄电池。导电元件的使用减少了接触冷却剂和单体蓄电池之间的阻力，也可作为冷却剂和单体蓄电池之间的"隔膜"，在泄漏或其他系统故障的情况下防止两者直接接触。图 5.13 所示为集成了液体冷却剂和导电元件热管理系统的蓄电池组。研究发现，即使在液体冷却介质的低流速下，该蓄电池热管理系统也能够对蓄电池组进行冷却。此外，该系统可以在非理想工况下（例如，冷却剂的低流量和高放电率）有效地冷却蓄电池组，使其成为电动汽车的有希望的候选者。

Yang 等（2016a，b）提出在基于液体的蓄电池热管理系统中使用液态金属代替水作为冷却剂。他们表明，在类似的流量条件下，在蓄电池热管理中使用液态金属可以在蓄电池组中提供更均匀的温度分布，同时与在该蓄电池热管理系统中使用水相比，消耗更小的功率。液态金属能够在相对高功率的工况、炎热的天气条件和一些蓄电池故障条件下从蓄电池组中散热。虽然液态金属是液体蓄电池热管理系统的潜在冷却剂，但与传统的水基热管理相比，这种冷却剂的高质量（由于液态金属的高密度）使这种系统相对较重。图 5.14 所示为基于液体冷却的蓄电池热管理系统在不同冷却剂速度和

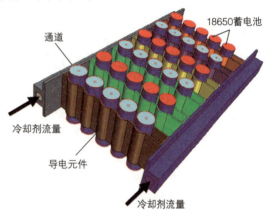

图 5.13 集成了液体冷却剂和导电元件热管理系统的蓄电池组

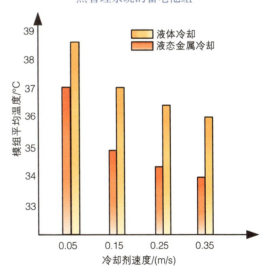

图 5.14 基于液体冷却的蓄电池热管理系统在不同冷却剂速度和类型下四个锂离子单体蓄电池的平均温度

类型下四个锂离子单体蓄电池的平均温度。可以看出，使用液态金属的冷却系统比液体冷却系统表现出更好的热性能。

热管理系统不仅应该为蓄电池系统提供所需的工作温度，而且还应该控制蓄电池系统中热失控的可能性。当蓄电池温度超过临界温度（即最大允许工作温度）时，就会发生热失控现象。当蓄电池热管理系统不能有效地从蓄电池系统中散发出足够的热量时，蓄电池的温度就会上升并接近临界温度。此外，蓄电池制造不当和/或车辆碰撞导致的蓄电池内部短路可能导致热失控。适当地减少潜在的热失控是重要的，因为这一现象可能会引发火灾，并导致蓄电池爆炸。已有大量研究针对控制蓄电池热失控开展，考虑提出创新的设计方案和蓄电池热管理系统布置。例如，Xu 等（2017）提出了一种用于蓄电池模块的微流道液体热管理系统。对该系统在蓄电池内部短路条件下进行了分析。尽管提出的微流道冷却系统无法阻止由内部短路引起的热失控，但它能够防止热失控在单体蓄电池间的扩散。

5.6 基于相变材料（PCM）的蓄电池热管理系统

相变材料利用从一个相转变为另一个相的潜热来吸收或释放热能，这些热能可用于加热或冷却。如前所述，基于液体的蓄电池热管理系统可以有效地将蓄电池温度维持在期望的范围内，但这通常需要消耗大量的能量。此外，在基于液体的热管理系统的冷却回路中加入管道、泵和通道，往往会使这些系统变得复杂。然而，基于相变材料的热管理系统可以被认为是一种被动系统，它可以存储和/或释放大量的热能，而不需要额外的能量消耗。此外，基于相变材料的系统可以提供更大的温度均匀性，因为潜热用于从蓄电池散热，而不是像空气/液体蓄电池热管理系统中使用的显热。在显热交换过程中，传热介质的温度连续变化，而在潜热过程中，温度在每个单体蓄电池和蓄电池组的吸热过程中保持恒定，从而使温度保持较好的均匀性。图 5.15 所示为基于相变材料和基于空气/液体的蓄电池热管理系统的温度分布。可以看出，在基于相变材料的蓄电池热管理系统中，系统温度在相变材料熔点处保持恒定，在相变过程完成后升高。与基于空气/液体的热管理系统相比，这为热管理系统从蓄电池组吸收热量提供了更高的潜力，在基于空气/液体的热管理系统中，在空气/液体和蓄电池组之间的显热交换过程中，系统的温度不断升高。

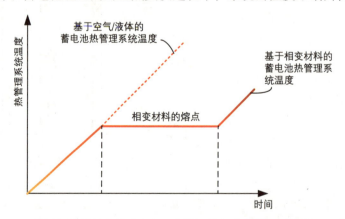

图 5.15　基于相变材料和基于空气/液体的蓄电池热管理系统的温度分布

基于相变材料的蓄电池热管理系统简化示意图如图 5.16 所示。在这个系统中，单体蓄电池连接到相变材料上，该相变材料允许蓄电池连接。右边连着两个极板以及相变材料的左侧（或顶部和底部），以便更早地将相变材料吸收的热量带走。在蓄电池系统的充放电过程中，每节单体蓄电池产生的热量被传递到相变材料。相变材料的温度首先升高，因为它从单体蓄电池吸收热量，直到它达到相变材料的熔点。然后，当相变进行时，它在恒温下吸收大量的热量（例如，固体相变材料转化为液体）。请注意，基于相变材料的热管理系统不能有效地在充电或放电期间或在高温环境下连续运行相变材料，因为相变材料

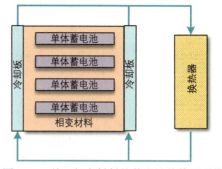

图 5.16　基于相变材料的蓄电池热管理系统简化示意图

最终会完全熔化。增加相变材料的质量以相变材料中存储更多的热量，会显著增加基于相变材料的热管理系统的质量，从而增加电动汽车等一些蓄电池应用的功耗。因此，需要一个二次冷却系统来将相变材料的热量传递到外部，并使熔化的相变材料凝固。二次冷却系统可以通过强制或自然空气对流冷却或液体冷却等方式恢复相变材料的蓄热能力。许多研究都集中在基于相变材料的蓄电池热管理系统的二次冷却系统上（Sabbah 等，2008；Ling 等，2015；Wu 等，2017a，b；Zhao 等，2017；HEmery 等，2014；Duan 和 Naterer，2010；Wu 等，2016；Javani 等，2014）。

除了在基于相变材料的蓄电池热管理系统中使用适当质量的相变材料外，还有一些其他的相变材料要求或偏好。例如，相变材料应该无毒，具有化学稳定性，并且在冷冻过程中耐过冷效应（Jaguemont 等，2018）。此外，为基于相变材料的电池热管理系统选择合适的相变材料对于实现高效的冷却性能非常重要。理想情况下，相变材料具有较高的热容量、潜热、熔点和导热系数是有利的；然而现实中相变材料的低导热系数阻碍了基于相变材料的热管理系统对高冷却负荷的快速响应。例如，石蜡通常被认为是一种合适的相变材料，因为它的成本低、潜热高、相变温度适合许多应用；但它像大多数相变材料一样具有低导热性。

可以采用各种方法来提高相变材料的热导率，方法之一是在其中加入高导热系数的材料。许多测试已经报道了在相变材料蓄电池热管理系统中使用各种具有高导热系数的材料。例如，Mehrali 等（2016）研究了碳纤维的使用，Shirazi 等（2016）研究了碳纳米管，Goli 等（2014）和 Mehrali 等（2016）研究了石墨烯，Huang 等（2015）和 Li 等（2014）研究了金属泡沫/网，Malik 等（2016）研究了金属颗粒。如 Pan 等（2016）所述，其他提高相变材料导热性的方法包括使用多孔材料（例如石墨基体）和使用金属翅片。

表 5.1 给出了所选石蜡复合材料的熔点、潜热和导热系数。可以看出，在纯石蜡中加入聚磷酸铵（APM）、高密度聚乙烯（HDPL）和原发性硬化性胆管炎（Primary Sclerosing Cholangitis，PSC），提高了石蜡复合材料的熔点和导热系数，同时降低了复合材料的潜热。

研究人员正在进一步提高许多相变材料的导热性，并解决诸如相变材料与外部之间的换热面积小以及基于相变材料的蓄电池热管理系统中的泄漏等其他挑战。为了解决泄漏问题，

Wu 等（2019）指出，一种稳定且具有热诱导柔韧性的新型复合相变材料可用于基于相变材料的热管理系统。此外，将空气强制对流与翅片相结合可以增加导热系数和表面换热面积。

表 5.1 石蜡复合材料的熔点、潜热和导热系数

相变材料（添加剂质量分数）	熔点 / K	潜热 / (kJ/kg)	导热系数 / [W/(m² · K)]
石蜡（Kandasamy 等, 2007）	319～321	173.4	0.12～0.21
石蜡（60%）/HDPE（20%）/APM（20%）（Al-Zareer 等, 2018a）	347.7	50.58	0.29
石蜡（60%）/HDPE（40%）（Zhang 等, 2010）	341.3	51.59	0.28
石蜡（60%）/HDPE（15%）/APM（20%）/EG（5%）（Al-Zareer 等, 2018a）	346.6	50.58	0.85
石蜡（90%）/EG（10%）（Al-Zareer 等, 2018a）	313.2	178.3	0.82
石蜡（75%）/PSC（25%）（Zhou 等, 2009）	329.3	165.16	0.387

基于相变材料的蓄电池热管理系统的另一个活跃研究领域是通过将各种冷却系统与蓄电池热管理系统集成来提高性能。例如，用于热传输的热管与相变材料集成在一起，以将高导热性添加到蓄电池热管理系统中（Wu 等，2017b）。热管的使用既加快了蓄电池组的冷却过程，又提高了相变材料的充放电倍率。热管的工作原理将在 5.7 节中描述。图 5.17 所示为基于相变材料集成热管的蓄电池热管理系统。可以看到，蓄电池被相变材料复合材料包围，这些复合材料通过显热和 / 或潜热过程吸收和存储蓄电池的热量。热管的蒸发部分连接到相变材料，其冷凝部分延伸到蓄电池组的外部。在热管的冷凝器部分，设置了许多翅片，它们与空气流动通道热接触以冷凝蒸汽流。增加空气的速度可以导致更有效的强制对流，这可以在相对高的放电倍率下控制蓄电池温度。事实上，热管的使用提高了相变材料的吸热和耗散率，从而提高了热管辅助基于相变材料蓄电池热管理系统的热性能。

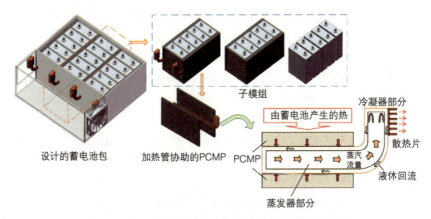

图 5.17 基于相变材料集成热管的蓄电池热管理系统

此外，管壳式换热器可以集成到基于相变材料的蓄电池热管理系统中（Jiang 等，2017），如图 5.18 所示。管壳式热交换器的使用冷却了相变材料，使其在整个蓄电池组中提供均匀的温度，最大温差为 1～2℃。由图 5.18 可以看出，圆柱形蓄电池的热量被相变材料复合材料吸收，然后通过换热器传递给强制空气循环。此外，挡板的使用可以改变空气流动方向，增加蓄电池与空气之间的相互作用。这可以最终提高集成管壳式换热器基于相变材料的蓄电池冷却系统的传热性能。

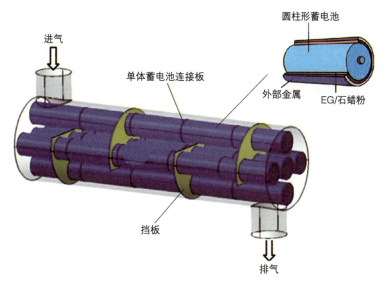

图 5.18　集成 PCM 的管壳式换热器用于冷却圆柱形蓄电池

5.7　基于液气相变的蓄电池热管理系统

5.7.1　基于热管的蓄电池热管理系统

前一节介绍了基于相变材料的蓄电池热管理系统,并指出该类型的系统不消耗额外的热量功率,但它不能连续有效地降低蓄电池组内的温差;此外,在相变过程中发生的体积变化对此类系统的使用施加了额外的限制。作为一种替代方案,热管是一种传热装置,它可以在没有外部泵的情况下运行,并且能够迅速从各种类型的设备(包括蓄电池)中远距离散热。热管由于其有效传热的能力、紧凑的结构、灵活的几何形状和长寿命,最近在各种热管理应用中得到了广泛的应用。然而,它们的容量和表面积需要增加,才能用于电动汽车等高功率蓄电池。

热管一般涉及三个过程:蒸发段、绝热段和冷凝段,每个过程都独立发生,如图 5.19 所示。工作流体流经热管。工作流体在蒸发段吸收热量,蒸发段与外部热源(如蓄电池)接触。然后,由于容器的内部压差,汽化后的工作流体在经过绝热段后被转移到冷凝段。在冷凝段,工作流体被外部的冷却系统冷凝,然后通过单体蓄电池的毛细力返回蒸发段,无须外部功率消耗。

图 5.20 所示为基于热管的蓄电池热管理系统及用于从热管冷凝段排出热量的二次冷却系统。其中使用了几根热管。蒸发部分与蓄电池接触,热管工作流体在吸收蓄电池热量的过程中蒸发。然后蒸汽在冷凝段冷凝,二级冷却剂用于从热管工作流体中除去热量。由于给定的热管与蓄电池之间的表面接触面积很小,因此热管可以与具有高导热性的冷板耦合,以促进蓄电池的热量传递并通过外部空气或液体冷却系统散热。

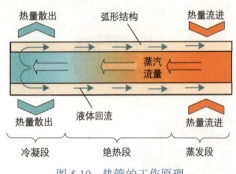
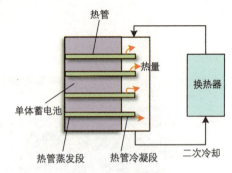

图 5.19 热管的工作原理　　图 5.20 基于热管的蓄电池热管理系统及用于从热管冷凝段排出热量的二次冷却系统

基于热管的蓄电池热管理系统的热性能可以通过适当选择工作（传热）流体、热管适当的设计和配置以及对冷凝部分采用适当的冷却方法来增强。加热管的形状和尺寸应设计成使热管的蒸发段与单体蓄电池间有更多的接触。例如，扁平形状的蒸发器比管状的蒸发器能提供更大的传热面积。金属板也可以与热管连接，以有效地分配热量并保持更恒定的温度。集成的热管和金属板可以放在蓄电池模块上，也可以放在单体蓄电池之间。此外，为了成功实施热管，需要在冷凝器部分进行有效的冷凝过程。冷凝器段可以加长并加装翅片，以增加传热面积，如图 5.21 所示。通常使用风扇来产生强制气流，以给翅片散热，更好地促进热管冷凝段工作流体的冷凝。已经开发或提出了其他方法来从翅片中去除热量。这些方法包括使用自然空气对流、湿冷却和热浴进行冷却，以及使用替代冷却介质，如水或乙二醇 - 水混合物。

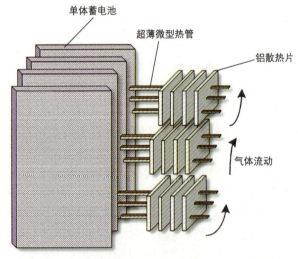

图 5.21 使用带热管的翅片来增加与空气的对流表面积，从而增强蓄电池的冷却效果

热管的性能在很大程度上取决于它的安装角度。对于大多数热管应用，垂直放置热管，蒸发段和冷凝段分别位于热管的底部和顶部，可以获得理想的热管性能，在这种方向下，冷凝的工作流体通过重力向下流动到蒸发段。

许多关于热管蓄电池热管理系统性能改进的研究都有报道。大多数都适用于棱柱形蓄电池。圆柱形蓄电池的热管系统需要进一步的开发和研究。

5.7.2 基于蒸发池沸腾的蓄电池热管理系统

基于蒸发池沸腾的蓄电池热管理系统相对较新。这些系统很有前途，因为它们不需要外部电源就能够为蓄电池提供比传统冷却系统更高的冷却负荷。在基于蒸发池沸腾的蓄电池热管理系统中，蓄电池直接浸没在固定的液体传热流体中，这种液体吸收蓄电池的热量之后，其温度可上升到沸点；此后，当汽化发生时，传热流体在恒温下吸收热量。选择传热流体，使其沸腾温度接近蓄电池所需的工作温度。

对于混合动力汽车锂离子蓄电池的热管理，研究人员已经考虑并对比了各种传热流体，包括丙烷（Al-Zareer 等，2017b）、氨（Al-Zareer 等，2017a）和制冷剂 R134a（Al-Zareer 等，2018a）。在这些研究中，氨和丙烷传热流体不会通过蓄电池组再循环，因为它们作为混合动力电动汽车的燃料被消耗。对于采用制冷剂 R-134a 作为传热流体的系统，制冷剂沸腾过程中产生的 R134a 蒸汽通过车辆客舱空气冷却系统进行冷凝。图 5.22 所示为以固定氨为冷却剂的蒸发池沸腾式蓄电池热管理系统示意图。传热流体首先用于冷却蓄电池，然后送入车辆发动机。研究人员表明，这种蒸发池沸腾式蓄电池热管理系统具有高传热系数、大热容量（由于利用了传热流体的潜热）和高导热性。这些系统可以将蓄电池温度保持在期望的范围内。

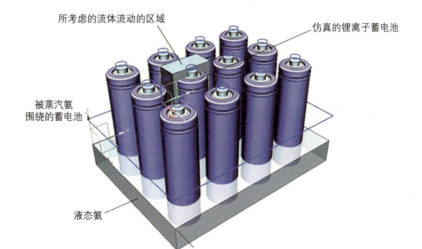

图 5.22 以固定氨为冷却剂的蒸发池沸腾式蓄电池热管理系统示意图

Van Gils 等（2014）研究了一种基于实验池沸腾的蓄电池热管理系统。在该系统中，圆柱形蓄电池完全浸没在 Novec7000 传热液中，该传热液在 1atm 沸腾温度为 34℃。这种传热流体是一种电介质，因此在将热量从蓄电池中取出时不会造成短路。图 5.23 所示为由 Van Gils 等（2014）开发的实验装置。在充放电过程中，当蓄电池内部产生热量时，传热液体从蓄电池中吸收热量，然后沸腾并通过蒸汽生成释放热量。产生的蒸汽可以在外部冷凝器中冷凝，然后返回到基于沸腾池的蓄电池热管理系统。观察到，所研究的蒸发池沸腾式蓄电池热管理系统比基于空气的蓄电池热管理系统具有相对较高的冷却负荷。此外，基于蒸发池沸腾的系统能够为蓄电池单元提供均匀的温度。例如，Van Gils 等（2014）观察到的顶部和底部的温差在液体传热流体和蓄电池之间的显热传递期间，圆柱形蓄电池的温差为 0.7℃。当沸腾开始时，这个温差变为零。他们发现，沸腾过程受到沸腾室压力的影响，沸腾室压力的降低增加了沸腾强度，导致对蓄电池温度升高的反应更加迅速。Van Gils 等认为，与传统的蓄电池热管理系统相比，他们的基于蒸发池沸腾的系统表现出更好的热性能、更高的冷负荷能力和更快的蓄电池温升响应。

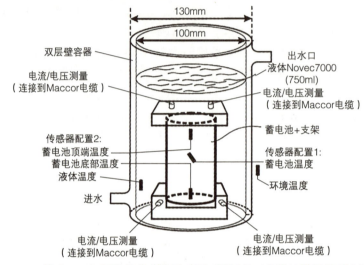

图 5.23　由 Van Gils 等（2014）开发的实验装置（用于测试基于蒸发池沸腾的蓄电池热管理系统）

5.8　蓄电池热管理系统的最新进展

近年来，与不同类型的蓄电池热管理系统相关的许多领域一直是调查、评估和进展的主题。其中一些在本章中进行了讨论，一些在表 5.2 中进行了总结。特别地，表 5.2 总结了最近对圆柱形蓄电池和方形蓄电池等各种类型蓄电池的热管理系统的研究。这些研究主要集中于通过对传统蓄电池热管理系统（即基于空气、基于液体和基于 PCM）的整合、优化关键参数和提出新的蓄电池热管理系统类别来进行改进。

表 5.2　蓄电池热管理系统的近期研究综述及其主要发现

蓄电池热管理系统类型	主要发现	文献来源
基于空气/液体/相变材料的蓄电池热管理系统	比较了三种传统蓄电池热管理系统（基于空气/液体/相变材料）；讨论了相变材料导热系数的提升方案	Rao 和 Wang（2011）
基于空气/液体/相变材料的蓄电池热管理系统	对蓄电池热管理系统的最新进展、挑战和前景进行了全面综述。这包括最近研究的热模型和用于预测蓄电池内的热量产生、热传递和温度分布	Lin 等（2021）
基于相变材料/热管的蓄电池热管理系统	研究了基于相变材料和热管的蓄电池热管理系统的性能，并与仅带有热管的系统性能进行了比较。结果表明，相变材料可以有效地降低蓄电池组中的温差	Chen 等（2021）

（续）

蓄电池热管理系统类型	主要发现	文献来源
基于相变材料的蓄电池热管理系统	综述了基于相变材料的蓄电池热管理系统在电气设备、光伏模块和蓄电池方面的应用；讨论了相变材料的热性能	Ling 等（2014）
基于相变材料的蓄电池热管理系统	评估了使用基于相变材料的蓄电池热管理系统的电动汽车面临的挑战和机遇；讨论了在基于相变材料的系统中改善传热的方法	Malik 等（2016）
基于相变材料的蓄电池热管理系统	讨论了在基于相变材料的蓄电池热管理系统中改善传热的方法	Pan 等（2016）
基于空气的蓄电池热管理系统	为了提高蓄电池组冷却过程的性能，提出了一种在并联空气冷却系统的气流分配室中使用扰流器的新冷却设计	Zhang 等（2021）
基于空气的蓄电池热管理系统	使用流阻网络模型确定方形单体蓄电池间的最佳间距。确定了气流的最佳流型和进出口的最佳位置	Chen 等（2017，2019）
基于空气的蓄电池热管理系统	从改善蓄电池系统温度均匀性的角度考察了圆柱形蓄电池组的往复式气流	Mahamud 和 Park（2011）
基于空气的蓄电池热管理系统	研究了一组圆柱形蓄电池的单体蓄电池排列和流动路径（如增压室的板角）的影响	Liu 等（2014）
基于空气的蓄电池热管理系统	研究了冷却流道的数量和尺寸对方形蓄电池和圆柱形蓄电池冷却的影响	Xun 等（2013）
基于空气的蓄电池热管理系统	研究了一组圆柱形蓄电池的不同空气流速和单体蓄电池间距的影响	He 等（2014）
基于液体的蓄电池热管理系统	综述了电动汽车基于液体的蓄电池热管理系统的实验和仿真研究	Kalaf 等（2021）
基于液体的蓄电池热管理系统	优化用于根据压降、温度均匀性和平均温度找到流道的最佳几何形状（冷却流道的宽度、位置）	Jarrett 和 Kim（2011，2014）
基于液体的蓄电池热管理系统	提出了一种用于基于液体冷板的倾斜微型通道。倾斜通道可防止从流道入口到出口的对流传热下降	Jin 等（2014）
基于液体的蓄电池热管理系统	提出了一种基于液体的热管理系统，其中从电池到液体冷却剂的热传递面积沿着流动方向变化。该系统表现出更好的温度均匀性和更低的最高电池温度	Rao 等（2017）
基于液体的蓄电池热管理系统	研究了几种工况，包括充电和放电倍率对冷却系统和蓄电池表面微流道温度分布的影响	Panchal 等（2017）
基于液体的蓄电池热管理系统	提出了一种用于蓄电池热管理系统的由热二氧化硅板和铜管组成的基于二氧化硅液体冷却板。研究了不同数量的二氧化硅通道和板及不同放电倍率下的流速和流动路径	Wang 等（2017）
基于热管的蓄电池热管理系统	研究了一种以水为传热流体的具有扁平蒸发器截面的管形热管，用于冷却方形蓄电池。恒温槽为热管的冷凝部分提供冷却。研究了加热功率和热管角度对系统热性能的影响	Rao 等（2013）
基于热管的蓄电池热管理系统	弯管热管用于使用软化水冷却的圆柱形电池。通过外部风扇的强制对流用于冷凝产生的软化水蒸气。研究了气流方向、速度和热管角度对系统热性能的影响	Tran 等（2014）
基于热管的蓄电池热管理系统	一种基于振荡热管的热管理系统，以丙酮为传热流体，用于方形蓄电池。恒温浴用于丙酮蒸汽的冷凝。研究了热管角度和加热功率对蓄电池系统热性能的影响	Wang 等（2016）
基于热管的蓄电池热管理系统	一种基于超薄微热管的冷却系统被应用于方形蓄电池模组。使用与空气的强制对流来冷凝水蒸气。对热管的布置和排放速率进行了实验检验	Liu 等（2016）

（续）

蓄电池热管理系统类型	主要发现	文献来源
基于蒸发池沸腾的蓄电池热管理系统	提出了一种基于制冷剂的蓄电池热管理系统，该系统由一个基于蒸发池沸腾的系统组成，该系统使用固定的 R134a 作为冷却剂，圆柱形蓄电池浸没在其中。汽车的空调会冷凝 R134a 蒸汽。该系统与传统的基于空气和液体的蓄电池热管理系统进行了比较	Al-Zareer 等（2018b）
基于蒸发池沸腾的蓄电池热管理系统	提出了一种用于氢燃料混合动力电动汽车的蓄电池冷却系统。提出了一种新的铝制冷却板设计在蓄电池温度的均匀性和蓄电池最高温度方面进行了优化	Al-Zareer 等（2018c）
基于蒸发池沸腾的蓄电池热管理系统	比较了基于蒸发池沸腾的冷却系统在各种传热流体（丙烷、氨、R134a 制冷剂、氢气）下的热性能。将这些系统的热特性与传统的基于空气和液体的蓄电池热管理系统进行了比较	Al-Zareer 等（2019）
基于蒸发池沸腾的蓄电池热管理系统	提出了一种基于蒸发池沸腾液体冷却的蓄电池热管理系统。蓄电池浸泡在氢氟醚液体中，这种液体具有高电阻，不易燃，对环境无害。即使在高速放电和充电过程中，冷却系统也能将蓄电池温度持续保持在沸腾温度（即35℃）附近	Hirano 等（2014）

5.9 结束语

蓄电池系统的最新发展使其成为越来越重要的电能存储技术。蓄电池的工作温度对其性能、使用寿命和操作安全性有重要影响。因此，需要有效和高效的热管理系统来控制蓄电池温度，通过去除蓄电池内部产生的热量或在寒冷天气条件下提供热量，并在蓄电池发生热失控等异常事件而产生废气时提供通风。在本章中，介绍了传统的蓄电池热管理系统，包括基于空气、基于液体和基于相变材料系统以及这些系统的组合；还介绍了最近提出的新型蓄电池热管理系统，如蒸发池沸腾系统。

在基于空气的蓄电池热管理系统中，气流方向显著影响热管理系统控制蓄电池温度和在整个蓄电池组中提供均匀温度的能力。因此，设计一组压降相当小的蓄电池中空气流动的新路径一直是许多研究的重点。尽管基于空气的蓄电池热管理系统具有设计简单和低功耗等优点，但在大功率蓄电池应用中，它们不能有效地为整个蓄电池组提供均匀的温度分布，部分原因是空气的低热容和低热导率。

基于液体的蓄电池热管理系统是应用最广泛的热管理系统（特别是在大功率蓄电池应用中）。液体基系统避免了空气基系统的一些缺点。在基于液体的蓄电池热管理系统中，传热流体的流动方向是影响蓄电池组内温度均匀性的主要参数之一。此外，液体传热流体的类型和蓄电池与传热流体之间的传热表面（这有助于确保所有蓄电池的热传导率相同）是基于液体的蓄电池热管理系统的重要设计参数。

基于相变材料的蓄电池热管理系统是一种被动式的热管理技术，与消耗大量功率的液体系统不同，无须额外的能量消耗，就可以存储和/或释放大量热能，这种类型的蓄电池热管理系统可以提供较好的温度均匀性（因为潜热是用来除去蓄电池组的热量，而不是显热）。但对于有效降低蓄电池组温差所需的连续运行工况来说，它们是不够的，部分原因是相变材料的导热性较低。通过集成热管、空气和液体冷却系统，并在相变材料中加入一些导热系数高的材料，可以提高相变材料基系统中使用的相变材料的导热系数。

基于相变材料的蓄电池热管理系统中通常使用的相变材料导热系数低的缺点在基于液气相变的蓄电池热管理系统中得到了抵消，包括基于热管和蒸发池沸腾的系统。具体来说，最近提出的基于蒸发池沸腾的蓄电池热管理系统是一种很有前途的从蓄电池中去除热量的方法。与传统冷却系统相比，基于蒸发池沸腾的蓄电池热管理系统能够为蓄电池提供更高的冷却负荷，而无须外部电源供应设备。在这种系统中，蓄电池全部或部分浸没在固定的传热流体中。传热流体的温度在它最初吸收蓄电池热量时升高，然后在传热流体汽化过程中随着进一步吸收热量而保持恒定。这种相对较新的蓄电池热管理系统具有较大的热容量（主要是由于传热流体的潜热）和高导热性，可以比传统的热管理系统更有效地冷却蓄电池。

问题与思考

5.1 设计蓄电池热管理系统的主要步骤是什么？

5.2 考虑图 5.24 所示的驾驶室空气冷却系统，它使用蒸汽压缩制冷循环来冷却蓄电池组。这个系统是如何从蓄电池组散热的呢？这种蓄电池热管理系统的优缺点有哪些？

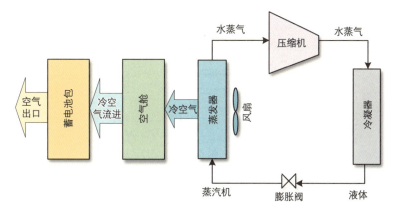

图 5.24 利用蒸汽压缩制冷循环冷却蓄电池组的客舱空气冷却系统

5.3 比较基于空气和基于液体的蓄电池热管理系统。

5.4 比较基于液体和基于相变材料（PCM）的蓄电池热管理系统。

5.5 什么是基于液体的直接和间接蓄电池热管理系统？列出每个系统的例子。

5.6 考虑图 5.25 所示的用于冷却蓄电池组的蓄电池热管理系统，这个热管理系统属于什么类别？这个系统是如何给蓄电池组降温的？

5.7 比较基于相变材料和基于空气/液体的蓄电池热管理系统的温度分布与时间。哪种类型的蓄电池热管理系统具有更高的热吸附能力？为什么？

5.8 考虑图 5.26 所示的基于热管的蓄电池热管理系统及其二次冷却系统，这个系统是如何从蓄电池组中散热的？

5.9 考虑基于蒸发池沸腾和基于空气的蓄电池热管理系统，用于将蓄电池的温度保持在所需的工作范围内。这两种系统中哪一种有望在蓄电池组的整个蓄电池单元中提供更均匀的温度？为什么？

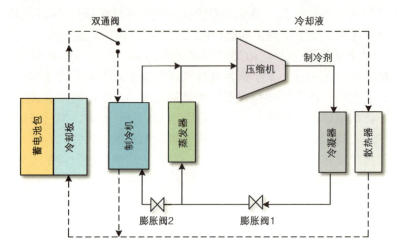

图 5.25 用于冷却蓄电池组的蓄电池热管理系统

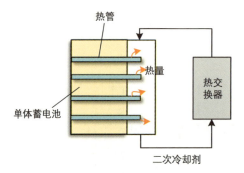

图 5.26 基于热管的蓄电池热管理系统及其二次冷却系统

参 考 文 献

Al-Zareer, M., Dincer, I., Rosen, M.A., 2017a. Electrochemical modeling and performance evaluation of a new ammonia-based battery thermal management system for electric and hybrid electric vehicles. Electrochim. Acta 247, 171–182.

Al-Zareer, M., Dincer, I., Rosen, M.A., 2017b. Novel thermal management system using boiling cooling for high-powered lithium-ion battery packs for hybrid electric vehicles. J. Power Sources 363, 291–303.

Al-Zareer, M., Dincer, I., Rosen, M.A., 2018a. A review of novel thermal management systems for batteries. Int. J. Energy Res. 42 (10), 3182–3205.

Al-Zareer, M., Dincer, I., Rosen, M.A., 2018b. Heat and mass transfer modeling and assessment of a new battery cooling system. Int. J. Heat Mass Transf. 126, 765–778.

Al-Zareer, M., Dincer, I., Rosen, M.A., 2018c. Performance assessment of a new hydrogen cooled prismatic battery pack arrangement for hydrogen hybrid electric vehicles. Energy Convers. Manag. 173, 303–319.

Al-Zareer, M., Dincer, I., Rosen, M.A., 2019. Comparative assessment of new liquid-to-vapor type battery cooling systems. Energy 188, 116010.

Basu, S., Hariharan, K.S., Kolake, S.M., Song, T., Sohn, D.K., Yeo, T., 2016. Coupled electrochemical thermal modelling of a novel Li-ion battery pack thermal management system. Appl. Energy 181, 1–13.

Chen, K., Hou, J., Song, M., Wang, S., Wu, W., Zhang, Y., 2021. Design of battery thermal management system based on phase change material and heat pipe. Appl. Therm. Eng. 188, 116665.

Chen, K., Wang, S., Song, M., Chen, L., 2017. Configuration optimization of battery pack in parallel air-cooled battery thermal management system using an optimization strategy. Appl. Therm. Eng. 123, 177–186.

Chen, K., Wu, W., Yuan, F., Chen, L., Wang, S., 2019. Cooling efficiency improvement of air-cooled battery thermal management system through designing the flow pattern. Energy 167, 781–790.

Duan, X., Naterer, G.F., 2010. Heat transfer in phase change materials for thermal management of electric vehicle battery modules. Int. J. Heat Mass Transf. 53 (23-24), 5176–5182.

Goli, P., Legedza, S., Dhar, A., Salgado, R., Renteria, J., Balandin, A.A., 2014. Graphene-enhanced hybrid phase change materials for thermal management of Li-ion batteries. J. Power Sources 248, 37–43.

He, F., Li, X., Ma, L., 2014. Combined experimental and numerical study of thermal management of battery module consisting of multiple Li-ion cells. Int. J. Heat Mass Transf. 72, 622–629.

Hémery, C.V., Pra, F., Robin, J.F., Marty, P., 2014. Experimental performances of a battery thermal management system using a phase change material. J. Power Sources 270, 349–358.

Hirano, H., Tajima, T., Hasegawa, T., Sekiguchi, T., Uchino, M., 2014. Boiling liquid battery cooling for electric vehicle. In: 2014 IEEE Conference and Expo Transportation Electrification Asia-Pacific (ITEC Asia-Pacific), Beijing, China, pp. 1–4.

Hong, S., Zhang, X., Chen, K., Wang, S., 2018. Design of flow configuration for parallel air-cooled battery thermal management system with secondary vent. Int. J. Heat Mass Transf. 116, 1204–1212.

Huang, C., Wang, Q., Rao, Z., 2015. Thermal conductivity prediction of copper hollow nanowire. Int. J. Therm. Sci. 94, 90–95.

Jaguemont, J., Omar, N., Van den Bossche, P., Mierlo, J., 2018. Phase-change materials (PCM) for automotive applications: a review. Appl. Therm. Eng. 132, 308–320.

Jarrett, A., Kim, I.Y., 2011. Design optimization of electric vehicle battery cooling plates for thermal performance. J. Power Sources 196 (23), 10359–10368.

Jarrett, A., Kim, I.Y., 2014. Influence of operating conditions on the optimum design of electric vehicle battery cooling plates. J. Power Sources 245, 644–655.

Javani, N., Dincer, I., Naterer, G.F., Yilbas, B.S., 2014. Heat transfer and thermal management with PCMs in a Li-ion battery cell for electric vehicles. Int. J. Heat Mass Transf. 72, 690–703.

Jiang, G., Huang, J., Liu, M., Cao, M., 2017. Experiment and simulation of thermal management for a tube-shell Li-ion battery pack with composite phase change material. Appl. Therm. Eng. 120, 1–9.

Jin, L.W., Lee, P.S., Kong, X.X., Fan, Y., Chou, S.K., 2014. Ultra-thin minichannel LCP for EV battery thermal management. Appl. Energy 113, 1786–1794.

Kalaf, O., Solyali, D., Asmael, M., Zeeshan, Q., Safaei, B., Askir, A., 2021. Experimental and simulation study of liquid coolant battery thermal management system for electric vehicles: a review. Int. J. Energy Res. 45 (5), 6495–6517.

Kandasamy, R., Wang, X.Q., Mujumdar, A.S., 2007. Application of phase change materials in thermal management of electronics. Appl. Therm. Eng. 27 (17-18), 2822–2832.

Khan, M.R., Swierczynski, M.J., Kær, S.K., 2017. Towards an ultimate battery thermal management system: a review. Batteries 3 (1), 9.

Li, W.Q., Qu, Z.G., He, Y.L., Tao, Y.B., 2014. Experimental study of a passive thermal management system for high-powered lithium ion batteries using porous metal foam saturated with phase change materials. J. Power Sources 255, 9–15.

Lin, J., Liu, X., Li, S., Zhang, C., Yang, S., 2021. A review on recent progress, challenges and perspective of battery thermal management system. Int. J. Heat Mass Transf. 167, 120834.

Ling, Z., Wang, F., Fang, X., Gao, X., Zhang, Z., 2015. A hybrid thermal management system for lithium ion batteries combining phase change materials with forced-air cooling. Appl. Energy 148, 403–409.

Ling, Z., Zhang, Z., Shi, G., Fang, X., Wang, L., Gao, X., Fang, Y., Xu, T., Wang, S., Liu, X., 2014. Review on thermal management systems using phase change materials for electronic components, Li-ion batteries and photovoltaic modules. Renew. Sust. Energ. Rev. 31, 427–438.

Liu, F., Lan, F., Chen, J., 2016. Dynamic thermal characteristics of heat pipe via segmented thermal resistance model for electric vehicle battery cooling. J. Power Sources 321, 57–70.

Liu, Z., Wang, Y., Zhang, J., Liu, Z., 2014. Shortcut computation for the thermal management of a large air-cooled battery pack. Appl. Therm. Eng. 66 (1-2), 445–452.

Mahamud, R., Park, C., 2011. Reciprocating air flow for Li-ion battery thermal management to improve temperature uniformity. J. Power Sources 196 (13), 5685–5696.

Malik, M., Dincer, I., Rosen, M.A., 2016. Review on use of phase change materials in battery thermal management for electric and hybrid electric vehicles. Int. J. Energy Res. 40 (8), 1011–1031.

Mehrali, M., Latibari, S.T., Rosen, M.A., Akhiani, A.R., Naghavi, M.S., Sadeghinezhad, E., Metselaar, H.S.C., Nejad, M.M., Mehrali, M., 2016. From rice husk to high performance shape stabilized phase change materials for thermal energy storage. R Soc. Chem. Adv. 6 (51), 45595–45604.

Pan, D., Xu, S., Lin, C., Chang, G., 2016. Thermal management of power batteries for electric vehicles using phase change materials: a review. SAE Technical Paper 2016, 13.

Pesaran, A., Keyser, M., Burch, S., 1999. An approach for designing thermal management systems for electric and hybrid vehicle battery packs. Report No. NREL/CP-540-25992, National Renewable Energy Laboratory, Golden (US).

Panchal, S., Khasow, R., Dincer, I., Agelin-Chaab, M., Fraser, R., Fowler, M., 2017. Thermal design and simulation of mini-channel cold plate for water cooled large sized prismatic lithium-ion battery. Appl. Therm. Eng. 122, 80–90.

Rao, Z., Qian, Z., Kuang, Y., Li, Y., 2017. Thermal performance of liquid cooling based thermal management system for cylindrical lithium-ion battery module with variable contact surface. Appl. Therm. Eng. 123, 1514–1522.

Rao, Z., Wang, S., 2011. A review of power battery thermal energy management. Renew. Sust. Energ. Rev. 15 (9), 4554–4571.

Rao, Z., Wang, S., Wu, M., Lin, Z., Li, F., 2013. Experimental investigation on thermal management of electric vehicle battery with heat pipe. Energy Convers. Manag. 65, 92–97.

Sabbah, R., Kizilel, R., Selman, J.R., Al-Hallaj, S., 2008. Active (air-cooled) vs. passive (phase change material) thermal management of high power lithium-ion packs: limitation of temperature rise and uniformity of temperature distribution. J. Power Sources 182 (2), 630–638.

Santhanagopalan, S., Smith, K., Neubauer, J., Kim, G.H., Keyser, M., Pesaran, A., 2014. Design and Analysis of Large Lithium-Ion Battery Systems. Artech House.

Shirazi, A.H.N., Mohebbi, F., Azadi Kakavand, M.R., He, B., Rabczuk, T., 2016. Paraffin nanocomposites for heat management of lithium-ion batteries: a computational investigation. J. Nanomater. 2016, 10.

Sun, H., Dixon, R., 2014. Development of cooling strategy for an air cooled lithium-ion battery pack. J. Power Sources 272, 404–414.

Tran, T.H., Harmand, S., Sahut, B., 2014. Experimental investigation on heat pipe cooling for hybrid electric vehicle and electric vehicle lithium-ion battery. J. Power Sources 265, 262–272.

Van Gils, R.W., Danilov, D., Notten, P.H.L., Speetjens, M.F.M., Nijmeijer, H., 2014. Battery thermal management by boiling heat-transfer. Energy Convers. Manag. 79, 9–17.

Wang, C., Zhang, G., Meng, L., Li, X., Situ, W., Lv, Y., Rao, M., 2017. Liquid cooling based on thermal silica plate for battery thermal management system. Int. J. Energy Res. 41 (15), 2468–2479.

Wang, Q., Rao, Z., Huo, Y., Wang, S., 2016. Thermal performance of phase change material/oscillating heat pipe-based battery thermal management system. Int. J. Therm. Sci. 102, 9–16.

Wang, T., Tseng, K.J., Zhao, J., Wei, Z., 2014. Thermal investigation of lithium-ion battery module with different cell arrangement structures and forced air-cooling strategies. Appl. Energy 134, 229–238.

Wu, W., Wu, W., Wang, S., 2019. Form-stable and thermally induced flexible composite phase change material for thermal energy storage and thermal management applications. Appl. Energy 236, 10–21.

Wu, W., Wu, W., Wang, S., 2017a. Thermal optimization of composite PCM based large-format lithium-ion battery modules under extreme operating conditions. Energy Convers. Manag. 153, 22–33.

Wu, W., Yang, X., Zhang, G., Chen, K., Wang, S., 2017b. Experimental investigation on the thermal performance of heat pipe-assisted phase change material based battery thermal management system. Energy Convers. Manag. 138, 486–492.

Wu, W., Yang, X., Zhang, G., Ke, X., Wang, Z., Situ, W., Li, X., Zhang, J., 2016. An experimental study of thermal management system using copper mesh-enhanced composite phase change materials for power battery pack. Energy 113, 909–916.

Xu, J., Lan, C., Qiao, Y., Ma, Y., 2017. Prevent thermal runaway of lithium-ion batteries with minichannel cooling. Appl. Therm. Eng. 110, 883–890.

Xu, X.M., He, R., 2013. Research on the heat dissipation performance of battery pack based on forced air cooling. J. Power Sources 240, 33–41.

Xun, J., Liu, R., Jiao, K., 2013. Numerical and analytical modeling of lithium ion battery thermal behaviors with different cooling designs. J. Power Sources 233, 47–61.

Yang, T., Yang, N., Zhang, X., Li, G., 2016b. Investigation of the thermal performance of axial-flow air cooling for the lithium-ion battery pack. Int. J. Therm. Sci. 108, 132–144.

Yang, X.H., Tan, S.C., Liu, J., 2016a. Thermal management of Li-ion battery with liquid metal. Energy Convers. Manag. 117, 577–585.

Zhang, F., Lin, A., Wang, P., Liu, P., 2021. Optimization design of a parallel air-cooled battery thermal management system with spoilers. Appl. Therm. Eng. 182, 116062.

Zhang, P., Hu, Y., Song, L., Ni, J., Xing, W., Wang, J., 2010. Effect of expanded graphite on properties of high-density polyethylene/paraffin composite with intumescent flame retardant as a shape-stabilized phase change material. Sol. Energy Mater. Sol. Cells 94 (2), 360–365.

Zhao, J., Lv, P., Rao, Z., 2017. Experimental study on the thermal management performance of phase change material coupled with heat pipe for cylindrical power battery pack. Exp. Thermal Fluid Sci. 82, 182–188.

Zhou, X, Xiao, H, Feng, J, Zhang, C, Jiang, Y, 2009. Preparation and thermal properties of paraffin/porous silica ceramic composite. Compos. Sci. Technol. 69 (7–8), 1246–1249.

第 6 章
蓄电池系统设计

本章目标

- 介绍并说明蓄电池系统设计的主要过程步骤。
- 阐述蓄电池管理系统的设计,以及蓄电池包的电气、机械和热设计。
- 讨论蓄电池包的最佳设计,从而延长蓄电池单元的使用寿命,并为蓄电池包安全可靠运行提供保障。
- 提供对蓄电池包设计中重要因素的见解。
- 讨论蓄电池管理系统的布局及其对其他子系统的潜在干扰。
- 展示并说明蓄电池包中蓄电池单元的各种排列方式。
- 阐述蓄电池包结构的应力应变分析和振动评估。
- 说明和讨论合适的蓄电池热管理系统的选择,并考虑其应用。

本章各符号及说明如下。

符号	说明	单位	符号	说明	单位
A	面积	m^2	q	热流	W/m^2
C	成本	$	Q	蓄电池容量	$A \cdot h$
E	能量	kJ	$\dot{Q}$	产热功率	W
F	力	N	R	电阻;热阻	Ω;K/W,$℃/W$
h	传递系数	$W/(m^2 \cdot K)$	T	温度	$℃$,K
I	电流	A	T	厚度	m
K	导热系数	$W/(m \cdot K)$	V	电压	V
L	长度	m	Y	弹性模量 / 杨氏模量	kPa
NB	单体电池数量				

希腊字母	说明	单位	希腊字母	说明	单位
σ	应力	kPa	J	焦耳	
ε	应变		σ	斯特凡 - 玻尔兹曼常数	$5.670367 \times 10^{-8} kg/(s^3 \cdot K^4)$
ρ	密度	kg/m^3	ε	表面发射率	

下标	说明	下标	说明
A	环境	Nom	标称
B	电池	Rad	辐射
Cond	传导	T	总量
Conv	对流		

6.1 引言

蓄电池储能系统目前广泛用于不同范围储能容量的应用。对于电子设备，蓄电池系统中的蓄电池数量可以从单节到多节不等，对于汽车应用所需的相对较大的能量容量，蓄电池数量也可以从数十个到数千个。了解其应用有助于确定对蓄电池系统的要求。表 6.1 给出了适用于各种应用场景的蓄电池系统所需的典型电压范围。蓄电池系统的设计取决于应用类型、所使用的电化学技术、电化学蓄电池的设计，以及安全性、寿命和热特性。

表 6.1 适用于各种应用场景的蓄电池系统所需的典型电压范围

应用场景	电压范围 /V	储能容量范围 /（W·h）	蓄电池类型
小型应用场景（如手机、笔记本计算机）	48 ~ 72	100 ~ 15000	方形或软包
中型应用场景（如电动汽车 / 混合动力汽车）	320 ~ 360	20000 ~ 70000	圆柱形或方形
大规模应用场景（如电动汽车 / 混合动力公交车和货车）	720 ~ 760	60000 ~ 300000	圆柱形或方形

蓄电池包设计的首要任务是确定要使用的蓄电池的技术和数量，并满足包括所需电压、功率和能量在内的技术要求。在设计蓄电池储能系统时，选择蓄电池要考虑几个因素，如成本、安全性、寿命、蓄电池用于包装的兼容性以及蓄电池用于给定应用的功率能量比。功率能量比表示蓄电池单元在提供其功率输出时可以运行的持续时间。它也被称为蓄电池的放电时间。功率能量比是通过电功率除以能量容量来确定的。在本章中，假设已经明智地选择了电化学蓄电池，蓄电池包设计是贯穿本章的主要问题。

一个典型的蓄电池系统通常包括若干个排列在一个蓄电池包中的蓄电池。下列术语是本章的核心：

1）单体蓄电池：单体蓄电池是蓄电池储能系统的基本单元。它是发生电化学反应的地方，在充电时电能转换为化学能，在放电时又转换回电能。蓄电池基本上由正极、负极、隔膜和电解质组成。蓄电池的化学性质（以及蓄电池中使用的材料）是蓄电池系统成本的主要贡献者之一。根据蓄电池的类型，制造蓄电池所用的材料可以是镍、铁、镉、锂等。单体蓄电池中所用材料的数量取决于每千克所用材料所传递的能量，通常以瓦·时（W·h）为单位。

2）蓄电池包：蓄电池包是在一个框架中包含许多蓄电池的组件。该框架旨在保护蓄电池包及其蓄电池免受外部冲击、振动和热量的影响。蓄电池包含有模块的排列以及各种保护/控制系统。这些系统包括需要满足热学和机械要求以及蓄电池管理的系统，它们通常嵌入蓄电池包设计中。蓄电池包中单体蓄电池的排列是一个重要的设计方面，这在第 6.3 节中有详细的讨论。

图 6.1 所示为设计电动汽车蓄电池存储系统的典型成本分布和所需元素。可以看出，蓄电池化学性质和材料对于设计蓄电池储能系统具有最高的成本贡献。然而，这个值会根据所使用的材料类型和相应的蓄电池化学体系而变化。

```
┌─────────────────────────────┐   ┌─────────────────────────────┐
│ 蓄电池包（占30%~40%的总成本）│   │ 单体蓄电池（占20%~30%的总成本）│
│ • 电气设计                   │   │ • 蓄电池包装                 │
│ • 机械设计                   │   │ • 每kW·h/kg花费              │
│ • 热设计                     │   │ • 开销                       │
│ • 蓄电池管理系统设计         │   │                              │
└─────────────────────────────┘   └─────────────────────────────┘

        ┌─────────────────────────────────────┐
        │ 化学性质及材料（占40%~50%的总成本） │
        │ • 负极、正极、电解质、隔膜以及其他  │
        │   单体蓄电池材料：锂、锰、钴、镉、  │
        │   镍、石墨等                        │
        └─────────────────────────────────────┘
```

图 6.1　设计电动汽车蓄电池存储系统的典型成本分布和所需元素

一般来说，蓄电池包设计包括确定为满足所需电压和容量而组装成蓄电池包的蓄电池的数量。蓄电池存储系统设计类似于蓄电池设计，因为在性能、充放电过程中蓄电池之间的均匀电流分布、安全性和工艺设计的每个步骤的成本之间存在权衡。蓄电池系统设计的主要工艺步骤包括电气设计、热设计和机械设计、蓄电池管理系统设计，以及安全和成本考虑的解决方案。图 6.2 所示为蓄电池组的主要工艺设计。电气设计的主要目的是预测蓄电池应该提供的电力，以及在单体蓄电池间提供平衡的电流/电压分布。热设计的最终目标是通过消除单体蓄电池内产生的热量，使蓄电池系统保持在一个均匀和恒定的理想温度。机械设计的目的一般是对蓄电池系统施加适当的压力，以避免蓄电池内部出现凸起，保护蓄电池不受振动，并解决其他安全问题。蓄电池管理系统主要用于蓄电池系统的设计，在系统运行过程中监测和维持蓄电池的电流、电压和温度。当其中任何一个运行时参数超过其限制值，管理系统将对蓄电池系统进行改造或停止运行。

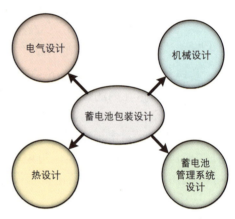

图 6.2　蓄电池组的主要工艺设计

本章提供了对这些设计领域的要点的见解，例如蓄电池管理系统的布局及其与其他子系统的干扰、蓄电池包中单体蓄电池的排列、蓄电池包结构中的应力-应变分析和振动，以及选择适合应用的蓄电池管理系统（如电动汽车/混合动力汽车）。在本章的其余部分，对蓄电池储能系统的所有这些设计过程进行了详细的阐述和讨论，包括蓄电池管理系统设计、电气设计、机械设计和热设计。

6.2　蓄电池管理系统

蓄电池管理系统通常是一个电子控制单元，在充电和放电期间调节和监视蓄电池的操作。此外，蓄电池管理系统还负责与其他子单元进行连接，并交换有关蓄电池参数的必要数据。蓄电池的电压、容量、温度、功耗、荷电状态和健康状况、充电周期等特性都由蓄电池管理系统进行控制和监测。蓄电池管理系统利用这些数据对蓄电池包的荷电状态和健康状态进行估计。蓄电池健康状态是将当前蓄电池容量与蓄电池寿命开始时的容量进行比较的一个指标。这个指标可以用来预测蓄电池寿命结束的时间。

荷电状态（SOC）表示给定时间的可用容量与蓄电池可存储的最大可能电量之比。

每个蓄电池应保持在蓄电池配置文件中定义的最小和最大荷电状态之间。

蓄电池管理系统的运行通常以最佳利用单体蓄电池中存储的能量为目标。蓄电池管理系统保护蓄电池免受深度放电和过充电的影响，这两种情况分别是由蓄电池的超高放电和快速充电造成的。图6.3所示为电动汽车蓄电池储能系统优化安全运行的蓄电池管理系统与电动汽车中的蓄电池包耦合。控制器局域网（CAN总线）是一种强大的车辆总线标准，旨在允许微控制器等处理器和其他设备相互通信。它使多个蓄电池单元作为一个系统运行，用于数据测量（电压V、电流I、温度T等）。

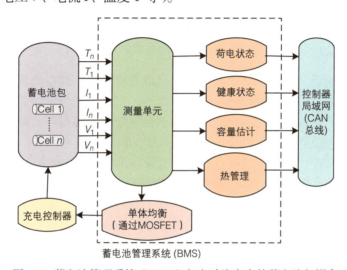

图6.3　蓄电池管理系统（BMS）与电动汽车中的蓄电池包耦合

蓄电池管理系统的另一项主要功能是平衡蓄电池，通过该功能为每个蓄电池单元提供相同的放电和充电要求。通过蓄电池平衡，蓄电池保持在相同的电压水平，蓄电池包的容量利用率最大化，这可以通过在蓄电池管理系统中使用功率金属-氧化物-半导体场效应晶体管（MOSFET）来实现。功率MOSFET是一种特殊的金属-氧化物-半导体场效应晶体管，是一种用于处理各种功率负载的多载流子电气控制单元。功率MOSFET具有控制电流和电压输出的能力，为蓄电池系统提供了稳定、安全的条件，如图6.3所示。功率MOSFET操作简单，维护方便，是众多蓄电池系统应用中使用最广泛的单元。

图6.4所示为蓄电池管理系统的核心功能。可以看出，蓄电池管理系统的核心功能之一就是对温度、电压和电流进行检查和监控，使其保持在规定的范围内，以保证蓄电池包安全运行。

此外，蓄电池管理系统还测量和存储各种参数，包括单体蓄电池参数（开路电压、充电状态等）、蓄电池平衡状态和输入/输出请求。然后，基于这些信息，蓄电池管理系统控制开关设备，以允许或阻止一个或多个子系统的操作。例如，当电机请求电流且接触器断开时，电流无法流动，因此，蓄电池管理系统关闭接触器，让电流流动。数据存储在数据存储器中，从中可以检索数据并用于计算蓄电池包参数。

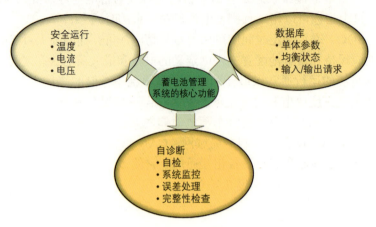

图 6.4　蓄电池管理系统的核心功能

蓄电池管理系统通常具有自诊断功能。在自诊断过程中，蓄电池管理系统会进行多次测试，检查所有功能和传感器是否正常工作。此外，它还会处理错误，并决定是否继续运行。例如，当测试产生的电压限制误差很小且不会导致安全问题时，蓄电池管理系统会允许蓄电池包继续工作。

几个接口驱动程序（硬件）被放置在蓄电池管理系统中，如微控制器单元（MCU）和集成电路（IC）芯片，由软件控制。MCU 接收来自开关、传感器和类似组件的输入，并根据预先设定的程序控制给定应用（例如电动汽车）的电动机和显示器，该程序告诉它该做什么以及如何响应。在蓄电池管理系统中，除了主 MCU 外还有副处理器单元，它在主处理器运行故障时充当副 MCU。

此外，在蓄电池管理系统中经常使用绝缘监测装置（IMD），用于监测蓄电池从单个单体蓄电池组装过程中的绝缘电阻和电压。该装置在蓄电池包的高压应用中特别有用，因为它将低压线路与高压线路分开。如果在高压应用中有电压泄漏，IMD 会检测到这种泄漏并向蓄电池管理系统发送信号以切断电流。此外，电流传感器可用于蓄电池管理系统中，以测量并提供流过蓄电池的电流实时数据，从这些数据中可以确定蓄电池的荷电状态。

蓄电池管理系统的一些典型关键功能如下：

1）在充电过程中，如果蓄电池之间的电流不均匀，蓄电池管理系统通过监测和平衡每个模组的电压和温度来实现平衡。

2）在充电过程中，如果一个模块没有充分接收电流，蓄电池管理系统会绕过其他模组，为该模组提供更多的电流。

3）如果任何模块的温度升高，蓄电池管理系统将减慢该模块的充放电速度。

4）当一个模组过充电时，蓄电池管理系统可以通过一个电阻对电压较高的模组进行部分放电，这样一些电流就会流向其他模组（称为被动平衡），或者停止对电压较高的模组充电，转而对电压较低的其他模组充电（称为主动均衡）。

5）如果在蓄电池存储系统中使用主动冷却或加热过程，蓄电池管理系统可以限制模组的温度。

如前所述，蓄电池管理系统具有电子开关，可在危急和危险情况下断开蓄电池与负载或充电器的连接。换句话说，蓄电池管理系统保护蓄电池免受与蓄电池包内蓄电池相关的可能损坏。蓄电池管理系统运行失败可能会导致严重的问题，包括以下情况：

1）热失控：当蓄电池的温度超过起始温度（蓄电池开始自热的温度）时，蓄电池就会发生热失控。随着蓄电池温度的进一步升高，降解反应以更快的速度发生，最终会释放各种气体，导致蓄电池的点火和燃烧。引发热失控的条件可能是电极之间、集流器之间、负极与集流器之间的内短路。

2）蓄电池容量下降：通过蓄电池的电流和电压分布不平衡会导致蓄电池的劣化过程速度增加，从而导致蓄电池内部的容量衰减。

3）蓄电池失效：蓄电池管理系统对荷电状态和健康状态的错误判断会导致蓄电池过充电或过放电，超过或低于其规定的阈值，从而导致蓄电池失效。

4）负载单元损坏：当通过蓄电池的电流分布不平衡时，负载单元可能会损坏。

5）功率 MOSFET 过热：功率 MOSFET 是一种散热器件。当热量没有从功率 MOSFET 中充分去除时，其温度升高并变得过热，在这种情况下应更换功率 MOSFET，否则可能导致蓄电池包故障。

6）温度传感器故障：这是一种危险的故障，功率 MOSFET 和单体蓄电池的温度无法正确显示。这种情况可能导致蓄电池过热、蓄电池熔化甚至热失控，因此，有必要在蓄电池管理系统中选择合适的高质量温度传感器。

图 6.5 所示为电动汽车中典型的蓄电池包布局。它包括连接到蓄电池包插座的接触器，插座可以是电动机，也可以是电动机控制器。电流接触器是一种特殊类型的继电器，用于接通或断开电路。它产生磁力，机械地操作电触点。预充电路在接触器中，使得电流以受控的方式流动，直到电压上升到非常接近源电压水平时，才允许主接触器闭合。在蓄电池包内部，蓄电池包被安排用于提供目标功率。蓄电池包和接触器中还会使用熔丝来保护蓄电池包免受潜在的破坏性和危险的过电流和过充电情况的影响，另外还有一个与蓄电池管理系统相连的热管理系统。

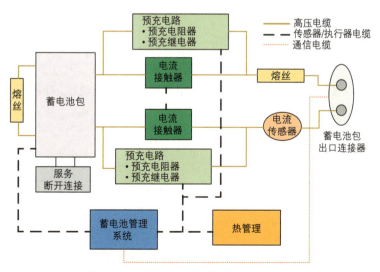

图 6.5　电动汽车中典型的蓄电池包布局

6.3 蓄电池包电气设计

蓄电池储能系统电气设计需要确定或预测蓄电池将受到的时间占空比的电功率。例如，对于能量密集型应用，电功率水平低，而充放电持续时间长；对于强功率应用，电功率水平高，而充放电持续时间相对较短。

蓄电池系统通常具有比所需容量更高的能量容量来补偿由于退化过程而产生的容量衰减。如第 6.1 节所述，确定电化学蓄电池所需的功率能量比是为给定应用设计蓄电池系统的关键步骤之一。除了功率能量比之外，蓄电池设计还需要考虑其他几个电属性，这些包括标称电压、最大电压和最小电压、容量和热特性/要求。在下一小节中描述了蓄电池包内蓄电池的配置。

6.3.1 蓄电池包内单体蓄电池的配置

蓄电池包的标称电压、最大电压和最小电压以及蓄电池容量需要与蓄电池包所连接的传动系统单元相匹配。

蓄电池包中单体蓄电池的配置方式可以是并联的，也可以是串联的。在并联配置中，由于流经蓄电池的电子总数增加，蓄电池包的输出电流和容量增加。对于一个给定的电路，每秒可以从每个单体蓄电池中抽出一定数量的电子，因此，如果两个或多个单体蓄电池并联连接，则它们每秒可以传输的电子数量是并联单体蓄电池之和，随后，电路中的总电流就会增加。在蓄电池包的串联配置中，随着推动电子通过蓄电池包的力增大，蓄电池包的输出电压也随之增大。

此外，蓄电池包可以采用串并联的方式进行连接，从而同时增加蓄电池系统的电压和电流。串并联方式的总电流 I_T 和总标称电压 $V_{T,nom}$ 可按如下方法确定：

$$I_T = \sum_n I_n \tag{6.1}$$

$$V_{T,nom} = \sum_m V_{m,nom} \tag{6.2}$$

式中，n 为行数；m 为列数。行是串联的，列是并联的。另外，$V_{m,nom}$ 为标称蓄电池电压。同样，可以根据单个蓄电池的最大电压和最小电压来确定蓄电池包的最大电压和最小电压。蓄电池包要提供的总能量可以表示为

$$E_{pack,T} = V_{T,nom} Q_T \tag{6.3}$$

式中，Q_T 为蓄电池容量（A·h）。

蓄电池模块和蓄电池包中主要有两种并联/串联配置：

1）串并联（SP）配置：首先将蓄电池串接，然后将串联柱并联，如图 6.6a 所示。这种配置的一个优点是，在任何串联列出现故障的情况下，都可以从蓄电池系统中电移除。尽管有这样的优势，但在电动汽车等一些应用中，SP 配置的使用仍然存在很大的问题。这种担忧与蓄电池之间电压的不均匀分布有关，这导致蓄电池之间的内部电流流动以平衡它

们。即使使用具有相同标称电压的相同单体蓄电池,在蓄电池系统运行一段时间后,单体蓄电池之间也有可能产生电压偏差。随着单体蓄电池之间的内部电流流动,单体蓄电池会经历瞬间的充放电,这会损坏单体蓄电池,降低蓄电池寿命。因此,SP 配置不适合许多蓄电池存储系统应用,特别是当需要大量单体蓄电池时。

2)并串联(PS)配置:在这种配置中,单体并联连接形成模块,然后并联行连接串联以产生更高的电压,如图 6.6b 所示。与 SP 配置不同,PS 配置得益于通过蓄电池系统创建电路平衡连接,因为与 SP 设计相比,PS 配置的电阻相对较低。此外,PS 配置在单节蓄电池故障的情况下提供了蓄电池系统运行的部分功能。因此,蓄电池系统的理想电气设计基本上是将蓄电池连接到模组,然后将模块连接到蓄电池包。在这样的设计中,将蓄电池并联连接(用金属棒),形成放置在金属板上的模块,然后将模块串联起来,形成蓄电池包。

此外,还可以同时集成并联 - 串联 - 并联(PSP)连接,形成另一种配置,如图 6.6c 所示。这种配置通常用于极端大规模的应用程序,与 PS 和 SP 配置相比,成本和复杂性更高。有一些因素决定了这些配置的优先级,包括电线的复杂性、成本、在蓄电池故障情况下以部分功能运行的能力以及安全问题之间的权衡。

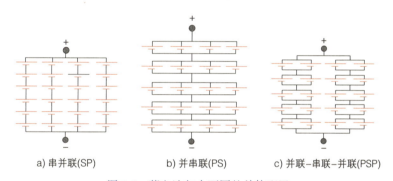

a) 串并联(SP)　　　b) 并串联(PS)　　　c) 并联-串联-并联(PSP)

图 6.6　蓄电池包中不同的单体配置

6.3.2　蓄电池包的电气故障

一般来说,当蓄电池包系统出现电压/电流不平衡时,通常表明蓄电池包的电气设计不佳。蓄电池包中持续的不平衡会使存储容量恶化,降低蓄电池包的使用寿命,因此,应该有效地进行蓄电池存储系统的电气设计。

应该注意的是,选择合适的导体连接蓄电池包内的蓄电池是很重要的,特别是在蓄电池存储系统涉及大电流的情况下。导体中的电阻会导致蓄电池包中的电压下降。即使两条电路之间的电阻差很小,也会导致整个蓄电池包的压降差异。这就造成了蓄电池之间电流分布的不平衡,因为有些蓄电池比其他蓄电池接收到更多的电流。此外,蓄电池包中连续模组间的单个连接会产生不同的路径,在这些路径中,更多的电流通过更短的距离,从而具有更小的电阻。因此,为了在 PS 配置的单个模组中在蓄电池之间建立均匀的电流分布,建议在模组间建立多个连接,而不是单个连接,如图 6.7 所示。

在 PS 配置中,当模组中与其他蓄电池并联排列的一个蓄电池成为开路时,模块中其余蓄电池继续工作,但模组容量下降了一个蓄电池容量,从而降低了整个蓄电池包的容量。

如果模组中的故障不固定,则由于模组中的其他蓄电池以更高的速率充电/放电,可能会在蓄电池包中发生额外的容量衰减,从而加速蓄电池单元内部的衰退。

PS 配置中可能发生的另一个故障是模组中的一个单体短路。在这种情况下,模组的输出电压变为零,从而导致整个蓄电池包的容量大幅降低。在这种情况下,与蓄电池包相连的传动系单元只能在低负载条件下运行,在低负载条件下,所需的电压比高负载条件下要小。然而,短路问题进一步降低了蓄电池包的容量。需要注意的是,在开路问题中,与更换单个蓄电池相比,包括更换模组在内的维修过程要容易得多。

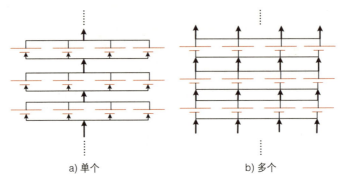

a) 单个　　　　　　　　b) 多个

图 6.7　蓄电池组间的连接类型

最后,两个模组间串行连接的故障会导致整个蓄电池包的运行故障。这可能需要更换刚性和扁平的导体,即携带电流的母线。母线是一根坚固的金属棒,通常由铜或铝制成。

为了防止蓄电池系统中单体蓄电池、蓄电池组或蓄电池包发生本节所述类型的故障,必须使用蓄电池管理系统,因为它监控并提供蓄电池的电压、电流和温度数据,并在轻微故障情况下平衡电流/电压分布,或在严重情况下停止蓄电池运行。

6.4　蓄电池包的机械设计

合适的蓄电池包机械设计为极端条件提供安全的结构、低成本、高生产率和可靠性,易于组装和服务。合适的机械设计通常会使蓄电池包结构紧凑、质量轻。蓄电池包的设计还应考虑到蓄电池排气的安全出口,并包含可能出现的蓄电池故障。此外,蓄电池包的设计应考虑到气体的流动路径热管理系统(例如,采用翅片或冷板冷却)。

图 6.8 所示为蓄电池包组件。现在对这些组件进行描述:

1)绝缘垫放置在串联连接的模组之间,以防止漏电流(后续模块之间的本地电流环路)。不建议在模块内并联蓄电池之间使用绝缘垫,因为绝缘垫既有导热性,又有导电性。这意味着,在使用绝缘垫的情况下,蓄电池单元中产生的热量不能从模块中散发出去,因此也不能从蓄电池包中散发出去。

2)端板负责将蓄电池包内的蓄电池和模组固定在一起,并保护蓄电池免受振动。

3)侧条用于将端板固定在一起。侧条和端板的基本功能是约束蓄电池的运动,并在蓄电池表面施加一定的压力,以防止蓄电池出现鼓包现象。这样做可以延长单体蓄电池的寿命。

4)蓄电池包中需要冷却板,以将蓄电池的温度保持在所需的工作范围内。

5)一般情况下,蓄电池和模组通过母线连接在一起。母线是一种金属(铜或铝)带或排,用于电流分配。换句话说,为了有效地传输电流,蓄电池和模组的串联和并联连接需要母线。母线不应该在蓄电池包中移动,因为这会导致蓄电池短路。母线架可以用来固定母线。

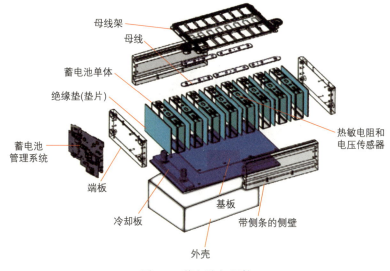

图 6.8 蓄电池包组件

6)温度传感器(热敏电阻)和电压传感器连接到蓄电池管理系统,以传输温度和电压数据,蓄电池管理系统根据这些数据做出所需的操作。

7)线束用于信号和能量的有效流动。线束保护电线免受振动、潮湿和磨损的影响,降低电气短路的风险。

8)蓄电池管理系统可被视为蓄电池包的心脏。蓄电池管理系统与蓄电池包中的其他电气单元(如传感器)进行通信,以接收有关通过蓄电池的温度、电压和电流分布的信息。蓄电池管理系统还与蓄电池包外的单元(如电机和控制器)连接,以命令必要的操作。

9)外壳主要用于保护蓄电池包不受外界环境的影响,防止水、潮湿或灰尘进入蓄电池包内。这些环境因素可能会增加母线连接和蓄电池内部的电阻,从而导致蓄电池内部短路或产生更高的热量,从而缩短蓄电池包的使用寿命。此外,外壳保护整个蓄电池包,包括模组、蓄电池和其连接,免受突然冲击,如电动汽车碰撞时可能发生的冲击。

机械设计的主要考虑因素如下:

1)材料选择。
2)单个蓄电池容纳的基板设计。
3)蓄电池运动约束和控制。
4)单体蓄电池表面的均匀压力。
5)用于整体保护的外壳设计。
6)母线设计。
7)封装限制(例如,蓄电池包的可用空间)。

一般来说,材料选择的标准是成本效益高、可用性广、强度好、无毒。在下一节中,将全面介绍蓄电池包的主要作用力,以及基板的设计程序和标准。

6.4.1 应力-应变理论

蓄电池组上的主要作用力如图 6.9 所示。它们包括作用在侧条上的拉力、作用在端板和基板上的弯曲力以及作用在焊接接头上的剪切力。拉力作用在侧条上拉动端板,从而在单体蓄电池表面产生一定的压力。弯曲力与蓄电池组在基板上的重量有关。当母线焊接在蓄电池端子上时,蓄电池的任何移动都会对焊接接头产生剪切力。

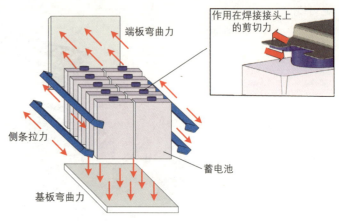

图 6.9 蓄电池组上的主要作用力

一般来说,有五种类型的基本载荷,包括压缩、拉伸、剪切、扭转和弯曲。图 6.10 显示了作用在元件上的 5 种力。此外,应力是单元体对施加于其单位横截面面积的外部载荷所提供的内阻。也就是说

$$\sigma = \frac{F}{A} \tag{6.4}$$

式中,σ 为应力;F 为力;A 为原始横截面面积。使用原始横截面面积的原因是,对元件施加外部载荷会使元件伸长,从而改变其原始形状的横截面面积。

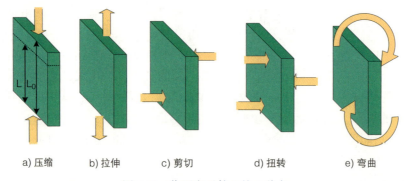

图 6.10 作用在元件上的 5 种力

由于力作用在元件上,垂直于横截面面积的元件的长度会发生一些变化。元件的这种变形是由施加的应力引起的应变。它可以表示为

$$\varepsilon = \frac{L - L_0}{L_0} \tag{6.5}$$

式中,ε 为应变;L 为加载后长度;L_0 为初始长度。术语上,应变表示模块的弹性,并表示单元可以压缩、拉伸、扭曲或弯曲等的程度。

6.4.2 基板的设计

基板的最低要求是能承受单体蓄电池和其他部件的重量，不发生开裂或极端弯曲。如果基板的弯曲程度过大，则基板无法约束单体蓄电池。这将导致蓄电池的移动，从而导致蓄电池的损坏和母线的运行故障。

在确定基板尺寸时，通常假定蓄电池组的重量均匀分布。此外，忽略振动的影响（在第 6.4.3 节中讨论），蓄电池的重力是母线上唯一的主要作用力。根据蓄电池组中蓄电池的排列，可以得到底板的长度和宽度，但基板的厚度需要更广泛的工程计算。基板的厚度可以根据负载（单体蓄电池重量超过基板总面积）和基板选用的材料得知。

有一种选择基板材料的技术，称为阿什比方法（Ashby，2017）。该方法基于目标函数，在这种情况下，目标函数是成本、强度、重量和绝缘性能。在该方法中定义了选择蓄电池包基板材料的流程，如图 6.11 所示。在这里，翻译意味着目标函数的定义（即强度、成本和重量）。在筛选步骤中，定义目标函数的最大化或最小化（即最大强度、最小成本和最小重量）。在这一步骤中，可以筛选一些材料，然后根据设计师的经验和其他理想因素从列表中删除。这有助于缩短可用于基板施工的材料清单。

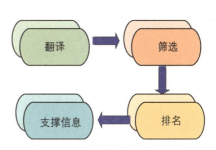

图 6.11　在阿什比方法中选择蓄电池包基板材料的流程

或者，所有目标函数都可以转换为最大化或最小化定义，例如成本最小化意味着 1/成本要最大化。在这种情况下，目标是最小化与弹性模量（也称为杨氏模量）成正比的基板的挠度，杨氏模量是应力与应变 Y 的比值。此外，杨氏模量与板厚 t 成反比（即 $Y \propto 1/t^3$）。因此，为了使基板的挠度最小化，应使应变的 1/3 次幂最大化。因此，基板的材料指标可以根据 $Y^{1/3}$ 的最大化、成本和密度的最小化来定义，可以写成（Ashby，2017）

$$\text{基板材料指数：最大化} \frac{Y^{1/3}}{C\rho} \quad (6.6)$$

式中，C 为材料成本；ρ 为材料密度。

在排名步骤中，根据最大材料指数对材料进行排名。支撑信息步骤用于两种或两种以上材料的指数大致相同；然后在材料筛选步骤中可以考虑绝缘性能等其他目标（即次要目标），以排除不需要的材料。例如，当铝和丙烯腈-丁二烯-苯乙烯（ABS）塑料具有相同的排名（相同的材料指数）时，可以考虑其他目标，如散热能力，因此铝将是首选材料，因为它比 ABS 塑料具有更高的导热性。表 6.2 在成本、密度和杨氏模量方面比较了低碳钢和铝 6061 两种材料。可以看出，低碳钢的材料指数要高于铝 6061。因此，选用的材料（即低碳钢）的性能用于板材的厚度计算。

根据上述方法，可以选择材料作为基板。下一步就是确定基板的厚度。根据板弯曲理论中的基尔霍夫（Kirchhoff）方程，最大挠度和最大应力可分别表示为（Young 和 Budynas，2020；Shanmugam 和 Wang，2007）

$$\gamma_{\max} = \frac{-\alpha q b^4}{Et^3} \quad (6.7)$$

$$\sigma_{max} = \frac{-\beta q b^2}{t^2} \qquad (6.8)$$

式中，q 为载荷（在这种情况下，载荷为蓄电池的重量除以板的面积）；b 为板的宽度；t 为板的厚度；E 为杨氏模量；α 和 β 为参数，是根据长宽比（ar）确定的，其定义为长度 a 与宽度 b 的比值（即 ar = a/b）。α 和 β 的值可以根据其他地方的设计数据找到（Young 和 Budynas，2020；Shanmugam 和 Wang，2007；Belkhodja 等，2020）用于不同形状和材料的板。此外，挠度可以是基于所需设计条件的约束。例如，它可以将向下的最大挠度限制在不超过某个值（在许多应用中通常不超过 3nm）。

表 6.2 低碳钢和铝 6061 在成本、密度和杨氏模量方面的比较

参数	材料	
	低碳钢	铝 6061
密度 /(kg/m^3)	7850	2700
杨氏模量 /GPa	210	68.9
材料价格 /($/kg)	0.32	3.69
材料指数	21.8 × 10^{-3}	5.34 × 10^{-3}

接下来，根据式（6.7）计算出的基板厚度，可以用式（6.8）确定最大应力。最大应力不应超过给定材料的许用弯曲应力。在我们想要降低底板厚度的情况下，在保持底板强度的同时，可以用几根肋或横梁来支撑基板。

除了基板的设计考虑外，端板的适当设计对于单体蓄电池间的最佳压力分布也是必要的。在蓄电池的表面施加压力可以提高蓄电池的使用寿命，因为它可以防止蓄电池膨胀。通常情况下，蓄电池制造商会提供一个最佳的压力范围，该压力范围应该施加在蓄电池表面，以使蓄电池长期工作。例如，对于锂离子圆柱形蓄电池来说，需要少量的外部压力，通常为 10~20kPa，而圆柱形蓄电池在不需要外部压缩的情况下保持果冻卷（一种蓄电池组件，其中电极的长线圈缠绕在中心电芯上）的压力（Santhanagopalan 等，2014）。压力应由侧条和端板施加，如图 6.12 所示。因此，适当的端板厚度和侧条尺寸对于最佳压力的均匀分布非常重要。

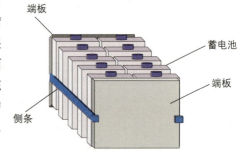

图 6.12 使用侧条和端板对蓄电池组中的蓄电池施加压力

6.4.3 隔振

蓄电池组的设计应能隔离不良振动对蓄电池的传递，特别是在蓄电池的可移动设备应用中（例如，电动汽车）。传递到单体蓄电池的振动频率通常等于或小于 100Hz（Watanabe 等，2012）。由此产生的母线和端子连接器上的动态机械载荷可能导致外壳的电气连续性损失和疲劳失效。此外，当蓄电池结构的固有频率接近 100Hz 的频率范围时，可能会引起危险的问题，这会导致共振及蓄电池分层并缩短蓄电池寿命。使用一些标准测试，以及实际条件的负载来确定振动和冲击如何影响可移动设备应用中的单体蓄电池（Brand 等，

2015)。因此,需要对电子子系统进行适当的隔振,以防止电动汽车/混合动力汽车中蓄电池组的耐用性失效。

当电动汽车/混合动力汽车开始在道路上行驶时,会将低频的连续垂直振动传递给蓄电池组。此外,电动汽车/混合动力汽车在坑洞、凹凸不平的路面和桥台上移动会产生冲击,主要引起垂直振动以及一些横向振动。因此,需要垂直和横向支撑来稳定蓄电池组中的单体蓄电池,为了实现这一点,需要在蓄电池组的上表面施加压力。

除了外壳外,在蓄电池组的构造中也经常使用内壳。内壳可以用高分子材料制成,在蓄电池组周围提供一层绝缘层。内壳是顶部和底部外壳的组合,由放置在单体蓄电池间的垫片约束。通常在这些垫片中使用沉头螺钉将上下壳拉在一起,如图6.13所示。

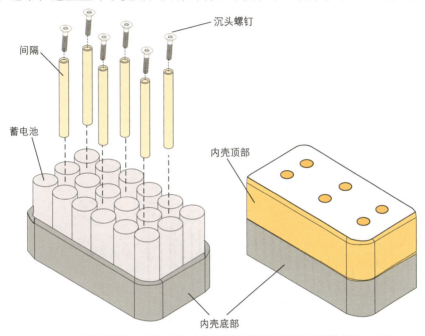

图 6.13 圆柱形蓄电池组内壳(垫片用沉头螺钉将上下壳体拉在一起)

为了保护内壳免受振动和冲击,可以在内壳边缘安装 L 形装置,以吸收振动并提供阻尼,如图 6.14 所示,然后将整个封装(安装件和内壳)放置在外壳内部。

另一种设计,是使用盖-垫-托盘固定装置来支撑电动汽车蓄电池组内的单体蓄电池,如图 6.15 所示(Zhou 等,2009)。该框架由四个横梁组成,这些横梁与蓄电池组的四面接合。使用张紧螺栓将框架与蓄电池组连接起来。两种类型的平垫和 L 形减振垫用于吸收沿垂直方向的振动,防止模块向上和向下移动。这些减振垫由防滑材料制成,以提供足够的摩擦力来消除运动。L 形减振垫位

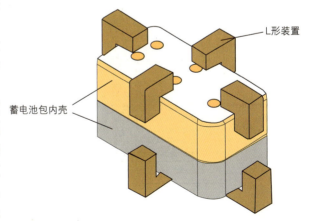

图 6.14 L 形装置安装在内壳上,吸收振动并提供阻尼

于每一个角连接处并压紧框架结构,推动蓄电池模块在一起。扁平形状的减振垫放置在各独立模组之间,以及相邻蓄电池组相对侧的上下角。在组装完框架后,紧固张紧螺栓,将模组相互压缩,并挤压位于模组之间的垫片,以防止任何移动。

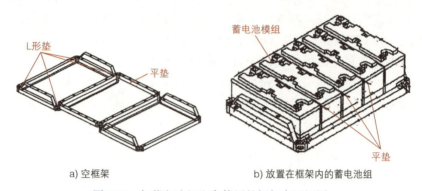

a) 空框架　　　　　　　　b) 放置在框架内的蓄电池组

图 6.15　与蓄电池组配套使用的框架布置视图

还可以在蓄电池组中使用安装架,以均匀分配车辆重量并保持较低的重心。图 6.16 所示为典型安装架的设计(Iwasa 等,2011)。在安装架前部的两个矩形区域内,单体蓄电池按垂直方向布置,使长侧放置在电动汽车的横向,短侧放置在纵向。在安装架的后方区域,

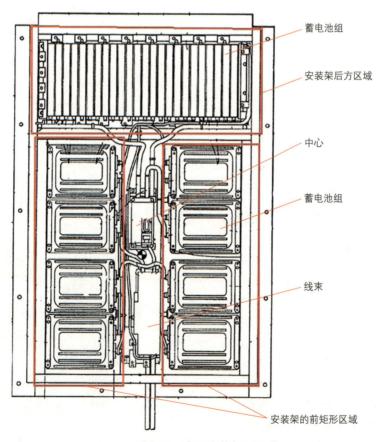

图 6.16　典型安装架的设计

将单体蓄电池按最短的一侧放置在电动汽车的横向方向进行布置，其中，放置在安装架后方区域的单体蓄电池重量等于放置在车架前部区域的单体蓄电池重量。在这种情况下，蓄电池组的重心位于电动汽车的后部，当电动机、逆变器和蓄电池充电器放置在车厢前部时，可实现质量的平衡，这种安装架可以适用于座椅布局不同的车辆。通过确定最佳的质量分布，无须对安装架的尺寸进行重大更改，通过改变蓄电池组的数量就可以改善隔振效果。

6.5 蓄电池组的热设计

蓄电池组的热设计对于保持其在安全有效的工作温度范围内非常重要。热失控是蓄电池安全运行的主要问题之一，特别是在电动汽车/混合动力汽车等可移动设备应用中。热失控可能是由蓄电池结构中存在的化合物中的杂质、不适当的充放电（例如，快速充电或低于规定限值的放电）或无效的蓄电池热管理引起的。热失控的指标之一是单体蓄电池温度的快速升高。另一个指标是气体泄漏；如果在蓄电池组中安装了适当的通风装置，则可以将这种气体泄漏从蓄电池组中排出。蓄电池温度超过其最佳值的快速上升直接影响蓄电池中发生的电化学反应，从而降低蓄电池的效率、单体蓄电池可接受的电量，以及蓄电池的功率和可用容量。所有这些因素最终都会缩短蓄电池的使用寿命。此外，在热失控的情况下，单体蓄电池和蓄电池组材料可能会失去强度，一些内部组件如母线可能会熔化。因此使用有效和高效的蓄电池组热设计是有必要的。

蓄电池组的热设计应该导致热管理系统紧凑、重量轻、易于包装和维修、能耗低、成本低。有效的蓄电池组热设计可以保持蓄电池组的最佳温度，从而增加蓄电池的使用寿命。

蓄电池组热设计的另一个主要目的是在蓄电池组之间提供均匀的温度分布，从而消除蓄电池组中的局部热点。整个蓄电池组的温度分布越均匀，单体蓄电池的寿命就越长。蓄电池组的热设计应使所有蓄电池都有足够的传热表面（在边缘、中间或角落）暴露于冷却介质，通过冷却介质可以有效地去除蓄电池内部产生的热量。

图6.17所示为温度对电动汽车锂离子蓄电池功率的影响。可以看到，相对较高的温度会导致锂离子单体蓄电池衰退更快。因此，蓄电池的冷却对于蓄电池的持续运行是必要的，特别是在快速充电、炎热天气和中等到大电流需求的情况下。此外，由于单体蓄电池的内阻相对较高，低工作温度会降低功率和能量能力。因此，在低工作温度条件下，蓄电池的

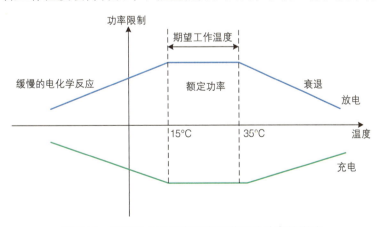

图6.17 温度对电动汽车锂离子蓄电池功率的影响

充电和放电需要对单体蓄电池进行加热,以保持单体蓄电池温度在期望的范围内(例如,锂离子蓄电池的温度在 15～35℃之间)。

对于蓄电池组的热设计,应该确定蓄电池组内部产生了多少热量。在蓄电池单元内部产生的热量主要来自对电化学反应的阻力(即热量)、对电子流动的阻力(即焦耳热或欧姆热),以及对电解质中离子运动的阻力。在第 2～4 章中大量描述了单体蓄电池中的产热。蓄电池组中的其他元件也会产生热量,例如母线和蓄电池管理系统,主要是由于这些元件的内部电阻(即焦耳热)。当电流 I 流经具有内部电阻 R 的任何元件时,其焦耳加热速率可表示为

$$\dot{Q}_J = I^2 R \tag{6.9}$$

由式(6.9)可以推断,元件中的焦耳加热速率取决于充放电速率,以及元件的内阻。单体蓄电池的内阻取决于工作温度、放电深度和开路电压。对于母线和蓄电池管理系统(包括功率 MOSFET、接触器等),内阻主要取决于工作温度。通过确定蓄电池组内产生的总热量,可以找到应该从蓄电池组中移除或添加多少热负荷。接下来,提供了蓄电池组内热负荷测定的示例。

6.5.1 示例:蓄电池组中的热负荷测定

考虑一个包含两行平行的蓄电池组,每行由 16 个串联连接的柱状蓄电池组成(即 2P16S)。这些棱柱形蓄电池的特征参量见表 6.3。如果在 1C(放电倍率)下将蓄电池组从 100% 放电到 20%(SOC),计算蓄电池组产生的热量和排出的能量。同时,将放电过程中以热量形式损失的能量与蓄电池组总能量进行比较。

表 6.3 棱柱形蓄电池的特征参量

参数	数值
额定容量	15A·h
额定电压	3.65V
内阻	10mΩ

解决方案:

为了确定单体蓄电池内的产热率,假设大部分产生的热量与焦耳热有关,其他贡献者可以忽略不计。因此,蓄电池组中单体蓄电池内的总产热率可以写成

$$\dot{Q}_{J,T} = N_B I^2 R \tag{6.10}$$

式中,N_B 为单体蓄电池总数(即 N_B = 32);I 为放电时从单体蓄电池吸取的电流;R 为单体蓄电池的内阻。1C 的放电电流可以在 1h 内将充满电的蓄电池完全放电。因此,在 1C 放电时,从单体蓄电池中抽出的电流将是 15A。代入式(6.6)中的电流、内阻和蓄电池数量的值,得到蓄电池组中蓄电池的总发热率,即

$$\dot{Q}_{J,T} = 32 \times 15^2 A^2 \times (10 \times 10^{-3})\Omega = 72W \tag{6.11}$$

蓄电池组损失的热量可以确定为

$$Q_{J,T} = \dot{Q}_{J,T} \times t \tag{6.12}$$

可以假设,时间与放电倍率之间存在线性关系。这意味着,当单体蓄电池在 1C 下

1h（3600s）完全放电（从100%到0%）时，将在0.8h（2880s）内从100%放电到20%。这样，就可以确定2880s期间产生的热量：

$$Q_{J,T} = 72W \times 2880s = 207.36 \times 10^3 J = 207.4 kJ \quad (6.13)$$

通过比较单体蓄电池中产生的热量与蓄电池组产生的总能量（包括热能和电能）（即 $N_B \times V \times I \times t = 32 \times 3.65V \times 15A \times 2880s = 5045.8kJ$），可以观察到总能量的4.1%作为热量在单体蓄电池中损失（即 207.4kJ/5045.8kJ × 100% = 4.1%）。因此，在1C下SOC从100%到20%的放电过程中，发现蓄电池组总能量的4.1%作为热量损失，这是由于单体蓄电池内部的内阻。如果不将这部分热量从蓄电池组中去除，很可能会导致蓄电池组的工作温度迅速升高。需要注意的是，可以通过降低放电倍率（即0.1C）或选择其他在内阻方面具有更好化学性质的蓄电池来降低单体蓄电池中的产热率。

6.5.2 蓄电池热管理系统

蓄电池组的热设计包括设计一个有效、高效的蓄电池热管理系统。蓄电池热管理系统负责为蓄电池组以及蓄电池组中的其他元件提供有效的冷却或加热，以保持工作温度在期望的范围内，即蓄电池组运行安全高效的温度范围内。蓄电池热管理系统的优化设计可以潜在地延长蓄电池组的使用寿命。蓄电池热管理系统一般分为主动式和被动式两类。热管理的主动模式包括空气基、液体基、制冷剂基系统或其组合。被动热管理系统通常包括基于相变材料的系统，其可以基于液气或固液相变过程。图6.18所示为蓄电池热管理系统的主要类型。在第5章已经全面介绍了各种蓄电池热管理系统及其工作原理、应用、优点和缺点。

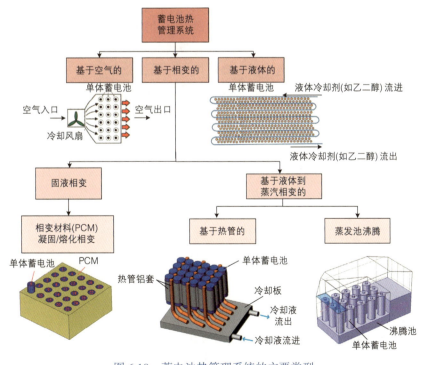

图6.18 蓄电池热管理系统的主要类型

大多数基于空气的蓄电池热管理系统都是基于强制对流气流设计的，因此这是本节的重点。在基于空气的蓄电池热管理系统中，通常使用风扇或鼓风机使蓄电池周围的空气循环，然后将其排出到环境中。这些系统成本低、配置简单、易于维护。通常，基于空气的蓄电池热管理系统能够为中等冷却负荷应用提供冷却。

与基于空气的蓄电池热管理系统相比，基于液体的蓄电池热管理系统能够去除相对较高的热负荷，特别是在高充放电倍率运行条件下。这是因为工作流体是液体（通常是水或乙二醇/水混合物），其对流换热系数高于空气 [即 $20W/(m^2·K) < h_{air} < 100W/(m^2·K)$ 和 $300W/(m^2·K) < h_{water} < 3000W/(m^2·K)$]。在基于液体的蓄电池热管理系统中，需要冷水机来冷却水，这需要使用大量的能量。液体冷却系统是电动汽车和混合动力汽车最常用的蓄电池热管理系统。

基于相变材料的蓄电池热管理系统包括基于固液相变和液气相变的系统。传统上，相变材料更常用于固液相变，因此本章主要讨论这种类型。因此，本章将相变材料视为在相变温度下分别通过熔化和凝固来吸收和释放能量的物质。以液气相变为基础系统，热管可用于通过传热流体将热量从蓄电池传递到冷凝器，或者蓄电池可以直接浸入固定的液体传热流体中。前者被称为热管型蓄电池热管理系统，后者被称为蒸发池沸腾型蓄电池热管理系统。

此外，基于相变材料的蓄电池热管理系统包括基于固液相变/液气相变的蓄电池热管理系统，与基于空气和基于液体的蓄电池热管理系统相比，它能够在高充放电倍率运行条件下去除高热负荷。在消耗电能来提供冷却效果的基于制冷剂的系统中，制冷剂会经历一个相变过程，在这个过程中，制冷剂会吸收蓄电池单元中产生的高热负荷。当使用环保且价格低廉的制冷剂并控制制冷循环中的泄漏时，该系统可以为电动汽车提供高效的热管理系统。

基于相变材料的蓄电池热管理系统具有相对较高的能量密度，并且在同等质量的基础上，相对于其他热管理系统，可以从蓄电池单元吸收大量的热量。此外，基于相变材料的蓄电池热管理系统可以在整个蓄电池组中提供均匀的温度分布。这样的热管理系统可以被认为是被动的，因为它们可以储存和/或释放大量的热能，而不需要额外的能量消耗。然而，这类系统中使用的固液相变材料（如石蜡）导热系数低，吸收热量时会膨胀。因此，一些金属棒可以用于基于相变材料的蓄电池热管理系统，以提高系统的导热性。此外，应该为相变材料分配额外的容量，以用于扩展。在基于相变材料的蓄电池热管理系统中一个值得关注的问题是相变材料的熔点。当一个特定的相变材料的熔点低于环境温度时，它会从环境中吸收热量，熔化并失去冷却蓄电池的能力。

其他类型的蓄电池热管理系统已经基于上述三个主要类别的选择性集成而开发出来，这些被称为混合或集成蓄电池热管理系统。例如，基于相变材料的系统可以与基于液体或基于空气的系统集成。在这个组合系统中，基于相变材料的系统从一组蓄电池中吸收热量，然后由基于液体或基于空气的热管理系统冷却。通常，通过这种集成热管理系统可以实现均匀的温度分布，通过给蓄电池提供均匀的冷却，使蓄电池的温度保持在所需的工作状态。

在包括船舶、航空和道路车辆在内的蓄电池系统的所有移动应用中，单体蓄电池的热管理是车辆设计中的一个重要因素。蓄电池热管理系统将蓄电池温度保持在期望的工作范围内。关于蓄电池热管理系统的研究很多。例如，最近报道了几项针对基于空气的

（Zhang 等，2021；Lin 等，2021）、基于液体的（Kalaf 等，2021；Rao 等，2017）、基于固液相变的（Chen 等，2021；Malik 等，2016），以及基于液气相变的（Al-Zareer 等，2019；Wang 等，2016）蓄电池热管理系统研究。一篇关于新型蓄电池热管理系统的有益综述已经被报道（Al-Zareer 等，2018）。

6.5.3 蓄电池热管理系统的选择

在前一节中，介绍了各种类型的蓄电池热管理系统。现在，重要的是要确定哪些类型的系统适合在特定的应用中使用。对于给定的应用，选择合适的蓄电池热管理系统有很多标准。例如，对于电动汽车来说，蓄电池组中蓄电池单元的产热率、紧凑性、重量、有效的冷却/加热效果和成本等因素是选择合适的蓄电池热管理系统的重要标准。在这些因素中，在选择电动汽车的热管理系统时，蓄电池组的产热率是一个决定因素。蓄电池热管理系统应该能够将单体蓄电池维持在安全有效的温度范围内。下面将介绍一种基于蓄电池组中的产热率选择蓄电池热管理系统的方法。

根据蓄电池内部的产热率确定合适的蓄电池热管理系统的关键步骤是评估蓄电池和传热介质之间有效对流传热过程所需的传热系数，可以根据热阻和等效热回路来确定。热阻概念指出，当热量在两个温度不同的点之间流动时，这两个点之间的热流存在阻力。

热流可以类比成一个电路，其中热流用电流表示，温度用电压表示，热源用恒流源表示，热阻用电阻器表示，热容用电容器表示。元件的一般热阻 R 可以写成传热速率 $\dot{Q}$ 和两点温差 ΔT 的比值：

$$R = \frac{\Delta T}{\dot{Q}} \tag{6.14}$$

一般来说，在传导、对流、辐射3种传热模式中都可以观察到热阻。例如，当单体蓄电池与用于冷却或加热目的的传热流体接触时，如图 6.19 所示，这些传热模式的等效热阻分别可以表示为

$$R_{\text{cond}} = \frac{L}{kA} \tag{6.15}$$

$$R_{\text{conv}} = \frac{1}{h_{\text{conv}}A} \tag{6.16}$$

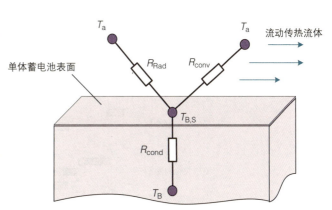

图 6.19 与传热流体接触的单体蓄电池的电路类比

$$R_{\text{Rad}} = \frac{1}{h_{\text{Rad}}A} \tag{6.17}$$

式中，L 为发生传热元件的厚度；k 为导热系数；A 为蓄电池面积；h_{conv} 和 h_{Rad} 分别为对流传热系数和辐射传热系数，可以写成

$$h_{conv} = \frac{q_{conv}}{(T - T_a)} \quad (6.18)$$

$$h_{Rad} = \frac{q_{Rad}}{(T - T_a)} = \varepsilon\sigma(T^2 + T_a^2)(T + T_a) \quad (6.19)$$

式中，q_{conv} 和 q_{Rad} 分别为对流热流通量和辐射热流通量；T_a 为环境温度；T 为表面温度，σ 为波尔兹曼常数；ε 为表面发射率。

理想情况下，可以假设蓄电池内部的温度分布是均匀的，这意味着整个蓄电池单元的温度是恒定的（在 T_B 处），因此蓄电池中不会有导热。此外，与对流传热相比，辐射传热微不足道。然后，基于蓄电池的能量平衡，蓄电池内部产生的所有热量都通过对流传递给传热流体，即

$$\dot{Q}_{gen} = \dot{Q}_{conv} \quad (6.20)$$

基于式（6.14）和式（6.16），与对流相关的热阻可表示为

$$R_{conv} = \frac{1}{h_{conv}A} = \frac{T_B - T_a}{\dot{Q}_{conv}} = \frac{T_B - T_a}{\dot{Q}_{gen}} \quad (6.21)$$

通过确定单体蓄电池内的产热率（见 6.4.2 节），传热系数可由式（6.17）确定。基于特定设计条件下的实验研究，已经开发出了传热系数与对流传热方法（即强制对流/自然对流、水循环或沸腾传热）之间关系的各种图形和其他表示形式。

图 6.20 所示为不同对流传热方法的传热系数。例如，回想一下第 6.5.1 节中的示例。发现蓄电池组的产热率为 72W。在温度为 45℃ 的情况下，考虑环境温度为 35℃，对流表面积为 0.168m² 的单体蓄电池间传热系数为 42.85W/(m²·℃) = 72W/[(45℃ –35℃) × 0.168m²]，当传热系数作为选择蓄电池热管理系统的唯一主要标准时，由图 6.20 可知，适宜的热管理方式为强制对流。

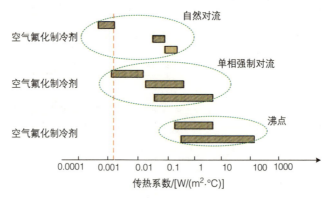

图 6.20　不同对流传热方法的传热系数
（数据取自许多文章和网站，代表了各种对流传热方法的典型范围）

6.6 设计整合与总结

图 6.21 所示为蓄电池组设计阶段。蓄电池组中的蓄电池排列遵循并串联（PS）和串并联（SP）配置。图 6.21 的结构选项卡下列出了热设计、机械设计和电气设计所需的设备。此外，每种设计中的安全考虑都位于蓄电池组设计的安全阶段。负责检查和监控蓄电池组特性的控制单元是蓄电池管理系统的一部分。最后一个阶段与应用程序相关，其中包括不同子系统之间的接口以及监测和遥测服务，这些服务允许对所有蓄电池运行参数进行实时监测。遥测技术在许多蓄电池操作的无线系统中使用，当蓄电池电量达到低点、蓄电池寿命接近尾声时，遥测技术会通知监控人员。遥测技术实时提供与蓄电池组相关的数据（例如蓄电池寿命）。通过监测蓄电池的状况并确保其在整个车辆使用寿命内都能正常运行，从而实时提供与蓄电池组相关的数据（例如 SOC、深度充电或已放电的能量）。

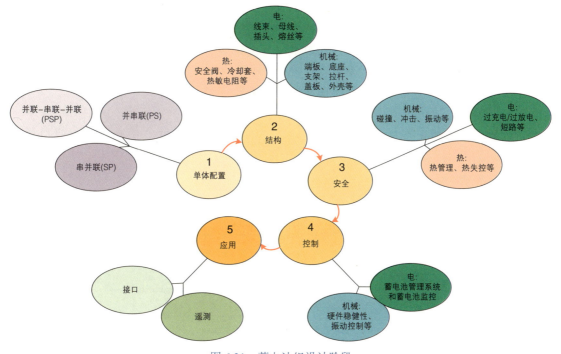

图 6.21 蓄电池组设计阶段

6.7 结束语

本章描述了蓄电池系统设计的主要过程步骤，包括蓄电池管理系统的设计，以及电气设计、机械设计和热设计以及安全和成本考虑。除了谨慎选择单体蓄电池中使用的材料外，还可通过蓄电池组的优化设计延长了蓄电池组的使用寿命，并为蓄电池组的安全可靠运行提供了保障，因为这样做可以减少电流分布不均匀、放电/充电控制不良和故障风险。

蓄电池管理系统负责在系统运行过程中监测蓄电池的电流、电压和温度，并在任何这些运行参数超过其限制值时停止蓄电池系统的运行。此外，该系统还使用电流、电压和温度数据来确定蓄电池组的荷电状态和健康状态。蓄电池组的适当电气设计可以准确评估蓄电池需要为给定应用提供的电力，以及蓄电池单元之间的平衡电流/电压分布。合适的蓄电池组机械设计为极端条件（例如振动、冲击）提供了安全的结构、最小的成本和重量、最大的可靠性和紧凑性。蓄电池组机械设计的主要目的之一是在蓄电池组表面提供最佳压力，以避免蓄电池膨胀，同时保护蓄电池免受振动并解决其他安全问题。蓄电池组的有效热设计有助于整个蓄电池单元的温度分布均匀，并通过有效地去除蓄电池单元内部产生的热量，将温度保持在最佳范围内。

问题与思考

6.1 蓄电池组系统的主要设计过程是什么？
6.2 蓄电池管理系统的核心功能是什么？
6.3 功率 MOSFET 在蓄电池组设计中的主要功能是什么？
6.4 一组蓄电池主要有哪两种配置方式？描述每种配置的优点和缺点。
6.5 蓄电池组的机械设计主要考虑哪些因素？
6.6 在设计蓄电池热管理系统时应该考虑哪些标准？
6.7 比较基于制冷剂和基于液体的蓄电池热管理系统。
6.8 如何选择适合的蓄电池组热管理系统？
6.9 考虑 6.5.1 节的示例，并计算当包含 28 个单体蓄电池且每个蓄电池单元的内阻为 12mΩ 时，蓄电池组产生的热量和排出的能量。

参 考 文 献

Al-Zareer, M., Dincer, I., Rosen, M.A., 2019. Comparative assessment of new liquid-to-vapor type battery cooling systems. Energy 188, 116010.

Al-Zareer, M., Dincer, I., Rosen, M.A., 2018. A review of novel thermal management systems for batteries. Int. J. Energy Res. 42 (10), 3182–3205.

Ashby, M.F., 2017. Materials Selection in Mechanical Design, fifth ed. Butterworth-Heinemann, Amsterdam.

Belkhodja, Y., Ouinas, D., Zaoui, F.Z., Fekirini, H., 2020. An exponential-trigonometric higher order shear deformation theory (HSDT) for bending, free vibration, and buckling analysis of functionally graded materials (FGMs) plates. Adv. Compos. Lett. 29, 1–19.

Brand, M.J., Schuster, S.F., Bach, T., Fleder, E., Stelz, M., Gläser, S., Müller, J., Sextl, G., Jossen, A., 2015. Effects of vibrations and shocks on lithium-ion cells. J. Power Sources 288, 62–69.

Chen, K., Hou, J., Song, M., Wang, S., Wu, W., Zhang, Y., 2021. Design of battery thermal management system based on phase change material and heat pipe. Appl. Therm. Eng. 188, 116665.

Iwasa, M., Kadota, H., Hashimura, T., Shigematsu, S., 2011. Vehicle Battery Mounting Structure. U.S. Patent, 300426.

Kalaf, O., Solyali, D., Asmael, M., Zeeshan, Q., Safaei, B., Askir, A., 2021. Experimental and simulation study of liquid coolant battery thermal management system for electric vehicles: a review. Int. J. Energy Res. 45 (5), 6495–6517.

Lin, J., Liu, X., Li, S., Zhang, C., Yang, S., 2021. A review on recent progress, challenges and perspective of battery thermal management system. Int. J. Heat Mass Transf. 167, 120834.

Malik, M., Dincer, I., Rosen, M.A., 2016. Review on use of phase change materials in battery thermal management for electric and hybrid electric vehicles. Int. J. Energy Res. 40 (8), 1011–1031.

Rao, Z., Qian, Z., Kuang, Y., Li, Y., 2017. Thermal performance of liquid cooling based thermal management system for cylindrical lithium-ion battery module with variable contact surface. Appl. Therm. Eng. 123, 1514–1522.

Santhanagopalan, S., Smith, K., Neubauer, J., Kim, G.H., Pesaran, A., Keyser, M., 2014. Design and Analysis of Large Lithium-Ion Battery Systems. Artech House, London.

Shanmugam, N.E., Wang, C.M. (Eds.), 2007. Analysis and Design of Plated Structures: Dynamics. Elsevier, England.

Wang, Q., Rao, Z., Huo, Y., Wang, S., 2016. Thermal performance of phase change material/oscillating heat pipe-based battery thermal management system. Int. J. Therm. Sci. 102, 9–16.

Watanabe, K., Abe, T., Saito, T., Shimamura, O., Hosaka, K., 2012. Battery Structure, Assembled Battery, and Vehicle Mounting These Thereon. U.S. Patent, 8124276.

Young, W.C., Budynas, B., 2020. Roark's Formulas for Stress and Strain, ninth ed. McGraw-Hill Education, New York.

Zhang, F., Lin, A., Wang, P., Liu, P., 2021. Optimization design of a parallel air-cooled battery thermal management system with spoilers. Appl. Therm. Eng. 182, 116062.

Zhou, S., Husted, C.C., Benjamin, F.A., 2009. Battery Pack Arrangements. U.S. Patent 7,507,499.

第7章
基于蓄电池的集成系统

本章目标

- 描述并说明各种基于蓄电池的集成系统技术。
- 讨论蓄电池集成系统的性能,说明不同工作条件对其性能的影响。
- 以两种基于蓄电池的集成系统为例,对系统建模、分析和评估方法进行介绍。
- 讨论案例中涉及的系统整体性能。
- 为基于蓄电池的集成系统的进一步改进提出建议。

本章各符号及说明如下。

符号	说明	单位	符号	说明	单位
A	单体蓄电池面积	m^2	K_S	反应平衡常数	
a_i	电化学反应中 i 的活化因子		k_r	径向导热系数	$W/(m \cdot K)$
c_p	比定压热容	$J/(kg \cdot K)$	k_z	轴向导热系数	$W/(m \cdot K)$
c	盐浓度	mol/dm^3	L_a	每千米地势高度基准温度滞后率	K/km
D	扩散系数	m^2/s	$\overline{LHV}$	低热值	kJ/mol
E	电势	V	m	质量	kg
E_{OCP}	开路电压	V	M	马赫数	
F	法拉第常数	C/mol	n_e	平衡电化学半反应中的电子数	
$\overline{g}$	摩尔吉普斯自由能	kJ/mol	N	电芯数量	
ΔG_c	活化自由能	kJ/mol	$\dot{N}$	摩尔流速	mol/s
g	重力加速度	m/s^2	P	压力	Pa
$\overline{h}$	摩尔焓	J/mol	P_i	组分 i 的局部压力	Pa
i	电流密度	A/m^2	P_d	功率密度	W/m^2
i_0	交换电流密度	A/m^2	$\dot{Q}$	传热速率	W
i_L	极限电流密度	A/cm^2	$\dot{Q}_{gen}$	蓄电池单位体积产热率	W/m^2
I	电流	A	r	摩尔转换率	
J_n	锂离子孔壁通量	$mol/(cm^2 \cdot s)$	R	通用气体常数	$J/(mol \cdot K)$
k	电极反应速率常数		R_a	空气气体常数	$J/(mol \cdot K)$

(续)

符号	说明	单位	符号	说明	单位
R_i	组件 i 的电阻	Ω	V	电压	V
R_s	粒子半径	m	V_B	蓄电池体积	m³
$\bar{s}$	摩尔熵	kJ/(kmol·K)	$\dot{W}$	功率	W
Δs	电化学反应引起的熵变	J/K	x	化学计量系数	
t	时间	s	x_i	i 的摩尔浓度	
T	温度	K	x_{sc}	汽碳比	
U_{O_2}	空气利用系数		Z	海拔	m
U_{H_2}	氢利用系数				

希腊字母	说明	希腊字母	说明
γ	化学计量系数	$\gamma_\pm$	活性系数
ϵ	聚合物体积分数	γ_M	电极表面粗糙度因子
ρ_B	蓄电池密度（kg/m³）	γ	布鲁格曼系数
ρ_{int}	互连电阻率（Ω·cm）	γ_a	空气比热
ρ_c	正极电阻率（Ω·cm）	κ_0	电解质离子电导率（S/cm）
ρ_e	电解质电阻率（Ω·cm）	κ^{eff}	有效电解质离子电导率（S/cm）
ρ_a	负极电阻率（Ω·cm）	∇t_+^0	转移数
λ	膜有效含水量	ϕ	电化学势能（V）
α	转移系数	η	过电位（V）
δ	厚度（m）	$\eta_{isen,T}$	燃气涡轮等熵效率
σ	电子电导率（S/cm）	η_{inv}	逆变器效率

下标	说明	下标	说明
a	负极、活化、空气	ohm	欧姆
B	蓄电池	ref	参考
c	正极、浓度	s	表面
cons	耗尽	+	正极
SOFC	固体氧化物燃料电池	−	负极
gen	产生	1	电极固相
m	膜	2	电极液相

7.1 引言

以化石燃料为基础的能源系统应用推动了以可再生能源为基础的电力系统的发展，并推动了基于清洁能源"智慧电网"的"智慧城市"建设，同时也带来了温室气体排放量的增加。太阳能、风能和水能等可再生能源受制于天气、日照时间等自然条件，导致其生产的能源具有波动性、不适用性和不可预测性等缺点（Rosen 和 Faris，2022）。因此，与发电系统（水轮机、太阳能蓄电池板及风力涡轮机等）集成的大规模储能技术开始被使用，以提高能源系统的可靠性和整体实用性。

作为一种电化学储能系统,蓄电池可用于电网以及各种固定或可移动设备中存储电能,并能够适时供电。基于蓄电池的电化学储能系统具有多种优势,包括效率高、适用于多种地形和重量轻等。相较于水力发电等其他系统,蓄电池电化学储能系统具有更高的安全性和灵活性(Cho 等,2015)。

全球可再生能源系统日益增多,为了平衡电力生产的间歇和波动,蓄电池储能系统的使用量也随之增加。例如,在风力涡轮机和光伏太阳能系统中,当发电量高于需求量时,就需要使用蓄电池系统来存储电能。当风速和(或)太阳辐射不足以满足电力需求时,蓄电池中储存的电能便可提供使用。因此,如图 7.1 所示,使用蓄电池技术可实现负载均衡,并为基于可再生能源的发电系统的实际应用设备提供支持。

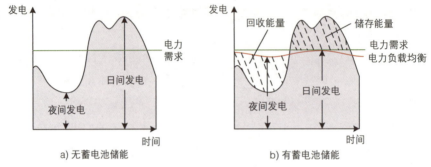

图 7.1　可再生能源发电厂电力生产曲线

目前,锂离子蓄电池、铅酸蓄电池和镍氢蓄电池等蓄电池技术已经得到了良好的开发和商业应用。这些蓄电池技术也都在电力系统中得到大规模应用,不同的蓄电池适用于不同的存储规模。例如,锂离子蓄电池适用于手机和汽车等中小型设备,而钒氧化还原蓄电池则更适用于大型固定设备。锂离子蓄电池凭借高效率和高能量密度的优点,在移动和便携式设备中得到了广泛应用。然而受成本限制,锂离子蓄电池在固定储能设备中的使用较少。要实现蓄电池技术的进一步商业化,还需要解决多方面的问题,包括降低蓄电池单位能量传输成本、延长使用寿命和确保制造蓄电池所需的活性材料能够充足供应。

近年来,人们越来越关注储能问题。图 7.2 所示为 2015—2020 年世界各地蓄电池储能年增长容量。2020 年,全球蓄电池储能容量增加了 5GW;到 2020 年底,全球蓄电池储能

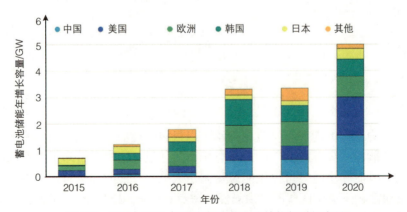

图 7.2　2015—2020 年世界各地蓄电池储能年增长容量

总装机容量约为 17GW（IEA，2021）。与 2017 年相比，2020 年的蓄电池储能总容量增长了约 64%。中国和美国在千兆瓦级蓄电池储能领域处于领先地位。值得注意的是，约 2/3 的增长量与公共设施的建设有关（IEA，2021）。

7.2 交通运输中的集成蓄电池系统

由于蓄电池技术具有低噪声、高效率和低排放等优点，因此人们开始将其用于空运、公路运输、海运以及铁路运输等交通运输等应用领域，尤其促进了锂离子蓄电池在电动汽车和混合动力汽车中的应用。大规模应用蓄电池技术有利于大幅减少由交通运输系统产生的温室气体排放。

图 7.3 所示为 2000—2030 年全球交通运输二氧化碳排放量及未来预测量（IEA，2022）。其中公路客运车辆的排放量最大，其次为公路货运车辆，随后是海运和空运。尤其是在运输需求预计增长的情况下，要落实可持续发展的政策，必须推广使用低碳燃料，以实现公路客运/重型货运车辆、空运和海运的低碳化。据预测，通过相应政策的建立，相较 2018 年，2030 年交通运输的二氧化碳排放量可减少 20%，降至每年 5.7Gt，如图 7.3 中虚线所示。

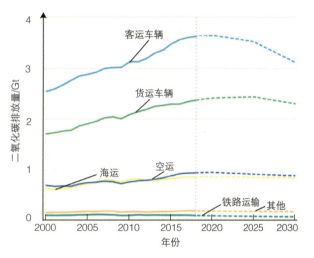

图 7.3 2000—2030 年全球交通运输二氧化碳排放量及未来预测值（其他中包含管道运输和无法具体说明的运输方式）（IEA，2022）

要减少基于柴油推进系统的海运二氧化碳排放量，需制定严格的法规（Hoang，2018）。目前已有许多燃料电池-蓄电池集成系统被相继推出，旨在取代柴油驱动系统。例如，在 2017—2021 年期间，ReverCell 项目中将总输出功率为 250kW 的质子交换膜（PEM）燃料电池与蓄电池系统集成，用以驱动混合动力船只（Zero emissions，2020）。此外，在 2021 年，Horizon 的新项目将总输出功率为 60kW 的固体氧化物燃料电池（SOFC）与蓄电池、内燃机系统集成，用于驱动游轮（Horizon，2020）。尽管基于燃料电池-蓄电池的动力系统已在海运领域成功应用，但要实现其在各领域的大规模应用仍存在一些挑战，如制造成本、燃料储存、维护和安全等问题。

目前，越来越多的研究人员致力于开发电动飞机。电动飞机不仅可以降低乘客费用，还有助于减少温室气体排放量（Collins 和 McLarty，2020）。Zunum Aero、空客和 Eviation 等多家公司已经开展了基于蓄电池的短程客机的研究。Ji 等（2020）对混合交替推进系统及其飞行性能进行了阐述。此外，美国国家航空航天局（NASA）也在电动和混合动力飞机的研究中投入了大量资金，并预计于 2025 年交付可供测试的大型原型机（Jansen 等，2019）。Collins 和 McLarty（2020）提出了一种利用液氢作为燃料的飞机燃料电池-燃气轮机-蓄电池混合系统，并定义了该系统各部分的几何尺寸和材料要求。以四种商用飞机为例，他们分析了所提出系统的性能，并针对飞机的最大有效载荷（即可安全携带的最大重量）进行了优化。研究表明，凭借液氢高能量密度和SOFC高效率的特点，燃料消耗量可减少70%，从而抵消了机载电力元件的质量。此外，Seyam等（2021）提出了一种将涡轮风扇与SOFC相结合的用于飞机的混合动力推进系统，进行了热力学和参数化研究，通过能量和㶲能法计算了该系统的性能。此外，他们还研究了各类燃料（如甲烷、氢气、甲醇和乙醇）的组合使用，以此取代飞机上使用的传统化石燃料煤油。研究表明，将SOFC与传统涡轮结合可以提高系统性能，使用40%的氢气和60%的乙醇混合燃料可将性能提高5%，并减少73%碳排放量。

目前已有许多有关电动和混合动力航空飞行器的研究报告。Kousoulidou和Lonza（2016）收集并分析了欧洲的实际航班信息，并对比了生物煤油和传统煤油的二氧化碳排放量。结果表明，到2030年将消耗约1.7亿t传统煤油，并排放4亿t温室气体。因此，欧盟呼吁使用生物燃料，如加氢处理植物油（HVOs）和生物质转化液体（BTL）的生物煤油，以减少航空运输过程中的二氧化碳排放量（Kousoulidou and Lonza，2016）。

新能源汽车主要可分为四类：纯电动汽车、燃料电池汽车（或氢燃料电池汽车）、插电式混合动力汽车和混合动力汽车，如图7.4所示。蓄电池是纯电动汽车的唯一动力源，纯电动汽车需搭载能提供足够行驶里程的大型可充电蓄电池。60～100kW·h的蓄电池组可提供超过322km（200mile）的续驶里程（Oreizi，2020），蓄电池可通过快充技术在30min内从10%充电至80%（Oreizi，2020）。纯电动汽车的效率通常高于混合动力汽车。插电式混合动力汽车同时采用可充电蓄电池+汽油燃料箱作为动力源，蓄电池可接入电网或通过再生制动进行充电。插电式混合动力汽车也可仅靠蓄电池提供的电力来运行。混合动力汽车通常也采用蓄电池+汽油燃料箱的动力源组合。但混合动力汽车的蓄电池只能通

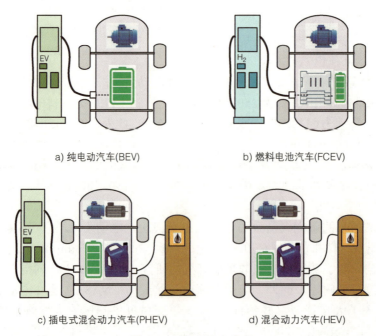

a) 纯电动汽车(BEV)　　　　b) 燃料电池汽车(FCEV)

c) 插电式混合动力汽车(PHEV)　　　　d) 混合动力汽车(HEV)

图7.4　新能源汽车类型

过车内发动机运转充电,不能接入电网充电。与插电式混合动力汽车相比,混合动力汽车的蓄电池容量要小得多。燃料电池汽车(也称为氢燃料电池汽车)使用氢作为燃料驱动车辆。与其他电动汽车相比,这种类型的电动汽车并不常见,其通常采用 PEM 燃料电池。燃料电池汽车也有蓄电池组,可在高负荷行驶条件下提供补充动力。

7.3 案例研究

燃料电池和蓄电池技术凭借高效性和低二氧化碳排放量等优点,具有广阔的发展前景。然而,这些技术的规模化应用受限于容量低、动态响应相对较慢等问题,尤其是对于飞机和船舶等大型可移动设备应用。但将燃料电池、蓄电池与传统供电系统相结合则可减轻这些限制。由于氢气的体积能量密度较低,因此需要大型氢燃料储存系统的 PEM 燃料电池系统难以在空运和海运中应用。SOFC 具有燃料灵活度高的优点,是一种更可行的发电系统。此外,在采用燃料电池 - 蓄电池系统的空运和海运设备中,通常需要使用燃料重整器。重整器是一种从甲烷、天然气和乙醇等短链碳氢化合物燃料含氢源生产氢气的装置。使用重整器的 SOFC 可以采用天然气或甲醇作为燃料,而不是纯氢。

燃料电池和蓄电池系统都可以作为新能源汽车的动力源。在燃料电池汽车中,PEM 燃料电池通常是主要动力源,锂离子蓄电池组为补充电源。不过,日产公司推出了一款采用带重整器的 SOFC 和蓄电池驱动的新型电动汽车,该汽车的输入燃料为乙醇,并通过重整器转化为氢气。图 7.5 所示为日产公司开发的燃料电池汽车的结构和能量转换原理图(E-Bio fuel-cell, 2017)。电能由燃料电池和蓄电池输出,通过电机转换为机械能,最终传输给驱动系统。燃料电池汽车的蓄电池通过再生制动(其中产生的部分能量用于为蓄电池充电)充电或在低负荷行驶时通过燃料电池充电。

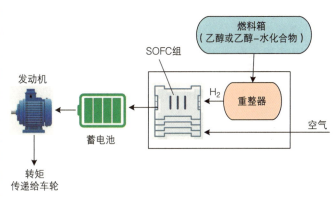

图 7.5　日产公司开发的燃料电池汽车的结构和能量转换原理图

在飞机、船舶和公路车辆等可移动设备的蓄电池系统中,蓄电池的热管理是系统设计中需要考虑的重要因素。蓄电池热管理系统可将蓄电池温度保持在所需的工作温度范围内(通常为 15 ~ 45℃)。蓄电池热管理系统主要有三种类型:基于空冷(Zhang 等, 2021;Lin 等, 2021)、基于液冷(Kalaf 等, 2021;Rao 等, 2017)和基于相变材料的系统。基于相变材料的蓄电池热管理系统包含基于固 - 液相变(Chen 等, 2021;Malik 等, 2016)和基于气 - 液相变(Al-Zareer 等, 2019;Wang 等, 2016)的系统。第 5 章已对各种类型的蓄电池热管理系统展开了全面介绍。

本章将介绍一些基于蓄电池的集成系统,并讨论不同工况对其性能的影响。第一个案例将介绍包含蓄电池热管理系统的燃料电池 + 蓄电池集成电动汽车系统。第二个案例将介绍包含 SOFC、锂离子蓄电池和燃气轮机在内的电动飞机推进系统。本章将对每个系统进行全面的建模、分析和计算,为开发基于蓄电池的新型系统提供见解和指导。最后本章将对一些先进系统的整体性能进行讨论,并提出进一步改进的建议。

7.4 案例研究 1:结合空冷热管理系统,以 PEM 燃料电池为辅助的锂离子蓄电池电动汽车

由于电动汽车具有零排放、高效率和低噪声等特点,因此其在全球的热度与日俱增。电动汽车可以仅由蓄电池驱动,也可以集成其他动力源共同驱动,如燃料电池等。在纯电动汽车中,蓄电池中存储的电能可直接用于电机,因此效率很高。然而,这类电动汽车存在充电时间长、蓄电池容量有限等缺点(Wang 和 Fang, 2017)。因此,人们展开了燃料电池-蓄电池系统等混合动力源的研发。

电动汽车的另一个重要问题是蓄电池组的热管理。工作温度对单体蓄电池(特别是锂离子蓄电池)的性能和寿命影响很大。目前人们已经开发出了各种热管理系统,包括基于空冷(Zhang 等,2021)、基于液体(Kalaf 等,2021)和基于相变材料的热管理系统(Chen 等,2021;Al-Zareer 等,2019),其中一些已在商用电动汽车中投入使用。在此背景下,本案例将介绍一款电动汽车,其动力源为质子交换膜(PEM)燃料电池与锂离子蓄电池集成,其中蓄电池由空冷热管理系统冷却。

图 7.6 展示了该款燃料电池汽车及其主要部件,包括 PEM 燃料电池堆、锂离子蓄电池组、高压氢气罐、电机、动力控制单元、减压阀和燃料电池增压转换器。PEM 燃料电池堆由 360 个串联电池组成,它们构成了车辆的主要动力源。氢气储存在一个高压罐中(高达 70MPa),加满氢气可使车辆续驶里程达到 500～600km 之间。由于 PEM 燃料电池的正常运行需要低压氢气,因此在氢气进入燃料电池堆之前,需要使用一个或多个减压阀对其进行减压。

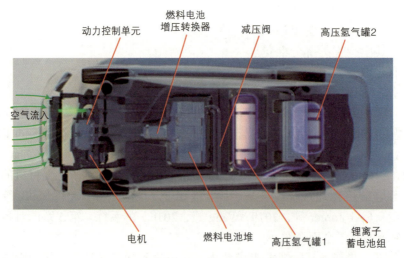

图 7.6 燃料电池汽车及其主要部件

注:该图源自(Toyota, 2020)。参考网址:http://news room.toyota.eu/introducing-the-all-new-toyota-mirai/(2022 年 5 月 25 日可访问)。

紧凑型高效增压转换器常用于提高燃料电池堆电压,以获得高于输入的输出电压。电机由 PEM 燃料电池堆产生的电能驱动,也可以由包含 84 节锂离子蓄电池的蓄电池组驱动。蓄电池组可存储燃料电池在低负载条件下产生的能量以及制动时回收的能量。燃料电池堆的运行以及蓄电池组的充放电由动力控制单元控制。如图 7.7 所示,根据负荷的不同,动力源有不同的运行模式:

1)在极低负荷行驶时,仅蓄电池就能为车辆提供充足的动力。

2)在低负荷行驶时,燃料电池驱动车辆,燃料电池产生的多余电能用于为蓄电池充电。

3)在高负荷行驶时,燃料电池驱动车辆,蓄电池协助燃料电池供电。

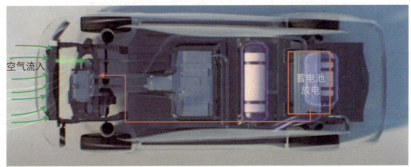

a) 极低负荷行驶

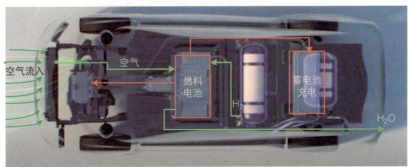

b) 低负荷行驶

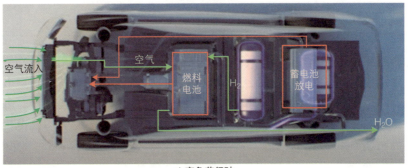

c) 高负荷行驶

图 7.7　燃料电池 / 蓄电池电动汽车不同负荷条件下的运行模式

蓄电池内部产热会导致蓄电池温度升高,并对其性能产生不利影响,最终导致蓄电池失效,因此必须对锂离子蓄电池冷却。蓄电池热管理系统需控制蓄电池温度,使其保持在理想工作温度范围内（15～45℃）以确保蓄电池安全运行。本案例中，蓄电池热管理系统与燃料电池/蓄电池电动汽车集成系统的工作原理如下：首先，外部空气吸入车内后先进入蓄电池组，带走蓄电池组的热量；随后，一部分被加热的空气用于供PEM燃料电池产生电能。值得注意的是，对进入燃料电池前的空气进行预热，可以提高燃料电池堆的发电性能和效率。多余的空气和PEM燃料电池产生的水分会被排放到外界环境中。车辆的其他组件（如PEM燃料电池）则通过散热器冷却。PEM燃料电池-锂离子蓄电池电动汽车中空冷热管理系统的运行原理如图7.8所示。

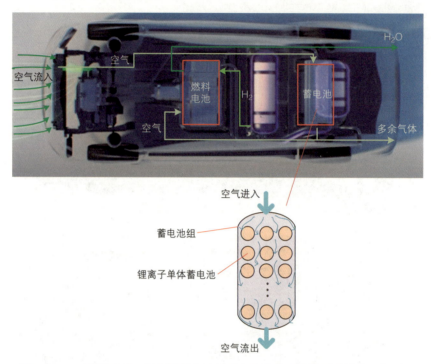

图 7.8　PEM 燃料电池 - 锂离子蓄电池电动汽车中空冷热管理系统的运行原理

7.4.1　锂离子蓄电池的电化学模型

在蓄电池组中，单体蓄电池的正、负极为多孔材料，多孔电极由聚合物隔膜隔开。多孔电极由活性电极材料（固相）、聚合物电解质（液相）和额外增强电子导电性的导电材料组成。正极和负极的活性材料分别为锂锰氧化物（$LiMn_2O_4$）和碳材料。多孔电极的建模采用了伪二维电化学模型。在蓄电池充放电过程中，其他更多有关多孔电极和聚合物电解质的热物理行为和热特性的内容，可参阅其他文献（Doyle 等，1993，1996；Fuller 等，1994）。

根据电极/电解液的厚度，可建立一维的蓄电池恒温模型。通常，负极和正极的厚度分别为 100μm 和 180μm，而电解质的厚度为 50μm。图 7.9 所示为锂离子蓄电池的一维模型示意图。模型包括：

1）离子传输引起的欧姆过电位，反映离子电荷在电极和电解质/隔膜中的传输。

2）考虑浓度对电势损失和离子电导率影响的电解质中的材料传输。
3）电子电流通过时产生的欧姆过电位，反映电极中的电子电流传导。
4）形成电极的球形颗粒内的材料传输。
5）在电极处发生的正负极电化学反应中的活化过电位，由巴特勒-福尔默电极动力学公式描述。

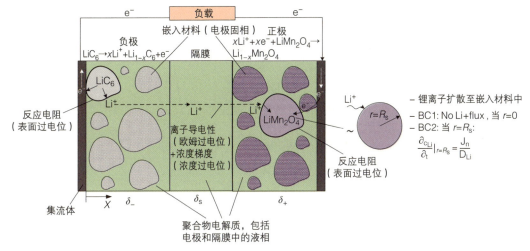

图 7.9　锂离子蓄电池的一维模型示意图

注：该图源自（Farsi 等，2022b）。

1. 多孔电极

根据聚合物相/盐相中锂的物质平衡，液相（即聚合物电解质）中的盐浓度随时间的变化表达如下（Doyle 等，1996）：

$$\epsilon \frac{\partial c_s}{\partial t} = \nabla \cdot (D_s \nabla c_s) + \bar{a} J_n (1 + t_+^0) - \frac{i_2 \nabla t_+^0}{F} \tag{7.1}$$

式中，c_s、ϵ、t、D_s、F、t_+^0 分别为盐浓度、聚合物体积分数、时间、盐扩散系数、法拉第常数和传递数。传递数表示离子在电解质中产生的离子电流，即电解质中的每个离子都代表溶液中的部分电流，最终构成离子电流。第 3.4 节已对传递数进行了详细描述。i_2、$\bar{a}$ 和 J_n 分别为液相中的离子电流密度、比界面积和锂离子的孔壁通量。它们关系如下：

$$\bar{a} = \frac{1}{F} \nabla \frac{i_2}{J_n} \tag{7.2}$$

其中，液相中的离子电流密度为

$$i_2 = -\kappa^{eff} \nabla \Phi_2 + \left[\frac{2\kappa RT}{F} \left(1 + \frac{\partial \ln \gamma_\pm}{\partial \ln c_s} \right) \right] (1 - t_+^0) \nabla \ln c_s \tag{7.3}$$

式中，κ^{eff} 为有效电解质离子电导率；R 为统一气体常数；T 为蓄电池的绝对温度；$\gamma_\pm$ 为活度系数；Φ_2 为液相的电动势。一般情况下，下标 1 表示复合电极的固相，下标 2 表示复合电极的电解质相。参数 κ^{eff} 可根据电解质的离子电导率 κ_0 和相的体积分数 ϵ 确定,即

$$\kappa^{\text{eff}} = \kappa_0 \epsilon^\gamma \quad (7.4)$$

式中,γ 为布莱格曼系数,此处取 3.3(Doyle 等,1996)。电解液的离子导电率取决于蓄电池温度、盐浓度以及碳酸乙烯酯(EC)和碳酸二甲酯(DMC)的溶剂比率。本案例研究中使用的电解液为 2M 六氟磷酸锂($LiPF_6$)锂盐溶于比例为 EC:DMC = 1:2(体积比)的溶剂,隔膜为聚偏氟乙烯-六氟丙烯(PVDF-HFP)组成的多孔膜。基于 Doyle 等(1996)的研究,电解质离子电导率随浓度的变化情况如图 7.10 所示。电导率值是由实验测得的,充放电过程中,电导率会随着电解质成分的变化而变化。

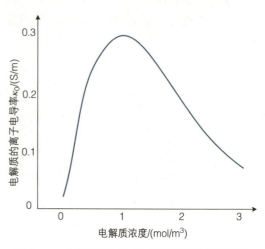

图 7.10 电解质离子电导率随浓度的变化情况

注:图中数据来自(Doyle,1996)。

2. 嵌入电极材料

嵌入电极由半径为 R_s 的球形颗粒组成。电极固相中的锂离子浓度可由锂离子在固体颗粒中的扩散表示:

$$\frac{\partial c_{\text{Li}}}{\partial t} = D_{\text{Li}} \left[\frac{\partial^2 c_{\text{Li}}}{\partial^2 r^2} + \frac{2}{r}\left(\frac{\partial c_{\text{Li}}}{\partial r}\right) \right] \quad (7.5)$$

式中,D_{Li} 为锂在复合电极固相中的扩散系数;r 为通过的颗粒半径(径向)尺寸。式(7.5)的边界条件之一为固体颗粒半径中心没有锂离子通过 [即 $\partial c_{\text{Li}}/\partial t = 0(r=0)$]。另一个边界条件与电极外表面多孔电极的固体和电解质相有关,即进入颗粒的锂离子通量与锂离子扩散到颗粒表面的速率之间的关系为

$$\frac{\partial c_{\text{Li}}}{\partial t}\bigg|_{r=R_s} = \frac{J_n}{D_{\text{Li}}} \quad (7.6)$$

3. 聚合物隔膜

在聚合物隔膜中,令式(7.1)中 $J_n = 0$(无孔壁锂离子通量)以及 $\epsilon = 1$(隔膜整体为聚合物,故聚合物部分为 1)。因此,聚合物隔膜中盐浓度随时间变化情况为

$$\frac{\partial c_s}{\partial t} = \nabla \cdot (D_s \nabla c_s) - \frac{i_2 \nabla t_+^0}{F} \quad (7.7)$$

离子电流密度在隔膜和多孔电极的两个液相区域 [即 i_2(隔膜)= i_2(电极的电解质相)] 中守恒。根据式(7.3),分隔膜内电位变化可表示为

$$\nabla \Phi_2 = \frac{i_2}{\kappa^{\text{eff}}} + \frac{1}{\kappa^{\text{eff}}}\left[\frac{2\kappa RT}{F}\left(1 + \frac{2\kappa RT}{F}\right)\frac{\partial \ln \gamma_\pm}{\partial \ln c_s}\right](1-t_+^0)\nabla \ln c_s \quad (7.8)$$

右侧的第一项表示因电解质的离子电阻率而产生的欧姆过电位,第二项表示因多孔电极和聚合物隔膜对的液相内的浓度梯度而产生的浓差过电位。

聚合物隔膜处电势的边界条件为固相中没有电势变化,为

$$\frac{\partial \Phi_1}{\partial x}\Big|_{x=\delta_-+\delta_s}=0 \quad (7.9)$$

锂离子蓄电池模型中的其他边界条件包括:①负极集流体的电位为零;②正极集流体的电流强度在充放电时为有限的常数,并在开路时为零。

4. 表面过电位

表面过电位是正负极多孔电极中的电化学反应阻力。事实上,诱导电化学反应发生需要驱动力(活化能)。在放电过程中,正负极的反应可表示如下:

$$负极:\text{LiC}_6 \longrightarrow x\text{Li}^+ + \text{Li}_{1-x}\text{C}_6 + e^- \quad (7.10)$$

$$正极:x\text{Li}^+ + xe^- + \text{LiMn}_2\text{O}_4 \longrightarrow \text{Li}_{1-x}\text{Mn}_2\text{O}_4 \quad (7.11)$$

电极上的反应遵循巴特勒-福尔默动力学,按照巴特勒-福尔默方程一般表达式可写为

$$i=i_{0,1}\left[\exp\left(\frac{\alpha_-\eta_{s1}n_eF}{RT}\right)-\exp\left(\frac{-\alpha_+\eta_{s1}n_eF}{RT}\right)\right] \quad (7.12)$$

式中,i 为净电流密度。注意,蓄电池中净电流密度是由于正负极反应速率不同而产生的。α_+ 和 α_- 分别是正负极反应的传递系数。正负极上的两个反应系数均为 0.5。此外,$i_{0,1}$ 是电极固相中的交换电流密度,可表示如下:

$$i_{0,1}=Fk_{+,1}^{\alpha_{+,1}}k_{-,1}^{\alpha_{-,1}}(c_{\max}-c)^{\alpha_{+,1}}c^{\alpha_{+,1}} \quad (7.13)$$

式中,$c_{\max}$ 和 c 分别为锂盐的极限浓度和电解质浓度;k_+ 和 k_- 分别为正负极反应速率常数。

式(7.12)中,η_{s1} 为局部表面过电位,相当于正/负电极电位 $(\Phi_1-\Phi_2)$ 与开路电位 $E_{\text{OCP},1}$ 之差,即

$$\eta_{s1}=E_{\text{OCP},1}-(\Phi_1-\Phi_2) \quad (7.14)$$

式中,Φ_1 和 Φ_2 分别为复合电极固相和液相的电势。如果采用锂箔作为负极并将其视为参比电极,则锂箔电极的开路电位为零。在本案例研究中,正负极都采用多孔复合电极,巴特勒-福尔默方程为

$$j_n=k(c_{1,\max}-c_{1,\text{Li}})^{0.5}c_{1,\text{Li}}^{0.5}\left[\exp\left(-\frac{F}{2RT}\eta_s\right)-\exp\left(\frac{F}{2RT}\eta_s\right)\right] \quad (7.15)$$

式中，$c_{1,\max}$ 和 $c_{1,Li}$ 分别为复合电极固相中锂的最大浓度和复合电极固相中锂的浓度；k 为电极表面（即电极-聚合物隔膜界面）电荷转移反应的反应速率常数。正极表面的反应速率常数为 k_+，负极表面的反应速率常数为 k_-。电极表面过电位 η_s 为

$$\eta_s = E_{OCP} - (\Phi_1 - \Phi_2) \tag{7.16}$$

$\Phi_{+/-}$ 是正/负电极电位，即正/负电极的各相之间的电位差值（即 $\Phi_{+/-} = \Phi_1 - \Phi_2$）。

Doyle 等（1996）基于经验，提出了在极低放电率和蓄电池温度为 20℃时，碳材料负极和锂锰氧化物（$LiMn_2O_4$）正极的蓄电池开路电位表达式：

$$E_{eq_-} = -0.16 + 1.32\exp(-3x) + 10\exp(-2000x) \tag{7.17}$$

$$E_{eq_+} = 4.2 + 0.06\tanh[-14.56\gamma + 8.61] - 0.03\left[\frac{1}{(1-\gamma)^{0.5}} - 1.9\right] - \\ 0.16\exp(-0.05\gamma^8) + 0.81\exp[-40(\gamma - 0.14)] \tag{7.18}$$

式中，x 和 γ 分别为碳电极（LiC_6）和锂锰氧化物（$LiMn_2O_4$）的化学计量系数。

电极固相的表面电流密度可以用欧姆定律表示：

$$i_1 = -\sigma \nabla \Phi_1 \tag{7.19}$$

式中，σ 为电子电导率，表示负极/正极固相中的电子转移电阻；$\nabla \Phi_1$ 为电子转移引起的欧姆过电位。

根据两相电流守恒 [$\nabla(i_1 + i_2) = 0$]，表面电流密度等于固相和液相电流密度之和，即

$$i = i_1 + i_2 \tag{7.20}$$

最后，单体蓄电池的电势和电流为

$$I_B = Ai \tag{7.21}$$

$$\begin{aligned}V_B &= \Phi_+ - \Phi_- \\ &= E_{OCP} + (\eta_{s+} + \eta_{s-}) + (\nabla\Phi_{2,+} + \nabla\Phi_{2,-} + \nabla\Phi_{2,sep}) + (\nabla\Phi_{1,+} + \nabla\Phi_{1,-})\end{aligned} \tag{7.22}$$

式中，A 为单体蓄电池表面积；Φ_+ 和 Φ_- 分别为正负极的电势；η_{s+}、η_{s-} 分别为正负极的表面过电位；$\nabla\Phi_{2,+}$、$\nabla\Phi_{2,-}$、$\nabla\Phi_{2,sep}$ 分别为正负电极和隔膜上电解液中离子转移引起的浓差过电位和欧姆过电位；$\nabla\Phi_{1,+}$、$\nabla\Phi_{1,-}$ 分别为正负电极上电子转移引起的欧姆过电位。

蓄电池组中有 84 节锂离子蓄电池，分 3 行排列，每行 28 节。因此，蓄电池组在放电过程中输出的电能为 $(28V_B) \times (3I_B)$。

7.4.2 锂离子蓄电池的产热通量

忽略混合和相变效应的影响，蓄电池组中每个单体蓄电池的产热通量为

$$\dot{q}_{gen} = i_B(E_{OCP} - V_B) - T\Delta S \frac{I}{n_e F A_B} \tag{7.23}$$

式中，ΔS 为蓄电池中发生的电化学反应引起的熵变；n_e 为平衡电化学反应中的电子数；E_{OCP}、A_B、i_B 和 V_B 分别为开路电压（蓄电池平衡电位）、蓄电池面积、蓄电池电流密度和蓄电池电压。蓄电池内部的产热通量由两部分产生：

1) 不可逆热通量 [$i_B(E_{OCP} - V_B)$]，包括因欧姆、浓度和表面过电位而产生的热量 [见式（7.22）]。

2) 电极电化学反应过程中因熵变而产生的可逆热通量 [$T\Delta S(I/n_e F A_B)$]。

由于锂离子蓄电池组件的导热系数相对较高，因此可假设蓄电池温度分布均匀。此外，锂离子蓄电池的恒温模型提供了蓄电池在不同温度下工作的相关信息。在本研究中，蓄电池的温度被认为是均匀且恒定的（即蓄电池被认为是恒温的）。在恒温条件下蓄电池熵没有变化，故可逆热通量为零。

7.4.3 风冷式蓄电池热管理单元

丰田 Mirai 电动汽车的蓄电池组由 84 个（$= N_B$）单体蓄电池构成（Toyota, 2020）。假设每个单体蓄电池的温度均匀恒定，产生的热量相同。风扇吸入强制空气并带到蓄电池组中对蓄电池进行冷却。因此，蓄电池的产热率为

$$A_B \dot{q}_{gen} = \dot{N}_{air}(\overline{h}_{air,out} - \overline{h}_{air,in}) + mc_p \frac{dT}{dt} \tag{7.24}$$

式中，$\overline{h}_{air,in}$ 和 $\overline{h}_{air,out}$ 分别为蓄电池组入口和出口处的空气摩尔焓；$\dot{N}_{air}$ 为空气的摩尔流速；m 为单体蓄电池质量；c_p 为蓄电池在恒压下的比热，在蓄电池工作时几乎为恒定值。在式（7.24）中：

1) $\dot{N}_{air}(\overline{h}_{air,out} - \overline{h}_{air,in})$ 为蓄电池内由冷却介质空气吸收的热量。

2) $mc_p dT/dt$ 为导致蓄电池内能增加的产热。此处考虑蓄电池的温度为均匀且恒定的（等温条件），故该项为零。

设车内用于冷却蓄电池的空气足量，空气输出温度比蓄电池温度低约5℃。图 7.8 所示为采用强制空气冷却的蓄电池热管理系统。进气口大小可调节。当蓄电池温度较高时，可输入更多空气。部分被加热的空气通入 PEM 燃料电池堆的阴极侧，与氢气发生反应，产生电能，其余部分可用于冷却车辆的其他组件或直接被排放到外界环境中。

表 7.1 列出了锂离子蓄电池恒温模型的输入参数及其数值。其中，C 表示蓄电池充放电倍率，指在规定时间充放电至一定容量所需的电流值。例如，蓄电池容量为 1A·h 时，在 1h 的时间内将蓄电池充满的电流大小为 1C。虽然表 7.1 中的数据来自相对较早的研究（Doyle 等，1996; Fuller 等，1994; Farsi 和 Rosen, 2022b），但其仍具有有效性和实用性。

表 7.1 锂离子蓄电池恒温模型的输入参数及其数值

参数	值	参数	值
1C 放电电流密度 i	12A/m²	正极活性电极材料的初始浓度 $c_{1,0(+)}$	3920mol/m³
负极固相锂扩散系数 $D_{Li(-)}$	3.9×10^{-14} m²/s	电解质盐浓度 c_s	1000mol/m³
正极固相锂扩散系数 $D_{Li(+)}$	1×10^{-13} m²/s	负极固相电导率 σ	100S/m
负极粒子半径 $R_{s(-)}$	1.25×10^{-5} m	负极参考交换电流密度 $i_{0(-)}^{ref}$	11.71A/m²
正极粒子半径 $R_{s(+)}$	8×10^{-6} m	正极参考交换电流密度 $i_{0(+)}^{ref}$	11.14A/m²
蓄电池温度 T	25℃	正极反应速率系数 α_+	0.5
正极电解质相体积分数 ϵ_+	0.63	负极反应速率系数 α_-	0.5
正极的电极相体积分数 $1-\epsilon_+$	0.297	布莱格曼系数 γ	3.3
初始电解质盐浓度 $C_{2,0}$	2050mol/m³	放电时间 t_{disch}	1800s
负极电解质相体积分数 ϵ_-	0.503	开路时间 t_{ocp}	200s
负极的固相体积分数 $1-\epsilon_-$	0.471	充电时间 t_{ch}	1800s
传递数 t_+^0	0.363	负极长度 δ_-	1×10^{-4} m
自由流动的电解质的扩散系数 D	7.5×10^{-11} m²/s	隔膜长度 δ_s	5×10^{-5} m
负极最大固相浓度 $c_{1,max}$	26390mol/m³	正极长度 δ_+	1.80×10^{-4} m
负极活性电极材料的初始浓度 $c_{1,0(-)}$	14880mol/m³	参数 C	2

7.4.4 PEM 燃料电池堆

图 7.11 所示为 PEM 燃料电池堆及其工作原理。其由阴极、阳极和质子交换膜（电解质）构成。按照式（7.25），储氢罐中的氢被输入至阳极并氧化。大气中的空气被吸入车内，并被输至 PEM 燃料电池的阴极，按照式（7.26）被还原。阳极的氢原子在催化剂的作用下分解为电子和质子。电子通过外部电路向阴极移动，质子通过质子交换膜向阴极移动，在阴极与氧气和来自阳极的电子发生反应，生成水和热量。生成的水和未反应的空气从阴极侧离开燃料电池，而未反应的 H_2 则从 PEM 燃料电池的阳极侧离开。阴极和阳极上的半反应以及 PEM 燃料电池中电化学反应分别为

阳极：$H_2 \longrightarrow 2H^+ + 2e^-$ （7.25）

阴极：$2H^+ + 2e^- + 0.5O_2 \longrightarrow H_2O$ （7.26）

总反应：$H_2 + 0.5O_2 \longrightarrow H_2O$ （7.27）

为了确定 PEM 燃料电池产生的电能，需要根据燃料电池运行过程中存在的活化过电位、浓差过电位和欧姆过电位来确定燃料电池电压。空气和氢气的输入流量随车速的变化而变化，故 PEM 燃料电池的输出电压为

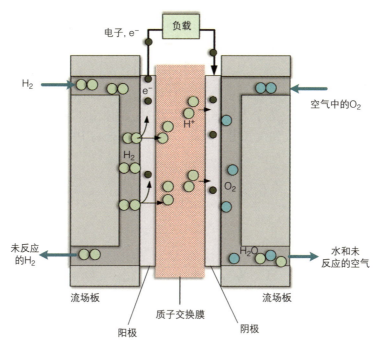

图 7.11　质子交换膜（PEM）燃料电池堆及其工作原理

注：摘自（Farsi 等，2022b）。

$$V_{FC}=E_{OCP,FC}-\left[(\eta_{a,a}+\eta_{a,c})+(\eta_{c,a}+\eta_{c,c})+\eta_{ohm}\right] \quad (7.28)$$

式中，$E_{OCP,FC}$ 为 PEM 燃料电池的开路电压；$\eta_{a,a}$ 和 $\eta_{a,c}$ 分别为阳极和阴极的活化过电位；$\eta_{c,a}$ 和 $\eta_{c,c}$ 分别为阳极和阴极的浓差过电位；η_{ohm} 为欧姆过电位。

1. PEM 燃料电池的开路电压

燃料电池的开路电压 $E_{OCP,FC}$ 代表燃料电池在热力学平衡状态下运行时的电势。PEM 燃料电池的 $E_{OCP,FC}$ 可通过修正的能斯特方程确定：

$$E_{OCP,FC}=E_{rev}+\frac{RT}{2F}\ln(P_{H_2}P_{O_2}^{0.5}) \quad (7.29)$$

式中，E_{rev} 为燃料电池可逆电势，表示可直接转化为电功而无任何损耗的吉布斯自由能；R、F 和 T 分别为通用气体常数、法拉第常数和燃料电池绝对温度。此外，P_{H_2} 和 P_{O_2} 分别为阳极 - 气体界面的氢气分压和阴极 - 气体界面的氧气分压。

通过传质计算可确定氢气分压和氧气分压，通常两者的值采用气体流动方向的平均值。反应中的分压会受某些因素的影响，如氧气/氢气的消耗率、燃料电池中的电化学反应等。本案例研究中，空气（空气中氧气的摩尔分数为 0.21）从大气中吸入，进入蓄电池冷却循环中，然后输入至 PEM 燃料电池中，空气的速度近似为常数，故氧气分压可由出口和入口处的氧气分压对数平均值近似表示：

$$P_{O_2,\text{ave}} = \frac{P_{O_2,\text{in}} - P_{O_2,\text{out}}}{\ln\left(\dfrac{P_{O_2,\text{in}}}{P_{O_2,\text{out}}}\right)} \tag{7.30}$$

其中，入口氧气压力 $P_{O_2,\text{in}}$ 等于大气压力乘以 0.21。阴极出口产物是生成的水和未消耗的空气的混合物，它们被释放到大气中。因此，该出口混合物中的氧气分压为

$$P_{O_2,\text{out}} = \frac{\dot{N}_{O_2,\text{out}}}{\dot{N}_{O_2,\text{out}} + \dot{N}_{H_2O,\text{out}}}(P_{\text{atm}}) \tag{7.31}$$

其中，

$$\dot{N}_{O_2,\text{out}} = \dot{N}_{O_2,\text{in}} - \dot{N}_{O_2,\text{cons}} \tag{7.32}$$

另外，空气利用系数可定义如下：

$$U_{O_2} = \frac{\dot{N}_{O_2,\text{cons}}}{\dot{N}_{O_2,\text{in}}} \tag{7.33}$$

其中，消耗的氧气摩尔流量 $\dot{N}_{O_2,\text{cons}}$ 可通过法拉第定律和 PEM 燃料电池反应的化学计量系数求得。根据法拉第定律，阳极的氢气摩尔消耗率为

$$\dot{N}_{H_2,\text{consumed}} = \frac{iN_{\text{FC}}A_{\text{FC}}}{2F} \tag{7.34}$$

式中，i 为燃料电池的净交换电流密度；N_{FC} 为电堆中燃料电池的数量；A_{FC} 为燃料电池的有效面积；F 为法拉第常数。根据反应化学方程[式（7.27）]，氧气消耗率和水的生成率都为氢气消耗率的一半，即

$$\dot{N}_{O_2,\text{cons}} = \dot{N}_{H_2O,\text{out}} = 0.5\dot{N}_{H_2,\text{cons}}$$

为了估算氢气分压，可以假设氢气消耗量占总流量的比例相对较大（剩余的未消耗氢气很少）。因此，氢气分压近似为出入口压力平均值（Amphlett 等，1995）：

$$P_{H_2,\text{ave}} = \frac{P_{H_2,\text{in}} + P_{H_2,\text{out}}}{2} \tag{7.35}$$

其中，阳极氢气出口压力 $P_{H_2,\text{out}}$ 为

$$P_{H_2,\text{out}} = \frac{\dot{N}_{H_2,\text{out}}}{\dot{N}_{H_2,\text{in}}}P_{H_2,\text{in}} \tag{7.36}$$

氢气出口处摩尔流量等于氢气的入口摩尔流量减去燃料电池消耗的氢气摩尔流量，即

$$\dot{N}_{H_2,out} = \dot{N}_{H_2,in} - \dot{N}_{H_2,cons} \tag{7.37}$$

另外，燃料（氢气）利用系数可定义如下：

$$U_{H_2} = \frac{\dot{N}_{H_2,consumed}}{\dot{N}_{H_2,in}} \tag{7.38}$$

Amphlett 等（1995）提出了 PEM 燃料电池可逆电势的经验公式：

$$E_{rev} = E_{rev}^{\circ} + (T - T_{ref})\frac{\Delta S^{\circ}}{2F} \tag{7.39}$$

式中，E_{rev}° 为标准条件下的理论燃料电池可逆电势，等于 1.23V；$(T - T_{ref})\Delta S^{\circ}/2F$ 为在标准条件下（$T = 25℃$，$P = 1atm$），温度偏离标准参考温度（T_{ref}）时可逆电势的变化。根据 Amphlett 等的研究，$\Delta S^{\circ}/2F$ 约为 $-0.9 \times 10^{-3} J \cdot mol/(K \cdot C)$。

2. PEM 燃料电池的过电位

燃料电池阳极和阴极的活化过电位表示电化学反应的速率，它受到电极和电解质之间电荷转移的活化能垒的限制。阳极和阴极发生反应的动力学遵循巴特勒-福尔默方程，该方程给出了这些反应产生的电流密度。当阴极的活化过电位较大且为负，而阳极的活化过电位为正时，可将巴特勒-福尔默方程简化为塔费尔方程。因此，对于 PEM 燃料电池来说，阴极和阳极活化过电位可用塔费尔方程近似表示：

$$\eta_{a,a} = \frac{RT}{\alpha_a F} \ln\left(\frac{i}{i_{0,a}}\right) \tag{7.40}$$

$$\eta_{a,c} = \frac{RT}{\alpha_c F} \ln\left(\frac{i}{i_{0,c}}\right) \tag{7.41}$$

式中，$i_{0,a}$ 和 $i_{0,c}$ 分别为阳极和阴极的交换电流密度；α_a 和 α_c 分别为阳极和阴极的反应传递系数。阳极和阴极的交换电流密度可分别由以下公式确定（Thampan 等，2001）：

$$i_{0,a} = \gamma_M \exp\left[-\frac{\Delta G_{C,a}}{R}\left(\frac{1}{T} - \frac{1}{T_{ref}}\right)\right] i_{0,a}^{ref} \tag{7.42}$$

$$i_{0,c} = \gamma_M \exp\left[-\frac{\Delta G_{C,c}}{R}\left(\frac{1}{T} - \frac{1}{T_{ref}}\right)\right] i_{0,c}^{ref} \tag{7.43}$$

式中，γ_M、ΔG_C 和 i_0^{ref} 分别为电极表面粗糙度系数、活化自由能和参考状态下的交换电流密度（T_{ref}、P_{ref}）。表 7.2 列出了 PEM 燃料电池模型的设计参数。

表 7.2　PEM 燃料电池模型的设计参数

参数	值	参数	值
膜厚度 δ_m	0.0254cm	电极表面粗糙度系数 γ_M	47
阴极厚度 δ_c	0.008cm	阳极参考状态下的交换电流密度 $i_{0,a}^{ref}$	1×10^{-4}A/cm²
阳极厚度 δ_a	0.008cm	阴极参考状态下的交换电流密度 $i_{0,c}^{ref}$	1×10^{-9}A/cm²
阳极的活化自由能 $\Delta G_{C,a}$	29kJ/mol	阳极电阻率 ρ_a	16×10^{-3}Ω·cm
阴极的活化自由能 $\Delta G_{C,c}$	66kJ/mol	阴极电阻率 ρ_c	43.1×10^{-6}Ω·cm
电流密度 i	0.7A/cm²	膜的有效含水量 λ	12.5
大气压力 P_{atm}	101kPa	燃料电池的活性表面积 A	100cm²
空气利用系数 U_{O_2}	0.2	堆中燃料电池数量 N_{FC}	360
氢气利用系数 U_{H_2}	0.8	逆变器效率 η_{inv}	95%
氢气入口压力 $P_{H,in}$	135kPa	氢气的低热值 $\overline{LFV}_{H_2}$	240000kJ/kmol
空气入口压力 $P_{air,in}$	101kPa	参考压力 P_{ref}	101kPa
阳极反应传递系数 α_a	0.7	参考温度 T_{ref}	25℃
阴极反应传递系数 α_c	1.7		

高电流密度下，氧气泡会在表面覆盖，当其阻碍氢气的高速率流动进而阻碍反应时，PEM 燃料电池中就会产生浓差过电位。实验研究发现，浓差过电位通常比其他过电位小得多，因此常常将其忽略。浓度（或扩散）过电位代表浓度损失和传输损失。采用菲克定律对阳极和阴极的质量流建模，可以得出反应物的二元扩散系数。结合能斯特表达式与菲克定律，可以确定相对较高电流密度下的极限扩散速率，由于产物过多阻塞反应物催化剂位点造成的电位下降可由此确定。因此，根据电流密度（i）和极限电流密度（i_L）可以确定阳极和阴极的浓差过电位：

$$\eta_{c,a} = \frac{RT}{F}\ln\left(1-\frac{i_a}{i_L}\right) \quad (7.44)$$

$$\eta_{c,c} = \frac{RT}{F}\ln\left(1-\frac{i_c}{i_L}\right) \quad (7.45)$$

对于 PEM 燃料电池来说，极限（最大）电流密度通常在 500～1500mA/cm² 之间（Corrêa 等，2004; Gurau 等，2000）。该模型包含浓差过电位。在电流密度非常高的情况下，i_L 的影响会很大，设 i_L 的最大值为 1500A/cm²。但本案例研究中，电流密度处在中等范围内，浓差过电位项的影响几乎为零。

欧姆过电位由燃料电池阴极、阳极和膜中的电子和离子产生。导电组件对电子流的阻碍会产生电子电阻，而质子通过膜的阻力会产生离子电阻。PEM 燃料电池中的欧姆过电位为

$$\eta_{ohm} = (R_a + R_c + R_m)I \quad (7.46)$$

式中，R_a、R_c 和 R_m 分别为阳极、阴极和膜的电阻。阳极电阻、阴极电阻和膜电阻可分别由以下公式确定：

$$R_a = \frac{\rho_a \delta_a}{A} \tag{7.47}$$

$$R_c = \frac{\rho_c \delta_c}{A} \tag{7.48}$$

$$R_m = \frac{\delta_m}{\sigma_m A} \tag{7.49}$$

式中，ρ、δ、A 和 σ_m 分别为电极的电阻率、长度、燃料电池的有效面积和膜质子电导率。Nafion 公司的膜质子电导率可由下式确定（Mann 等，2000）：

$$\sigma_m = \frac{\left[\lambda - 0.634 - 3\left(\dfrac{i}{A}\right)\right]\exp\left[4.18\left(\dfrac{T-303}{T}\right)\right]}{181.6 + \left[1 + 0.03\left(\dfrac{i}{A}\right) + 0.062\left(\dfrac{T}{303}\right)^2\left(\dfrac{i}{A}\right)^{2.5}\right]} \tag{7.50}$$

式中，λ 为代表膜有效含水量的半经验参数；T 为 PEM 燃料电池的绝对温度。PEM 燃料电池模型的相关参数见表 7.2。

PEM 燃料电池堆的输出功率密度（P_d）和输出功率分别为

$$P_d = V_{FC} i \tag{7.51}$$

$$\dot{W}_{FC} = N_{FC} A P_d \tag{7.52}$$

式中，N_{FC} 为堆栈中燃料电池的数量。PEM 燃料电池的能量效率可表示为输出功率（$\dot{W}_{FC}$）乘以输出逆变器效率（η_{inv}，表示有效输出）与输入氢气的摩尔低热值（$\overline{LFV}_{H_2}$，表示燃料电池的输入）之比，即

$$\text{PEM 燃料电池的能量效率} = \frac{\eta_{inv} \dot{W}_{FC}}{\dot{N}_{H_2,in} \overline{LFV}_{H_2}} \tag{7.53}$$

7.4.5 结果与讨论

本节将介绍锂离子蓄电池和 PEM 燃料电池案例研究中的电化学计算结果。锂离子蓄电池的等效模型通过 Comsol 多物理场软件实现。将锂离子蓄电池产热率的计算结果带到工程方程求解器（EES）中，并在其中对 PEM 燃料电池堆进行建模。蓄电池恒温模型不仅有助于我们了解蓄电池在不同温度下的运行情况，还有助于在蓄电池热管理系统设计过程中，确定蓄电池运行的温度范围。若蓄电池的运行受温度影响很大，则需要精确的蓄电池热管理系统温度控制单元。在蓄电池恒温模型中，蓄电池所产生的热量通过对流散失到冷却介质（在本例中为强制空气）中。本节给出的锂离子蓄电池的模拟结果是在放电速率为 12A/m^2 的情况下得出的。本节的其余部分将分析采用锂离子蓄电池和 PEM 燃料电池的电

化学模型所获得的结果。

锂离子蓄电池在放电（0～1800s）、开路（1800～2000s）、充电（2000～3800s）的电流和电压变化如图7.12所示，其显示了锂离子蓄电池的单次放电-充电循环。在蓄电池的充放电过程中，由于欧姆过电位、表面过电位和浓差过电位，蓄电池电压会发生损耗。在开路（无电流）条件下，当蓄电池处于静止状态时，蓄电池电压会上升。这种开路条件下电压的增加与充放电过程中由于欧姆过电位和浓差过电位而损失的部分蓄电池电位有关。放电过程中的电流为正，表示蓄电池在放电过程中产生了电流，而负数则表示蓄电池在充电过程中电流由外部输入。

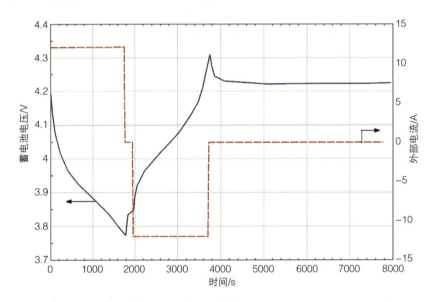

图7.12 锂离子蓄电池在放电（0～1800s）、开路（1800～2000s）、充电（2000～3800s）的电流电压变化

图7.13所示为在4种不同放电倍率下，锂离子蓄电池在放电过程中的电压随蓄电池容量的变化情况。从图中可以看出，随着放电倍率的增加，最大放电容量也在减少。这意味着当蓄电池以较高的倍率放电时（如快速放电），蓄电池的电流密度变低。换句话说，当以相对较高的倍率放电时，蓄电池的有效容量会降低。例如，当放电倍率为4C时，在达到3.2V前蓄电池容量只消耗了约40%。

图7.14所示为放电过程中温度对蓄电池电压的影响。在一定范围内，随着温度的升高，蓄电池电压也升高。这是因为在相对较高的工作温度下，离子导电性和扩散性更好。

图7.15所示为在不同工作温度下，锂离子蓄电池的产热量随放电时间变化的情况。如前所述，在本案例研究中，蓄电池恒温运行，蓄电池内的产热量仅由不可逆热组成（可逆热部分为零）。因此，根据式（7.23），产热量为蓄电池开路电压与实际电压之差乘以电流密度。从图7.15可以看出，当蓄电池在相对较低的温度下运行时，蓄电池的产热量会增加。这主要是由于在相对较低的温度下，离子导电率较低，欧姆损耗较大。假设锂离子蓄电池的温度均匀且恒定，可以认为蓄电池内部产生的所有热量在进入PEM燃料电池堆之前都转移到了冷却介质（空气）中。以放电时间为1000s为例，从图7.15中可以看出，随着蓄电池温度从15℃上升到45℃，单体蓄电池中的产热通量从3.5 W/m² 下降到2.5 W/m²。

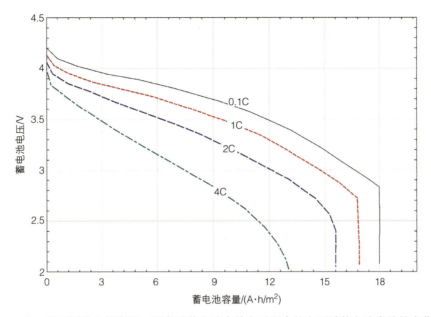

图 7.13 在 4 种不同放电倍率下，锂离子蓄电池在放电过程中的电压随蓄电池容量的变化情况

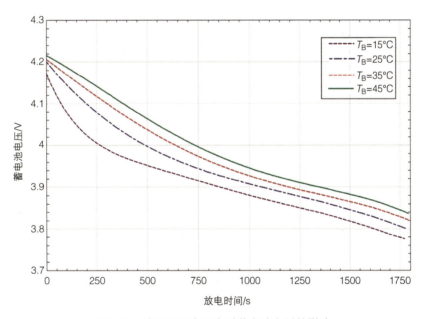

图 7.14 放电过程中温度对蓄电池电压的影响

图 7.16 所示为 PEM 燃料电池内的过电位随电流密度的变化。可以看出，随着外加电流密度的增加，由于欧姆过电位和活化过电位的增加，电池的整体电压下降。此外，浓差过电位近似为零，远小于其他两个过电位。需要注意：

1）在低电流密度下，由于过电位的作用，燃料电池电压相对较低。
2）在中等电流密度下，由于欧姆损耗，燃料电池电压随电流密度增加呈线性下降。
3）在高电流密度下，浓差过电位在 PEM 燃料电池的总电位损失中占很大比例。

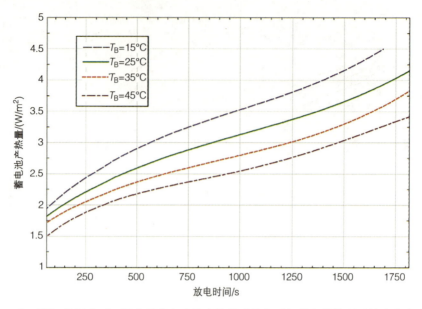

图 7.15　在不同工作温度下，锂离子蓄电池的产热量随放电时间的变化情况（放电倍率为 2C）

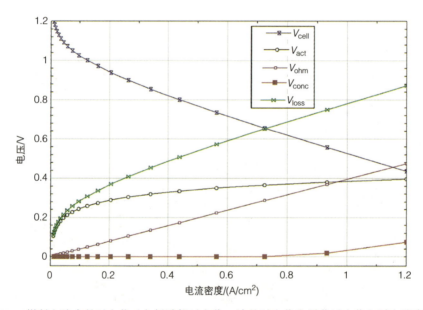

图 7.16　PEM 燃料电池内的过电位（包括欧姆过电位、浓差过电位和活化过电位）随电流密度的变化
V_{cell}—电池电压　V_{act}—活化过电位　V_{ohm}—欧姆过电位　V_{conc}—浓差过电位　V_{loss}—损失电位

图 7.17 所示为不同输入空气温度下，PEM 燃料电池堆的电压和功率密度随电流密度变化的情况。随着输入空气温度和压力的升高，电堆产生的电能以及电堆的效率也逐渐提高。由于电解质的电导率随温度升高，因此燃料电池的性能会随着空气温度的升高而提升。由于分子活性较高，电导率越高，浓度和欧姆过电位越低。因此，为了提高性能，PEM 燃料电池采用的是冷却蓄电池组而被预热的空气，而非从环境中直接吸入的空气。从图 7.17 中还可以看出，在最大电流密度为 1.2A/cm² 时，输入空气的温度从 10℃上升至 40℃时，燃料电池堆的功率密度增加了 0.045W/cm²。

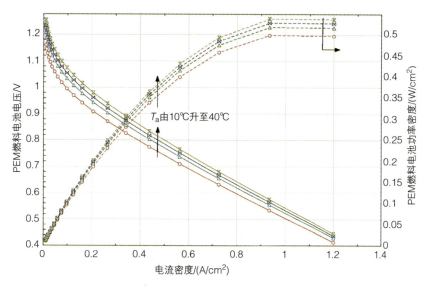

图 7.17　不同输入空气温度下，PEM 燃料电池堆的电压和功率密度随电流密度变化的情况

另外，图 7.18 所示为在不同输入空气温度下，PEM 燃料电池的能量效率随电流密度的变化情况。随着输入空气温度的升高，能量效率也会提高。此外，在相对较低的电流密度下，PEM 燃料电池的能量效率更高。当空气输入温度为 40℃、电流密度从 0 增至 1.2A/cm² 时，PEM 燃料电池的能量效率从 0.7 降至 0.25。

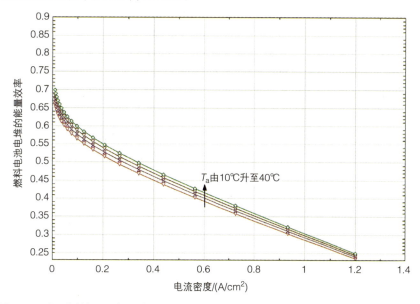

图 7.18　在不同输入空气温度下，PEM 燃料电池的能量效率随电流密度的变化情况

7.4.6　进一步结果与讨论

本案例介绍了一款蓄电池热管理系统与 PEM 燃料电池/锂离子蓄电池系统的新型集成系统。各系统的基本原理以及相应的电化学反应均已描述。通过过电位损失，包括表面

（或活化）过电位、浓差过电位和欧姆过电位，案例对锂离子蓄电池和 PEM 燃料电池堆系统的性能进行了计算。本案例给出了锂离子电池恒温模型的电压和产热率相关数据，这些数据有助于确定蓄电池热管理系统（在本例中基于强制空气冷却）的设计和蓄电池有效工作的温度范围。改变工作温度这一关键参数可以反映温度对 PEM 燃料电池堆的发电量和能量效率的影响。研究发现，相较于低温（进气温度为 10℃），使用温度为 40℃ 的预热空气时，PEM 燃料电池产生的功率密度比未预热条件下增加 450W/m^2。

需要注意的是，当车辆的空气输入温度相对较高（高于 40℃）时，空气无法有效地对蓄电池组进行冷却。不当的冷却方式会加速锂离子蓄电池老化，进而降低蓄电池的使用寿命，故锂离子蓄电池的工作温度一般在 15～45℃ 之间。此外，相较于放电，在充电过程中，温度对蓄电池老化的影响更为严重。

7.5 案例研究 2：混合动力飞机推进系统

为减少碳排放，采用燃料电池和蓄电池进行发电的飞机推进系统受到越来越多的关注。在航空领域，SOFC 凭借其燃料 - 电能转化率高的潜力而得到广泛应用（Fernandes 等，2018；Kohout 和 Schmitz，2003）。但此类航空设备中存在许多问题，包括：

1）以气体形式储存纯氢（作为 SOFC 的燃料）需要非常大的储存罐，这对于设备的移动性有很大影响。因此，氢气需以压缩气体或液态的形式储存。采用压缩气体的形式储存氢气通常需要很高的压力（350～700bar），而储存液态氢气则需要低温（大气压下为 -252.8℃）。然而，无论是以液态还是气态储存，氢气都面临技术上的困难和高昂的成本。

2）由于存在上一点挑战，人们开始探究在电动飞机上的替代储氢介质，如含氢燃料。煤油、氨气、甲烷、乙醇和汽油等其他燃料都可用于 SOFC。这些燃料需要在高温下进行重整。重整器是一种将含氢燃料转换为氢气的装置。对于甲烷、天然气和乙醇等短链烃燃料，燃料重整可在内部进行，不需要外部重整器。

3）另外，电动飞机处于起飞和爬升过程等对电力的需求相对较高的工况时，通常需使用辅助蓄电池系统来提供补充电力。在航空领域中，蓄电池的主要挑战之一是温度对蓄电池性能的影响。因此，为将温度保持在所需范围内从而使蓄电池长期有效地工作，对电动飞机中的蓄电池组进行冷却处理非常有必要。

美国 NASA 已开展多项研究，开发甲烷等替代燃料在含有内部重整器的先进 SOFC 中的设备，开展燃料/能量储存技术在航空领域中的使用（Fernandes 等，2018；Kohout 和 Schmitz，2003）。目前的研究旨在落实具有高效率、高回报的概念和相关技术，从而进一步开发电动飞机技术。在这方面，本书的案例研究能够提供一定的支持。

本案例为一种新型混合 SOFC-蓄电池-燃气轮机推进系统，该系统可为电动飞机提供电力。该混合系统包含一个锂离子蓄电池组、一个带内部重整器的 SOFC、压缩机、加湿器、热交换器、燃气轮机/发电机以及其他组件。本案例建立了系统组件模型来评估系统设计的性能，同时也对组件和系统进行了分析。通过对蓄电池的热分析可计算锂离子蓄电池的产热率，蓄电池的温度会随时间变化。在其余组件的模拟中则采用单体蓄电池的产热率平均值。利用电化学模型可以确定带有内部重整器的 SOFC 产生的电功率，最后根据能量效率可对整个混合系统的性能进行评估。

7.5.1 系统描述

本案例中的飞机采用了一种混合动力推进系统，其中以甲烷为燃料的 SOFC 和燃气轮机提供大部分电力，锂离子蓄电池在高负荷工况下提供补充电力。

图 7.19 所示为该 SOFC-蓄电池-燃气轮机系统。它包括以下组件：空气和甲烷压缩机、水泵（提供冷却水）、蓄电池组、热交换器、混合器、带内部重整器的 SOFC、后燃烧器、燃气轮机和电机。SOFC 反应物（包括水、甲烷和空气）在热交换器中加压预热并升至 1000K。

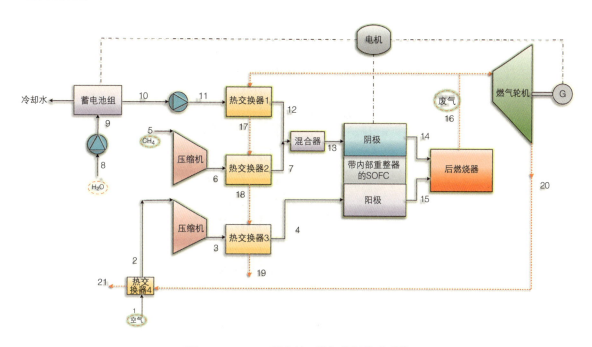

图 7.19　SOFC-蓄电池-燃气轮机推进系统

高温会加快蓄电池内部老化过程，并缩短蓄电池的使用寿命。因此，大功率设备需要高效的冷却系统。本案例为水冷系统，水泵将水输送至锂离子蓄电池组中，经过蓄电池周围并带走蓄电池产生的部分热量。从蓄电池组排出的少部分水被废弃并排出系统，而大部分水被水泵输送到热交换器并转化为蒸汽，然后在混合器中与高温甲烷混合，最后进入 SOFC。在配有内部重整器的 SOFC 中，蒸汽和甲烷的混合物首先通过蒸汽重整反应转化为一氧化碳和氢气，随后通过水气变换反应转化为二氧化碳和氢气。生成的气体被输送到 SOFC 的阳极侧，氢气在阴极与高温空气中的氧气反应生成水。

后燃烧器会利用 SOFC 内部重整器中未消耗的燃料、剩余的空气和产物，产生高温蒸汽。这些高温蒸汽用于燃气轮机发电以及用于热交换器加热 SOFC 反应物。燃气轮机排出燃烧后的高温气体可进一步用于预热飞机吸入的空气。SOFC 和燃气轮机产生的电能供飞机发动机使用，飞机运行时，本案例假定此过程产生的电能保持不变。在飞行过程中，燃气涡轮机和 SOFC 产生的额外电能可储存在锂离子蓄电池中，当飞机处于起飞或爬升这些需要更高电能的过程时再进行利用。

7.5.2 建模与分析

1. 锂离子蓄电池的热模型

本案例研究中,在飞机起飞和爬升过程中,锂离子蓄电池可为 SOFC 和燃气轮机提供补充电力。蓄电池组由圆柱形蓄电池组成,通过蓄电池之间的水流进行冷却。图 7.20a 为圆柱

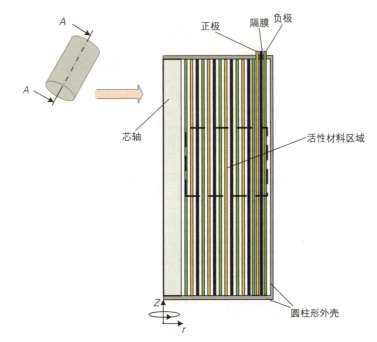

a) 圆柱形锂离子蓄电池垂直截面图(左视图)

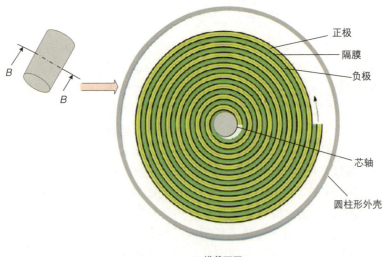

b) 横截面图

图 7.20 圆柱形锂离子蓄电池内部结构

注:该图源自(Farsi 和 Rosen,2023)。

形锂离子蓄电池的垂直截面图。蓄电池包含一个芯轴（蓄电池片状材料卷绕的绝缘体）、一个圆柱形外壳和活性材料（蓄电池片状材料，其中包括负极、正极和隔膜）。蓄电池高度为65mm，半径为9mm，圆柱形钢壳的厚度为0.25mm，芯轴的半径为2mm。圆柱形蓄电池的隔膜、正极和负极呈长条状，卷绕在圆柱形芯轴上形成圆柱形结构，如图7.20b所示。

案例研究 1 对锂离子蓄电池的电化学模型已进行了详细介绍（见第 7.4.1 节）。本案例同样以该模型为基础进行分析，并确定锂离子蓄电池产热。本案例中，蓄电池缠绕的螺旋方向（正、负极和隔膜绕芯轴滚动的方向）上的热传导可以忽略，故可采用轴对称模型，如图 7.20b 所示。案例 1 中的电化学方程式不仅适用于在案例研究 1 中的一维模型，也适用于本案例研究中的二维轴对称模型。

案例研究 1 假设单体蓄电池在充放电过程中的温度为均匀且恒定的，而在本案例中，蓄电池温度为随时间变化的（即非恒温条件）。另外，由于锂离子蓄电池组件的导热系数相对较高，且蓄电池中产生的热量不多，因此可以假设蓄电池温度均匀。此外，当蓄电池温度的微小变化对蓄电池化学性质影响很小时，使用基于平均温度的集总参数方法可以准确地预测蓄电池的热特性。接下来，本节将介绍锂离子蓄电池的热模型，并采用该模型确定蓄电池温度随时间的变化。将电化学模型和热模型通过 Comsol 软件中的多物理耦合节点进行耦合，可建立蓄电池产热与蓄电池温度的关系。

根据微分能量平衡，可以推出多元系统（如蓄电池）的一般能量方程，即

$$\frac{\partial(\rho_B c_{p,B} T_B)}{\partial t} = \nabla \cdot k \nabla T + \dot{Q}_{gen} \tag{7.54}$$

式中，$c_{p,B}$、ρ_B、T_B 和 t 分别为恒温下的比热、蓄电池密度、蓄电池温度和时间；$\dot{Q}_{gen}$ 为蓄电池单位体积的产热率。

对于本案例中的圆柱形蓄电池二维模型，上述方程可写为

$$\frac{\partial(\rho_B c_{p,B} T_B)}{\partial t} = \frac{1}{r}\frac{\partial}{\partial r}\left(k_r r \frac{\partial T_B}{\partial r}\right) + \frac{\partial}{\partial z}\left(k_z \frac{\partial T_B}{\partial z}\right) + \dot{Q}_{gen} \tag{7.55}$$

式中，k_r 和 k_z 分别为蓄电池径向和轴向的热导率。单体蓄电池的厚度较小，对流换热系数（h_{conv}）乘以蓄电池厚度（δ_B）与电池导热系数（k）之比非常小（即 $h_{conv}\delta_B/k \ll 1$），故集总参数方法具有良好的适用性。因此，对蓄电池温度均匀的假设也是十分准确的。

由于蓄电池内部存在电化学反应（产生可逆热）和内阻（产生不可逆热），因此蓄电池会产生热量。单位体积的蓄电池产热率的一般表达式为

$$\dot{Q}_{gen} = \frac{1}{V_B}\left[I_B(E_{OCP} - E_B) - I\left(T_B \frac{\partial E_{eq}}{\partial T}\right)\right] \tag{7.56}$$

式中，E_{eq}、I_B、E_B 和 V_B 分别为蓄电池平衡电位、蓄电池电流、蓄电池电压和蓄电池体积。式中的可逆热项 [$I(T_B \partial E_{eq}/\partial T_B)$] 与 $T_B \Delta S I_B / n_e F$（ΔS 为蓄电池中电化学反应引起的熵变，n_e 为平衡电化学反应中的电子数）相等。

每个蓄电池包含三层（正极、负极和隔膜），它们在圆柱形蓄电池的不同方向上具有不同的热导率。蓄电池在径向（k_r）和轴向（k_z）的整体热导率为分别为

$$k_r = \frac{\sum \delta_i}{\sum (\delta_i / k_i)} \qquad (7.57)$$

$$k_z = \frac{\sum \delta_i k_i}{\sum (\delta_i)} \qquad (7.58)$$

式中，δ_i 和 k_i 分别为第 i 层的厚度和导热系数。各层的材料不同，厚度不同，导热系数值也不同。

同理，具有多层结构的蓄电池在恒压条件的密度和比热分别为

$$\rho_B = \frac{\sum \delta_i \rho_i}{\sum L_i} \qquad (7.59)$$

$$c_{p,B} = \frac{\sum \delta_i c_{p,i}}{\sum \delta_i} \qquad (7.60)$$

式中，ρ_i 和 $c_{p,i}$ 分别为蓄电池第 i 层的密度和比热容。SOFC 所需的水会先经过锂离子蓄电池组达到冷却的目的，然后通过热交换器泵送至相应位置。考虑到水对蓄电池的冷却效果，需要对蓄电池圆柱形外壳设置一个热通量边界条件，以表示冷却水和蓄电池外壳之间的对流传热。表 7.3 列出了锂离子蓄电池瞬态模型的输入参数和对应值。

表 7.3 锂离子蓄电池瞬态模型的输入参数和对应值

参数	值	参数	值
蓄电池外壳厚度	2.5×10^{-4} m	正极集流体密度	2770kg/m³
蓄电池半径	9×10^{-3} m	负极集流体密度	8933kg/m³
蓄电池高度	6.5×10^{-2} m	隔膜密度	1009kg/m³
芯轴半径	2×10^{-3} m	正极比热容	1269.2J/(kg·K)
负极长度	5.5×10^{-5} m	负极比热容	1437.4J/(kg·K)
隔膜长度	3×10^{-5} m	正极集流体比热容	875J/(kg·K)
正极长度	5.5×10^{-5} m	负极集流体比热容	385J/(kg·K)
负极厚度	7×10^{-6} m	隔膜比热容	1978.2J/(kg·K)
正极厚度	1×10^{-5} m	蓄电池轴向导热系数	29.557W/(m·K)
蓄电池厚度	1.57×10^{-4} m	蓄电池径向导热系数	0.89724W/(m·K)
正极热导率	1.58W/(m·K)	蓄电池密度	2055.2kg/m³
负极热导率	1.04W/(m·K)	蓄电池比热容	1399.1J/(kg·K)
正极集流体热导率	170W/(m·K)	入口温度	298.15K
负极集流体热导率	398W/(m·K)	初始温度	298.15K
隔膜热导率	0.344W/(m·K)	蓄电池容量	14400C
正极密度	2328.5kg/m³	1C下的欧姆过电位	0.0045V
负极密度	1347.3kg/m³	放电倍率	2C

注：数据摘自（Chen 等，2006；Gomadam 等，2003；Chen 等，2005）。

2. SOFC 模型

SOFC 是一种高温（600～1000℃）全陶瓷固态装置，采用具有离子导电性的氧化物陶瓷材料作为电解质。与 PEM 燃料电池相比，SOFC 在航空领域具有潜在优势。例如，SOFC 的工作温度相对较高，因此可从 SOFC 产物中提取更多的余热。系统的其他过程，如燃料加热和重整都可以使用这部分余热的热量。

本案例在系统的平衡和稳态条件下对 SOFC 进行建模和分析。根据 Ranjbar 等（Ranjbar 等，2014; Farsi 和 Rosen，2023）的研究，对配备内部重整器的以甲烷为燃料的 SOFC，采用以下假设条件：

1）按体积计算，空气由 21% 的氧气和 79% 的氮气组成。
2）SOFC 反应物和生成物之间的温差固定为 50K。
3）固体结构和气体通道之间的辐射传热忽略不计。
4）在 SOFC 中未消耗的燃料将在后燃烧器中被完全氧化。
5）SOFC 是完全隔热的，不会与环境产生热交互。
6）接触电阻忽略不计。
7）只有 H_2 参与了与 O_2 的电化学反应，而 CO 则通过水气变换反应转化为 CO_2 和 H_2。
8）燃料通道出口处的气体混合物处于化学平衡状态。

对于以甲烷为燃料的 SOFC 来说，使用内部重整器比使用外部重整器更为经济。图 7.21 所示为使用内部重整器的 SOFC。在甲烷与蒸汽的重整过程中，主要的化学反应如下：

$$CH_4 + H_2O \longrightarrow CO + 3H_2 \tag{7.61}$$

$$CO + H_2O \longrightarrow CO_2 + H_2 \tag{7.62}$$

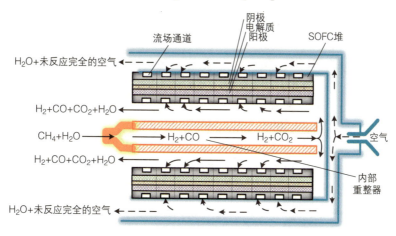

图 7.21　使用内部重整器的 SOFC

式（7.61）中的蒸汽重整反应是缓慢的吸热反应，而式（7.62）中的水气变换反应是快速的放热反应。蒸汽重整所需的热量远高于水气变换反应的产热（在 1300K 的反应温度下，蒸汽重整的反应焓为 227.5kJ/mol，而水气变换反应的反应焓为 -31.8kJ/mol）。因此，内部重整器内的反应为吸热反应。蒸汽转化和水气变换反应产生的氢气用于 SOFC 的电化学反应。SOFC 内部反应（即 $H_2 + O_2 \longrightarrow H_2O$）为放热反应。因此，SOFC 产生的热量可为重整器中的蒸汽重整提供热量,并减少使用内部重整器的 SOFC 系统对冷却系统的依赖。这里假设 SOFC 入口的反应物与出口的产物之间的温差为 50K。此外,在此 SOFC 系统中,未反应的燃料可在后燃烧器中产生热量,用于在热交换器中加热 SOFC 反应物,也可用于燃气轮机发电。

本节的后面部分中,将建立一个 SOFC 的零维模型,假设其在稳态条件下运行。类似于在案例 1 中的 PEM 燃料电池,SOFC 的输出电压为

$$E_{SOFC} = E_{OCP,SOFC} - [(\eta_{a,a} + \eta_{a,c}) + (\eta_{c,a} + \eta_{c,c}) + \eta_{ohm}] \qquad (7.63)$$

式中,$E_{OCP,SOFC}$ 为 SOFC 的开路电压;$\eta_{a,a}$ 和 $\eta_{a,c}$ 分别为阳极和阴极的活化过电位;$\eta_{c,a}$ 和 $\eta_{c,c}$ 分别为阳极和阴极的浓差过电位;η_{ohm} 为欧姆过电位。表 7.4 列出了 SOFC 中平衡电位和过电位的计算公式。

表 7.4 SOFC 中平衡电位和过电位的计算公式

类型	方程式	说明
平衡电位 $E_{OCP,SOFC}$	$E_{OCP,SOFC} = -\dfrac{\Delta \bar{g}^\circ}{2F} + \dfrac{RT_{SOFC}}{2F} \ln\left(\dfrac{a_{H_2,14} a_{O_2,15}^{0.5}}{a_{H_2O,14}}\right)$ $a_{H_2O,14} = \dfrac{P_{H_2O,14}}{P_{ref}} = \dfrac{x_{H_2O,14} P_{14}}{P_{ref}}$ $a_{H_2,14} = \dfrac{P_{H_2,14}}{P_{ref}} = \dfrac{x_{H_2,14} P_{14}}{P_{ref}}$ $a_{O_2,15} = \dfrac{P_{O_2,15}}{P_{ref}} = \dfrac{x_{O_2,15} P_{15}}{P_{ref}}$ $\Delta \bar{g}^\circ = \bar{g}^\circ_{H_2O} - \bar{g}^\circ_{H_2} - 0.5 \bar{g}^\circ_{O_2}$ $\bar{g}^\circ = \bar{h} - T_{SOFC} \bar{s}^\circ$	参数 a_i 和 x_i 分别为反应中的活度因子和摩尔浓度;$\bar{g}^\circ$、$\bar{h}$ 和 $\bar{s}^\circ$ 分别为摩尔吉布斯自由能、摩尔焓和摩尔熵;P_i 为组分 i 的分压
活化过电位 η_a	$\eta_a = \eta_{a,a} + \eta_{a,c}$ $\eta_{a,a} = \dfrac{RT_{SOFC}}{F}\left[\sinh^{-1}\left(\dfrac{i}{2i_{oa}}\right)\right]$ $\eta_{a,c} = \dfrac{RT_{SOFC}}{F}\left[\sinh^{-1}\left(\dfrac{i}{2i_{oc}}\right)\right]$	参数 i、i_{oa} 和 i_{oc} 分别为电流密度、阳极交换电流密度和阴极交换电流密度;T_{SOFC} 和 R 分别为 SOFC 的温度和通用气体常数
欧姆过电位 η_{ohm}	$\eta_{ohm} = \left(R_c + \sum_j \rho_j \delta_j\right) i$ $\rho_{int} = 1/[9.3 \times 10^6 \exp(-1100/T_{SOFC})]$ $\rho_c = 1/[42 \times 10^4 \exp(-1200/T_{SOFC})]$ $\rho_e = 1/[3.34 \times 10^4 \exp(-10300/T_{SOFC})]$ $\rho_a = 1/[95 \times 10^6 \exp(-1150/T_{SOFC})]$	参数 ρ_{int}、ρ_c、ρ_e 和 ρ_a 分别为互联、阴极、电解质和阳极的电阻率;δ_i 为 SOFC 第 i 层的厚度
浓差过电位 η_c	$\eta_c = \eta_{c,a} + \eta_{c,c}$ $\eta_{c,a} = \dfrac{RT_{SOFC}}{2F}\left[\ln\left(1 + \dfrac{P_{H_2} i}{2 P_{H_2O} i_{as}}\right) - \ln\left(1 - \dfrac{i}{i_{as}}\right)\right]$ $\eta_{c,c} = -\dfrac{RT_{SOFC}}{4F} \ln\left(1 - \dfrac{i}{i_{cs}}\right)$ $j_{as} = 2F P_{H_2} D_{a,eff} / (RT_{SOFC} \delta_a)$ $j_{ac} = 4F P_{O_2} D_{c,eff} / \left[\dfrac{P_{15} - P_{O_2,15}}{P_{15}} (RT_{SOFC} \delta_c)\right]$	参数 $\eta_{c,a}$ 和 $\eta_{c,c}$ 分别为阳极和阴极的浓差过电位;参数 i_{as} 和 i_{cs} 分别为阳极和阴极极限电流密度;$D_{a,eff}$ 和 $D_{c,eff}$ 分别为阳极和阴极的气体扩散率;δ_a 和 δ_c 分别为阳极和阴极的厚度

注:资料来源于(Mozdzierz 等,2018;Yahya 等,2018)。

在平衡条件下，内部重整器中重整化学反应和转换化学反应的摩尔转化率分别为 r_1 和 r_2，而 SOFC 中整个电化学反应的摩尔转化率为 r_3。利用平衡常数和电流的关系得到这些转化率的关系，转换反应的平衡常数可写为

$$\ln K_s = -\frac{\Delta \bar{g}_s^\circ}{RT_{SOFC}} = \ln\left[\frac{r_2(3r_1 + r_2 - r_3)}{(r_1 - r_2)(1.5r_1 - r_2 + r_3)}\right] \quad (7.64)$$

式中，K_s 为反应平衡常数。比吉普斯自由能的计算公式为

$$\Delta \bar{g}_s^\circ = \bar{g}_{s,H_2}^\circ + \bar{g}_{s,CO_2}^\circ - \bar{g}_{s,H_2O}^\circ - \bar{g}_{s,CO}^\circ \quad (7.65)$$

由此可确定比吉普斯自由能为 $\bar{g}_s^\circ = \bar{h} - T_{SOFC}\bar{s}^\circ$，其中，$T_{SOFC}$ 为 SOFC 产物的温度。摩尔焓（$\bar{h}$）的值可在温度为 T_{SOFC} 下得出，摩尔熵（$\bar{s}^\circ$）可在温度为 T_{SOFC} 和标准压力下（101kPa）得出。根据法拉第定理，阳极的甲烷摩尔消耗率为

$$\dot{N}_{CH_4,consumed} = \frac{i_{SOFC} N_{SOFC} A_{SOFC}}{2F} \quad (7.66)$$

式中，i_{SOFC} 为 SOFC 的净交换电流密度；N_{SOFC} 为堆栈中燃料电池的数量；A_{SOFC} 为电池的有效面积；F 为法拉第常数。

燃料利用系数为

$$U_F = \frac{\dot{n}_{CH_4,consumed}}{\dot{n}_{CH_4,in}} \quad (7.67)$$

式中，$\dot{n}_{CH_4}$ 为甲烷的摩尔流量。在带内部重整器的 SOFC 系统中，参与工作的流体的摩尔流量可通过质量平衡计算得出。表 7.5 列出了带内部重整器的 SOFC 的摩尔流量方程。此外，表 7.6 列出了用于模拟带内部重整器的 SOFC 的输入设计参数。

表 7.5　带内部重整器的 SOFC 的摩尔流量方程

类型	方程式
带内部重整器的 SOFC 中的化学反应及相应的摩尔转化率	$r_1[CH_4 + H_2O \longrightarrow CO + 3H_2]$ $r_2[CO + H_2O \longrightarrow CO_2 + H_2]$ $r_3[H_2 + 0.5O_2 \longrightarrow H_2O]$
带内部重整器的 SOFC 中的质量守恒	$\dot{n}_{CH_4,13} = r_1$ $\dot{n}_{H_2O,13} = x_{sc}\dot{n}_{CH_4,13} = 2.5r_1$ $x_{sc} = \dot{n}_{H_2O,13} / \dot{n}_{CH_4,13}$ $\dot{n}_{H_2,14} = 3r_1 + r_2 - r_3$ $\dot{n}_{CO,14} = r_1 - r_2$ $\dot{n}_{CO_2,14} = r_2$ $\dot{n}_{H_2O,14} = \dot{n}_{H_2O,13} - r_1 - r_2 + r_3 = 1.5r_1 - r_2 + r_3$ $\dot{n}_{O_2,4} = r_3 / 2U_a$ air utilization ratio$(U_a) = \dfrac{\text{consumed } O_2}{\text{supplied } O_2} = \dfrac{(r_3/2)}{\dot{n}_{O_2,4}}$ $\dot{n}_{N_2,15} = \dot{n}_{N_2,4}$ $\dot{n}_4 = \dot{n}_{O_2,4} + \dot{n}_{N_2,4}$ $\dot{n}_{15} = \dot{n}_{O_2,15} + \dot{n}_{N_2,15}$ $\dot{n}_{14} = \dot{n}_{H_2,14} + \dot{n}_{H_2O,14} + \dot{n}_{CO,14} + \dot{n}_{CO_2,14}$ $\dot{n}_{13} = \dot{n}_{H_2O,13} + \dot{n}_{CH_4,13}$

表 7.6 带内部重整器的 SOFC 的输入设计参数

参数	值	参数	值
U_F	85%	δ_c	0.5×10^{-4} m
A_{SOFC}	100cm²	δ_e	0.1×10^{-4} m
i_{SOFC}	0.8A/cm²	δ_{int}	0.3×10^{-2} m
i_{oa}	0.56A/cm²	x_{sc}（蒸汽与碳的比值，汽碳比）	2.5
i_{oc}	0.25A/cm²	SOFC 压降	2%
$D_{a,eff}$	0.2×10^{-4} m²/s	堆中的电池数量	100
$D_{c,eff}$	0.5×10^{-5} m²/s	电堆数	34
δ_a	0.5×10^{-3} m		

注：数据来源（Colpan, 2007; Yahya 等，2018）。

3. 系统能量分析

在稳态条件下，忽略势能值，系统各组成部分的一般能量平衡为（Farsi 和 Rosen，2022a）

$$\dot{Q} - \dot{W} + \sum_{in} \dot{n}_i \bar{h}_i - \sum_{out} \dot{n}_o \bar{h}_o = 0 \quad (7.68)$$

式中，$\dot{n}$ 和 $\bar{h}$ 分别为摩尔流量和摩尔焓；$\dot{Q}$ 和 $\dot{W}$ 分别为传热量和功率。空气/甲烷压缩机和水泵的等熵效率均假定为 85%。后燃烧器和热交换器的压降分别为相应输入压力的 3% 和 2%（Ranjbar 等，2014）。

环境温度和环境压力均随海拔高度的增加而降低。二者的值分别为

$$T_a = 288.15 + L_a Z \quad (7.69)$$

$$P_a = 101.325 \left(\frac{288.15}{T_a} \right)^{\frac{g}{L_a R_a}} \quad (7.70)$$

式中，R_a、g 和 L_a 分别为气体特征常数、重力加速度和每千米位势高度的基本温度递减率，$L_a = 6.5$K/km（Seyam 等，2021）。系统入口处的空气参数为

$$P_{air,in} = P_a \left[1 + \frac{(\gamma - 1)}{2} M^2 \right]^{(\gamma - 1)^{-1}} \quad (7.71)$$

$$T_{air,in} = T_a \left[1 + \frac{(\gamma - 1)}{2} M^2 \right] \quad (7.72)$$

式中，γ 和 M 分别为空气比热（$\gamma=1.4$）和马赫数。10km 高度的马赫数为 0.83（Seyam 等，2021）。

假设后燃烧器排放的燃烧烟气有 40% 被输送到燃气轮机用于发电，其余部分（60%）被输送到热交换器用于预热 SOFC 反应物，燃气轮机的出口温度可按下式确定：

$$T_{20} = T_{16}\left[1 - \eta_{\text{isen,T}}\left(1 - \frac{P_{16}}{P_{20}}\right)\right] \tag{7.73}$$

式中，$\eta_{\text{isen,T}}$ 为燃气轮机的等熵效率，此处设为 88%。SOFC 和燃气轮机的净输出功率可通过燃气轮机和 SOFC 产生的总电能与泵和压缩机（以及其他任何需要电力的设备）所需的总电能之差计算得出，即

$$\dot{W}_{\text{net}} = \dot{W}_{\text{SOFC}} + \dot{W}_{\text{GT}} - \sum_{\text{compressors}} \dot{W}_i + \sum_{\text{pumps}} \dot{W}_j \tag{7.74}$$

燃料-电能的净转换效率是 SOFC-蓄电池-燃气轮机推进系统产生的净功率与输入燃料消耗量之比，为

$$\eta_{\text{SOFC-GT}} = \frac{\dot{W}_{\text{net}}}{\dot{n}_{\text{CH}_4,\text{in}}\overline{\text{LHV}}_{\text{CH}_4}} \tag{7.75}$$

式中，$\overline{\text{LHV}}_{\text{CH}_4}$ 为甲烷的低热值；$\dot{n}_{\text{CH}_4,\text{in}}$ 为混合推进系统中甲烷的摩尔流量。

7.5.3 结果与讨论

本节讨论了电动飞机中的 SOFC-蓄电池混合燃气轮机推进系统的建模和分析结果。假设飞机在 10km 高空并处于巡航状态，外界环境温度为 254K，大气压力为 36.45kPa。本节还将具体分析改变系统主要参数（如 SOFC 温度、压力和电流密度）对混合动力系统的净功率和能源效率的影响。

此外，本节还将介绍锂离子蓄电池的热学研究结果。在 Comsol 多物理场软件中可模拟锂离子蓄电池的热模型，将锂离子蓄电池的温度和发热率平均值用于 EES 中，并对 SOFC 堆、后燃烧器、燃气轮机和压缩机进行建模。本节中的锂离子蓄电池模拟环境为：放电速率为 16A、初始温度为 298K，初始充电状态为 20%，充放电持续时间各为 600s。

本节最后将介绍该模型应用于锂离子蓄电池和 SOFC 所获得的结果。

图 7.22 所示为锂离子蓄电池的单次充放电循环中电流，电压随时间的变化，充放电持续时间各为 600s，电流正数表示充电，负数则表示放电。

图 7.23 所示为蓄电池电压和开路电压随时间的变化情况。可以看出，放电时开路电压高于蓄电池电压，充电时开路电压低于蓄电池电压。造成开路电压和蓄电池电压不相等的原因为：在蓄电池充放电过程中，蓄电池会出现欧姆过电位、表面过电位和浓差过电位。

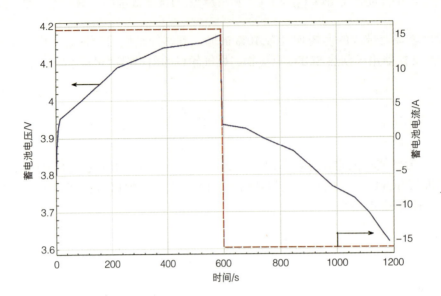

图 7.22 锂离子蓄电池的单次充放电循环中电流、电压随时间的变化

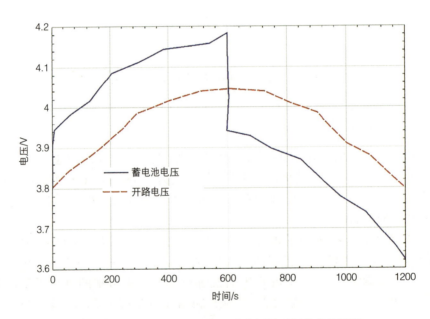

图 7.23 锂离子蓄电池电压和开路电压随时间的变化情况

图 7.24 所示为不同充放电倍率下,锂离子蓄电池最高温度随时间的变化情况。可以看出,蓄电池温度随蓄电池运行时间持续上升。此外,倍率越高,温度越高。例如,在 500s 的时间内,随着放电倍率由 1C 升到 4C,蓄电池的温度从 27℃升至 44℃。从图 7.24 中可知蓄电池可承受的最高温度,可以为防止电极的固体部分熔化或蓄电池中聚合物的热分解提供参考。

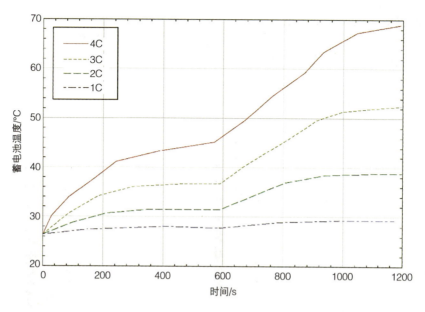

图 7.24　不同充放电倍率下，锂离子蓄电池最高温度随时间的变化情况

图 7.25 所示为不同充放电倍率下，锂离子蓄电池单位体积的发热量（即体积发热率）随时间的变化情况。由图 7.25 可知，在充电过程中，因为蓄电池温度的升高，欧姆损耗造成的欧姆过电位降低，进而造成体积发热率降低。当充电快结束时，蓄电池温度的进一步升高会导致过电位上升，进而体积发热率也随之增加。同样，在放电过程中，由于过电位（主要是欧姆过电位）的增加，蓄电池的体积发热率也会增加；由于过电位（主要是浓差过电位）的降低，体积发热率也会降低。值得注意的是，在充电和放电过程中，蓄电池温度都会持续上升，如图 7.24 所示。

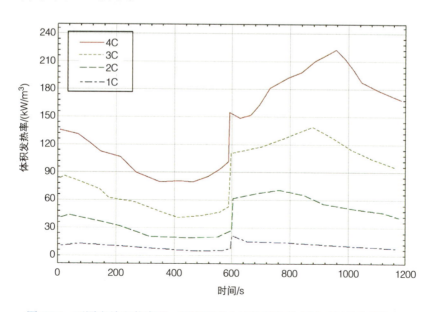

图 7.25　不同充放电倍率下，锂离子蓄电池体积发热率随时间的变化情况

图 7.26 所示为锂离子蓄电池在充电、充电结束和放电结束的温度分布情况。可以看出，蓄电池各部分的温度相差不大。例如，在放电结束时（1199.9s），蓄电池的最高温度和最低温度仅相差 4℃。这也能证明对单体蓄电池温度均匀分布的假设是正确的。

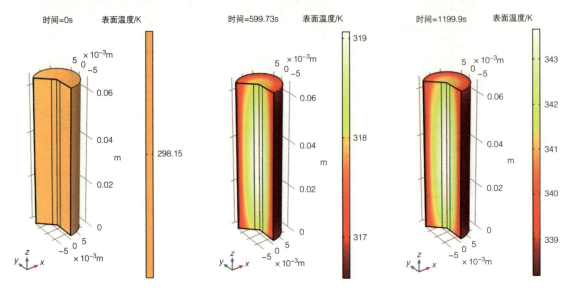

图 7.26　锂离子蓄电池在充电（左）、充电结束（中）和放电结束（右）的温度分布情况

图 7.27 所示为 SOFC- 蓄电池 - 燃气轮机系统的输出功率，以及燃气轮机、空气压缩机、燃料压缩机和水泵消耗的功率随 SOFC 中电流密度变化情况。相较于燃气轮机、空气压缩机，SOFC 功率变化曲线的上升斜率较低。这是由于增加电流密度会提高 SOFC 中的过电位损耗、初次活化损耗和欧姆损耗，从而降低燃料电池的电压。但燃料电池电压的下降幅度小于电流密度的上升幅度，故 SOFC 输出功率保持增加。此外，由于电流密度越大，反

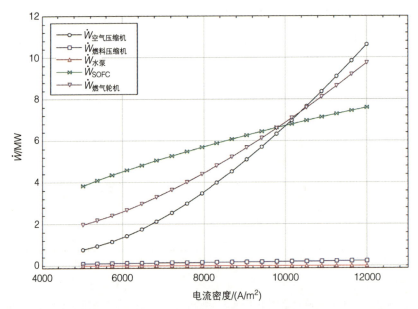

图 7.27　SOFC- 蓄电池 - 燃气轮机系统的输出功率，以及各消耗功率随 SOFC 中电流密度的变化情况

应物（空气、甲烷和水）的流速越高，将这些反应物加压至 SOFC 所需压力的功率也越大，所以 SOFC 电流密度的增加会导致所有输出／消耗功率增加。另外，因为空气的输入率远远高于甲烷和水的输入率，所以燃料压缩机和水泵消耗的功率低于空气压缩机。

图 7.28 所示为 SOFC-蓄电池-燃气轮机混合系统产生的总净电功率随 SOFC 电流密度的变化及其能量效率。由图 7.28 可知，当电流密度为 10000A/m² 时，混合系统产生的净电功率最大（6.7MW）。然而，随着电流密度的增加，混合动力系统的效率会持续下降。这主要是由于在电流密度较高时，输入大流量甲烷所需功率的增量大于混合系统净电输出功率的增量。因此，SOFC 的电流密度不应超过 10000A/m²。

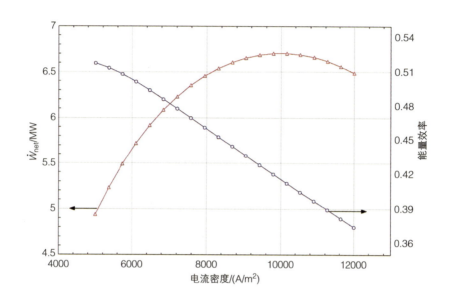

图 7.28　SOFC-蓄电池-燃气轮机混合系统产生的总净电功率随 SOFC 电流密度的变化及其能量效率

图 7.29 所示为增压比对 SOFC-蓄电池-燃气轮机混合动力系统净电功率和能量效率的影响。增压比表示压缩机或泵中，SOFC 反应物的输出压力与输入压力之比。如前所述，水、甲烷和空气等 SOFC 反应物在进入内部重整器之前会被加压至指定压力。增压比越高，SOFC 和燃气轮机的发电量就越高，但同时空气／燃料压缩机和水泵的耗电量也越高。因此存在一个特定的增压比，使系统产生的净功率达到最大值，混合动力系统的能量效率也在该增压比时达到最大值。由图 7.29 可知，当增压比约为 7.5 时，净功率输出和能量效率都达到最大值。

图 7.30 所示为 SOFC-蓄电池-燃气轮机混合系统部件的输出功率／消耗功率随 SOFC 温度变化的情况。当 SOFC 温度达到 700℃ 以前，SOFC 的输出功率增加，之后随温度升高而下降。造成这种现象的原因是，SOFC 中的电压（或电位）损失（包括欧姆过电位、活化过电位和浓差过电位），在 700℃ 前会随着温度而下降，700℃ 后则会随着温度的升高而上升。此外，随着 SOFC 的温度升高至 700℃，电压损失增加，进而导致 SOFC 的热损失增加，SOFC 输出功率下降。700℃ 前，燃气轮机输出功率减少，当 SOFC 温度为 700℃ 左右时，燃气轮机输出功率最小。

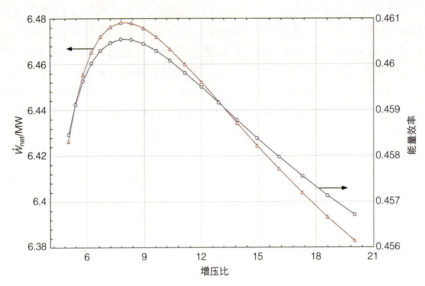

图 7.29 增压比对 SOFC- 蓄电池 - 燃气轮机混合动力系统净电功率和能量效率的影响

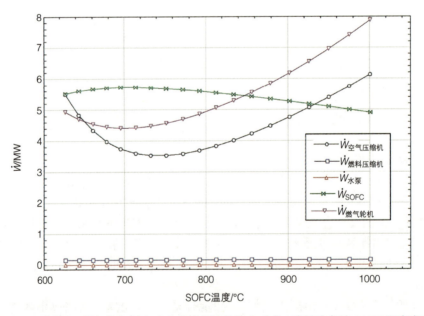

图 7.30 SOFC- 蓄电池 - 燃气轮机混合动力系统部件的输出功率 / 消耗功率随 SOFC 温度变化的情况

图 7.31 所示为 SOFC- 蓄电池 - 燃气轮机混合动力系统的净输出功率和能量效率随 SOFC 温度的变化情况。系统的净输出功率和能量效率曲线随 SOFC 温度的变化曲线类似，SOFC 温度约为 775℃时，二者均达到最大值。因此，该温度为 SOFC 的建议运行温度。随着 SOFC 温度从 627℃升高到 775℃，混合动力系统产生的净输出功率和能量效率分别从 4.75MW 和 39.5% 增加到 6.6MW 和 46.2%。

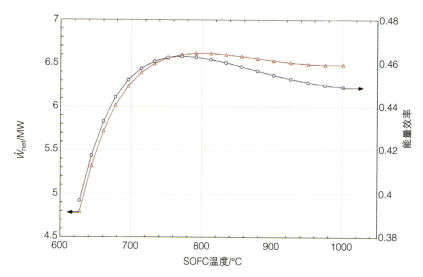

图 7.31　SOFC-蓄电池-燃气轮机混合动力系统的净输出功率和能量效率随 SOFC 温度的变化情况

7.5.4　总结与展望

本案例研究介绍了一款新型电动飞机推进系统，该系统为 SOFC-蓄电池-燃气轮机混合系统。在爬升和起飞等高负荷运行工况时，锂离子蓄电池可以提供补充电能。蓄电池热管理系统为单体蓄电池提供冷却，可以延长电动飞机中锂离子蓄电池的使用寿命并提高其工作效率。在本案例中，SOFC 所需的水首先被泵送至蓄电池组，带走蓄电池产生的热量；随后水被输送至热交换器，最终输送到 SOFC。通过对锂离子单体蓄电池进行热分析，可以确定蓄电池的温度和产热率。本案例还对不同放电倍率对温度和产热率的影响进行了计算。温度和产热率的平均值可用于混合电力推进系统的建模。通过对系统及其组件进行参数分析，可以得到不同 SOFC 温度、压力和电流密度等若干条件对系统产生的净输出功率及其能量效率的影响，最终可以确定系统最大净输出功率和最佳能量效率。

为保证该飞机得以商业化，并具有足够安全性和可靠性，还需对蓄电池最佳容量、机身设计、动力学设计、加压 SOFC 的应用、系统封装和飞机子系统等方面做进一步研究。此外，设计轻型蓄电池热管理系统可提高飞机的有效载荷。总之，通过对本案例中的电动飞机混合推进系统的分析表明，在未来的商用飞机上，SOFC-蓄电池-燃气轮机混合动力系统具有广阔的应用前景。

7.6　结束语

本章介绍了基于蓄电池的集成技术，并通过两个案例研究对新型基于蓄电池的集成技术进行探讨。第一个案例介绍了一种燃料电池/蓄电池电动汽车的蓄电池热管理系统，第二个案例介绍了一种包含 SOFC、锂离子蓄电池组和燃气轮机的电动飞机推进系统。在第一个案例研究中，蓄电池的产热量是在恒温条件下确定的，在第二个案例研究中则是在非恒温条件下确定的。本章对每个系统都进行了全面的建模、分析和计算，并对新型蓄电池系统的开发提出相关见解。案例详细介绍了蓄电池和燃料电池子系统运行的电化学方程，并以此分析这些子系统的过电位和不可逆过程。此外，本章通过参数研究计算了系统在不同运行条件和系统参数下的性能。最后，本章提出了一些进一步改进的建议。

问题与思考

7.1 一种基于蓄电池的房屋供电集成系统如图7.32所示，其中包含光伏（PV）电池、电解水装置、PEM燃料电池、蓄电池组、氢气储存罐和氧气储存罐、变换器和逆变器。通过电解水反应，光伏电池产生的部分多余电能可以通过氢的形式储存起来。在电解水装置中，电能可将水分解成氢气和氧气。光伏电池产生的另一部分电能储存在蓄电池中，可在太阳辐射不足时进行供电。氢气和氧气在PEM燃料电池中反应可产生电能。设系统的能量效率为输出的有效能量与输入的总能量之比，请确定这个基于蓄电池的集成系统的能量效率。回答过程中请作出您认为必要的合理假设。

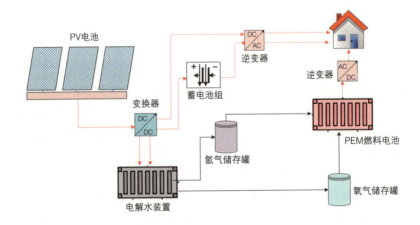

图7.32　基于蓄电池的房屋供电集成系统

7.2 图7.33所示为一个以可再生能源为基础的发电和淡水处理厂。系统利用风力涡轮机产生的电能，反渗透海水淡化装置进行淡水的生产，储水箱可确保持续供水。当风力涡轮机产生的电能大于反渗透装置所需的电能时，多余的电能将储存在蓄电池中，然后在需要时可通过蓄电池中的电化学反应提供电能。设蓄电池组在充放电过程中的发热量为一个恒定的平均值。进入反渗透海水淡化装置之前，进入预处理装置的海水用于冷却蓄电池组。定义该系统的整体能量效率为系统有效输出（淡水生产率和电能）与输入（输入的海水和风能）的比值，请计算出该可再生能源系统的总体能量效率。回答过程中请作出您认为必要的合理假设。

7.3 若以系统的㶲进行计算，而不是能量时，问题7.1中的结果会产生怎样的变化？

7.4 若以系统的㶲进行计算，而不是能量时，问题7.2中的结果会产生怎样的变化？

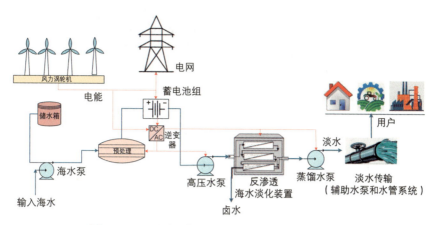

图 7.33　以可再生能源为基础的发电和淡水处理厂

参考文献

Al-Zareer, M., Dincer, I., Rosen, M.A., 2019. Comparative assessment of new liquid-to-vapor type battery cooling systems. Energy 188, 116010.

Amphlett, J.C., Baumert, R.M., Mann, R.F., Peppley, B.A., Roberge, P.R., Harris, T.J., 1995. Performance modeling of the Ballard mark IV solid polymer electrolyte fuel cell. I. Mechanistic model development. J. Electrochem. Soc. 142 (1), 1–8.

Chen, K., Hou, J., Song, M., Wang, S., Wu, W., Zhang, Y., 2021. Design of battery thermal management system based on phase change material and heat pipe. Appl. Therm. Eng. 188, 116665.

Cho, J., Jeong, S., Kim, Y., 2015. Commercial and research battery technologies for electrical energy storage applications. Prog. Energy Combust. Sci. 48, 84–101.

Collins, J.M., McLarty, D., 2020. All-electric commercial aviation with solid oxide fuel cell-gas turbine-battery hybrids. Appl. Energy 265, 114787.

Corrêa, J.M., Farret, F.A., Canha, L.N., Simoes, M.G., 2004. An electrochemical-based fuel-cell model suitable for electrical engineering automation approach. IEEE Trans. Ind. Electron. 51 (5), 1103–1112.

Doyle, M., Newman, J., Gozdz, A.S., Schmutz, C.N., Tarascon, J.M., 1996. Comparison of modeling predictions with experimental data from plastic lithium ion cells. J. Electrochem. Soc. 143 (6), 1890–1903.

Doyle, M., Fuller, T.F., Newman, J., 1993. Modeling of galvanostatic charge and discharge of the lithium/polymer/insertion cell. J. Electrochem. Soc. 140 (6), 1526–1533.

E-Bio fuel-cell, 2017. Available from: https://www.nissan-global.com/EN/INNOVATION/TECHNOLOGY/ARCHIVE/E_BIO_FUEL_CELL/. (Accessed 25 May 2022).

Farsi, A., Rosen, M.A., 2022a. Comparison of thermodynamic performances in three geothermal power plants using flash steam. ASME Open J. Eng. 1, 011016.

Farsi, A., Rosen, M.A., 2022b. PEM fuel cell-assisted lithium ion battery electric vehicle integrated with an air-based thermal management system. Int. J. Hydrog. Energy 47 (84), 35810–35824.

Farsi, A., Rosen, M.A., 2023. Performance analysis of a hybrid aircraft propulsion system using solid oxide fuel cell, lithium ion battery and gas turbine. Appl. Energy 329, 120280.

Fernandes, M.D., Andrade, S.D.P., Bistritzki, V.N., Fonseca, R.M., Zacarias, L.G., Gonçalves, H.N.C., de Castro, A.F., Domingues, R.Z., Matencio, T., 2018. SOFC-APU systems for aircraft: a review. Int. J. Hydrog. Energy 43 (33), 16311–16333.

Fuller, T.F., Doyle, M., Newman, J., 1994. Simulation and optimization of the dual lithium ion insertion cell. J. Electrochem. Soc. 141 (1), 1–10.

Gurau, V., Barbir, F., Liu, H., 2000. An analytical solution of a half-cell model for PEM fuel cells. J. Electrochem. Soc. 147 (7), 2468.

IEA, 2021. Energy Storage. IEA, Paris. Available from: https://www.iea.org/reports/energy-storage. (Accessed 25 May 2022).

IEA, 2022. Transport sector CO_2 emissions by mode in the Sustainable Development Scenario, 2000–2030. IEA, Paris. Available from: https://www.iea.org/data-and-statistics/charts/transport-sector-co2-emissions-by-mode-in-the-sustainable-development-scenario-2000-2030. (Accessed 25 May 2022).

Hoang, A.T., 2018. A review on fuels used for marine diesel engines. J. Mech. Eng. Res. Dev. 41 (4), 22–23.

Horizon, 2020. Smart, green and integrated transport. Work Programme 2018–2020. Available from: https://ec.europa.eu/research/participants/data/ref/h2020/wp/2018-2020/main/h2020-wp1820-transport_en.pdf. (Accessed 25 May 2022).

Jansen, R.H., Bowman, C.L., Clarke, S., Avanesian, D., Dempsey, P.J., Dyson, R.W., 2019. NASA electrified aircraft propulsion efforts. Aircr. Eng. Aerosp. Technol. 3, 1–13.

Ji, Z., Rokni, M.M., Qin, J., Zhang, S., Dong, P., 2020. Energy and configuration management strategy for battery/fuel cell/jet engine hybrid propulsion and power systems on aircraft. Energy Convers. Manag. 225, 113393.

Kalaf, O., Solyali, D., Asmael, M., Zeeshan, Q., Safaei, B., Askir, A., 2021. Experimental and simulation study of liquid coolant battery thermal management system for electric vehicles: a review. Int. J. Energy Res. 45 (5), 6495–6517.

Kohout, L., Schmitz, P., 2003. Fuel cell propulsion systems for an all-electric personal air vehicle. In: AIAA International Air and Space Symposium and Exposition: The Next 100 Years, June, Ohio, p. 2867.

Kousoulidou, M., Lonza, L., 2016. Biofuels in aviation: fuel demand and CO_2 emissions evolution in Europe toward 2030. Transp. Res. Part D: Transp. Environ. 46, 166–181.

Lin, J., Liu, X., Li, S., Zhang, C., Yang, S., 2021. A review on recent progress, challenges and perspective of battery thermal management system. Int. J. Heat Mass Transf. 167, 120834.

Mann, R.F., Amphlett, J.C., Hooper, M.A., Jensen, H.M., Peppley, B.A., Roberge, P.R., 2000. Development and application of a generalised steady-state electrochemical model for a PEM fuel cell. J. Power Sources 86 (1–2), 173–180.

Malik, M., Dincer, I., Rosen, M.A., 2016. Review on use of phase change materials in battery thermal management for electric and hybrid electric vehicles. Int. J. Energy Res. 40 (8), 1011–1031.

Oreizi, D., 2020. Four Types of Electric Vehicles, Charged Future. Available from: https://www.chargedfuture.com/four-types-of-electric-vehicles/. (Accessed 25 May 2022).

Ranjbar, F., Chitsaz, A., Mahmoudi, S.M.S., Khalilarya, S., Rosen, M.A., 2014. Energy and exergy assessments of a novel trigeneration system based on a solid oxide fuel cell. Energy Convers. Manag. 87, 318–327.

Rao, Z., Qian, Z., Kuang, Y., Li, Y., 2017. Thermal performance of liquid cooling based thermal management system for cylindrical lithium-ion battery module with variable contact surface. Appl. Therm. Eng. 123, 1514–1522.

Rosen, M., Farsi, A., 2022. Sustainable Energy Technologies for Seawater Desalination. Elsevier/Academic Press, United Kingdom.

Seyam, S., Dincer, I., Agelin-Chaab, M., 2021. Novel hybrid aircraft propulsion systems using hydrogen, methane, methanol, ethanol and dimethyl ether as alternative fuels. Energy Convers. Manag. 238, 114172.

Thampan, T., Malhotra, S., Zhang, J., Datta, R., 2001. PEM fuel cell as a membrane reactor. Catal. Today 67 (1–3), 15–32.

Toyota, 2020. Toyota Europe Newsroom. Available from: https://newsroom.toyota.eu/introducing-the-all-new-toyota-mirai/. (Accessed 25 May 2022).

Wang, F.C., Fang, W.H., 2017. The development of a PEMFC hybrid power electric vehicle with automatic sodium borohydride hydrogen generation. Int. J. Hydrog. Energy 42 (15), 10376–10389.

Wang, Q., Rao, Z., Huo, Y., Wang, S., 2016. Thermal performance of phase change material/oscillating heat pipe-based battery thermal management system. Int. J. Therm. Sci. 102, 9–16.

Zero emissions, 2020. Available from: https://www.maritime-executive.com/article/number-of-zero-emission-shipping-projects-nearly-doubled-in-past-year. (Accessed 25 May 2022).

Zhang, F., Lin, A., Wang, P., Liu, P., 2021. Optimization design of a parallel air-cooled battery thermal management system with spoilers. Appl. Therm. Eng. 182, 116062.

第8章
蓄电池及其热管理未来方向

本章目标

- 介绍本书概况。
- 描述并讨论可持续蓄电池技术面临的挑战和未来发展方向。
- 介绍未来蓄电池技术的总体考虑因素。

8.1 引言

本章概述了本书的内容,然后介绍了可持续蓄电池技术面临的挑战和未来发展方向,最后,介绍了未来蓄电池技术的总体考虑因素。

8.2 本书概况

本书介绍了可充电蓄电池技术,对其运行、分析、性能和应用等方面进行深入阐述,其中包括相关的老化机制和热管理系统。首先,本书详细介绍了相关基本原理,使读者了解可充电蓄电池系统的开发和运行。随后对蓄电池技术的建模和分析进行介绍,包括单体蓄电池的过电位,以及使用热-电化学耦合模型来确定单体蓄电池和蓄电池组的温度值和温度分布。此外还介绍了蓄电池热特性及其与老化、产热、热管理和热失效的关系,确定并讨论了各类蓄电池热管理系统的最新发展和进展。

另外,本书还介绍了蓄电池系统设计的主要流程步骤,包括蓄电池管理系统设计以及电气机械和热设计。进行系统设计时需进行多学科领域的考量,如蓄电池管理系统的布局及其与其他子系统的干扰、蓄电池组中单体蓄电池的排列、蓄电池组结构的应力应变分析和振动,以及合适的蓄电池热管理系统选择。在特定的场景应用须考虑相应学科领域的设计。最后,本书介绍了选定场景应用中的蓄电池技术集成系统,对其性能进行了分析和讨论,以及介绍了如何评估不同工作条件对蓄电池性能的影响。

可充电蓄电池技术(尤其是锂离子电池)在各种固定或移动设备中得到越来越多的应用。本书介绍了这些技术,及其在安全性、性能和稳定性方面的重大改进。可持续发展越来越重要，并受到越来越多的认可，这与蓄电池系统息息相关。本书对可持续发展所面临的挑战进行了探讨，包括确保原材料的可用性及其加工成本、与蓄电池制造相关的经济效益、废弃物的产生，以及报废蓄电池及其组件的处理。

本章下一节将介绍和讨论可持续蓄电池技术面临的挑战和未来发展方向。

8.3 可持续蓄电池技术的挑战和未来方向

人们在蓄电池相关问题上付出了诸多努力，包括改进和更新蓄电池化学成分，提高能量。然而，除此之外仍有许多问题需要解决，包括尽可能减少容量衰减、自放电以及改良或新型蓄电池在使用过程中的安全问题，并对问题进行评估。例如，一些研究表明，表面涂层和增加电极孔隙率的方法，在某些蓄电池上很有希望实现，并且在进一步对未来蓄电池的设计中，这些先进的方法可能得到应用（Chaudhary 等，2021；Somo 等，2021；Ali 等，2020；Kuang 等，2019）。

蓄电池所用组分的丰富度和可用率是其成本和可持续性的两个决定性标准。选择来源广泛、成本效益高且对环境无害的材料往往是有益的，但这无法保证最终的储能系统能够环保且低成本。要做到对蓄电池进行全面评估，必须考虑到原材料的提取、加工、合成、制造和适当情况下的回收过程，而这些过程可能会对环境造成不利影响。

一节单体蓄电池对环境的总影响（Enviromental Impact, EI）可表示如下：

$$\text{一节单体蓄电池对环境的总影响} = \text{所有组件原材料提取对环境的影响} + \text{所有组件合成过程中对环境的影响} + \text{所有组件使用过程中对环境的影响} + \text{所有组件回收过程中对环境的影响} \quad (8.1)$$

为了提高蓄电池技术的可持续性，需要尽可能降低蓄电池对环境的总体影响。所选择的蓄电池组分必须具有成本效益且对环境友好，同时还需要开发应用了新型化学物质的新技术，尽可能减少对环境的影响。为实现这些目标，在新型蓄电池的设计中，需要采用环保工艺和丰富度高的材料，以及采用如生命周期分析等先进的环保工具。

要减少蓄电池系统对环境的总体影响，选择具有更高能量密度的化学成分是有帮助的。例如，在电解液方面，人们倾向于使用非水性电解液（如锂离子蓄电池中采用的），而不是水性电解液（如铅酸蓄电池和镍基蓄电池采用的），因为这样可以获得更高的工作电压。与铅酸蓄电池和镍镉蓄电池相比，锂离子蓄电池在负极和正极材料方面的多样性也是其最大的优势之一。这些优势为设计低成本实现高能量密度的新型锂离子蓄电池提供了更多可能性。目前对锂离子蓄电池正极的一些研究主要集中在设计新的聚阴离子化合物和改进层状氧化物上（Assat 和 Tarascon，2018；Tian 等，2020；Hua 等，2020；Larcher 和 Tarascon，2015）。然而，需要注意的是，虽然电解质中的锂离子蓄电池无毒，但使用的锂基电解质可能含有具有活跃性和危险性的氟基阴离子。因此，需要更多关于移除氟基盐类使用的研究。

如前所述，原材料能否满足长期需求是蓄电池技术可持续发展的主要问题之一。用于制造蓄电池的原材料（如锂和钴）的开采过程中存在一些社会经济、环境、可持续性问题。此外，从矿石中提取纯金属需要大量的加工步骤，这些都会给供应链带来地缘政治问题，进而显著影响原材料的价格。开发和使用相对丰富的新材料可以缓解（但可能无法消除）蓄电池制造供应链的挑战。例如，若锂离子蓄电池的正极材料中使用镍而不是钴，就可以减少对钴资源的依赖，但这又可能会增加镍的供应压力。

此外，蓄电池组件所用材料的更替应符合回收和再利用的循环经济标准。作为供应链中的重要一环，回收再利用显得尤为重要，尤其现在基于蓄电池的系统（如纯电动汽车/混合动力汽车）越来越多。当然，废弃物管理方面也非常重要。

通过材料组合制造复合电极，如向负极和正极添加活性材料、传导添加剂等，可以提高蓄电池性能。选择适当的材料及其成分则需要大量的研究和实验。复合材料还需要具备以下特性：

1）具有化学相容性的成分。
2）具有在各种工作条件下都保持稳定的成分。
3）能产生良好或最佳孔隙率。
4）不影响电极的特性（如离子导电性）。

在蓄电池系统的制造过程中，因为低温合成工艺需要的热能更少，对单体蓄电池的影响也更小，所以化合物的低温合成工艺比高温工艺更优。低温合成方法包括水热合成、微波辅助工艺、声化学和离子热合成。这些方法在其他文献有详细介绍（Zhu 等，2021；Sud 和 Kaur，2021；Recham 等，2010；Tarascon 等，2010；Recham 等，2008）。

蓄电池技术具有可持续性并对环境友好，蓄电池的回收利用是一个关键过程。遗憾的是，在对能源相关系统进行评估时，这方面受到的关注往往很少。蓄电池的回收利用基于两方面：去除完整的电极材料并将其用于制造新蓄电池，或通过湿法冶金和火法冶金方法回收成分材料。这些方法涉及在高温熔炉和水溶剂中处理金属（Harper 等，2019；Newton 等，2021）。已有学者对蓄电池的主要回收工艺进行了描述和比较（Beaudet 等，2020）。

高效的回收方法可以回收蓄电池中有价值的材料，并最大限度地降低蓄电池处理造成的生态环境影响。由于蓄电池的化学性质复杂，回收过程需要经过多步处理。为确保回收过程对环境友好、有经济效益且尽可能合理，应使用生命周期评估（Life Cycle Assessment，LCA）等先进工具对其进行评估。

一般而言，生命周期评估是一种标准化方法，用于评价和评估一个系统、产品或流程在其生命周期所有阶段对环境的影响。例如，在制造蓄电池系统时，要对以下步骤的环境影响进行评估：原材料提取、生产过程、运输、安装、运行、维护、处置和其他任何相关步骤。图 8.1 所示为电动汽车生命周期评估的概念和方法。生命周期评估对于评估和了解蓄电池技术非常重要。蓄电池系统生命周期评估的最终目的是最大限度降低蓄电池的制造装配、使用和处理相关的环境影响。目前，已有许多研究聚焦于各类蓄电池的生命周期评估（Porzio 和 Scown，2021；Sun 等，2020；Le Varlet 等，2020；Mohr 等，2020）。

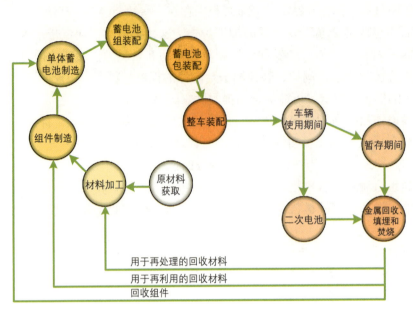

图 8.1 电动汽车生命周期评估的概念和方法

8.4 未来蓄电池技术的总体考虑因素

蓄电池是一种应用广泛且非常有益的技术。在实际应用中,蓄电池以各种方式提供必要的储能服务。从更深层面看,蓄电池具有在未来多种设备上应用的潜力。在本书中,我们主要关注前者,但有时也会探讨后者。

蓄电池的优势及其未来的潜力吸引了许多研究人员投身这一领域的研究,他们为蓄电池技术的发展和应用做出了不可估量的贡献。我们相信,蓄电池的特性将继续吸引研究和从业人员,蓄电池也将继续发展并到达全新的应用领域。

总之,本书力求通过以下方式,让读者广泛熟悉和了解蓄电池及其应用:

1)识别和解释蓄电池技术及其在提高能量管理和效率方面的应用,以及设计更好的流程和系统。

2)在经济、环境和可持续发展等更广泛的领域探讨蓄电池。

3)说明蓄电池在各种系统中的应用,并解释如何有益地应用蓄电池技术。由于蓄电池应用广泛,本书所介绍的应用并不涉及全部,但所选内容具有代表性,涵盖了多个重要领域。

4)从使用可持续资源、提高效率、减少对环境的影响、提高经济效益等方面,展示了多种蓄电池技术能助力或实现的可持续发展方式。

我们认为,蓄电池为工业等多方面带来的效益非常重要。因此,对蓄电池及其相关的技术应用进行了解和认识是值得的。

在过去的几十年里,为了提高蓄电池的使用率,人们已经做了包括创办期刊和国际会议、开设蓄电池技术及其应用的课程等工作。从电气和机械工程到物理学,从化学和化学工程到生态学,这些工作在几乎所有科学和工程领域上做了很好的补充,并且取得了令人瞩目的发展。这些工作也能保证蓄电池促进工程尤其是能源领域的进步。

我们不禁思考，未来的蓄电池会是怎样的？对于未来如何利用蓄电池技术，或者说我们希望如何从蓄电池技术的使用中获得最大的利益，我们有一些期望：

1) 蓄电池能够在发展中国家和发达国家的各个领域得到越来越广泛的应用，从而增加可再生能源的使用、改善交通、提高效率、减少资源浪费以及改善一些系统的流程和使用。

2) 通过工业生态学、生命周期评估等工具，对蓄电池的评估将与生态环境的评估深度融合，并得到更广泛的应用。

3) 蓄电池技术将促进可持续性发展。

4) 蓄电池技术将更广泛地纳入教育中，进而促进相关人员对更先进技术的开发和使用，并使公众、决策者和政策制定者、工业界和政府领导人能够更广泛地了解和认识蓄电池技术及其益处。

如果这些期望能够实现，哪怕只是部分实现，那么能源也能够被更好地利用和管理，对应的整个工序、技术和系统能得到改进，这些都将为人类和社会带来诸多益处。

8.5 结束语

本章概述了本书的内容，然后介绍了可持续蓄电池技术面临的挑战和未来发展方向，最后对蓄电池技术的未来发展提出了一些考量。为了在广泛的应用领域实现蓄电池技术的可持续发展，有必要在原材料获取及其加工成本、蓄电池经济学、与蓄电池制造相关的废弃物产生以及报废蓄电池及其组件处理等领域开展进一步研究。报废蓄电池处理是一个与公共健康和安全相关的问题。从报废蓄电池中回收材料，以及在固定储能装置中对电动汽车报废蓄电池进行再利用，正成为未来日益重要的挑战。原材料的开采、材料的加工、蓄电池的制造和回收都需要统筹考虑，才能实现蓄电池行业的经济可持续发展，包括扩大可再生能源的使用范围、加强能源系统的管理、提高电动汽车的使用率等，最终使蓄电池能够为社会带来更多效益。

问题与思考

8.1 蓄电池结构的成本和可持续性的两个决定性标准是什么？

8.2 如何减少蓄电池系统对环境的总体影响？请举例说明。

8.3 列出并描述制作蓄电池复合电极的主要注意事项。

8.4 为什么回收蓄电池对可持续性和环保非常重要？

8.5 描述生命周期评估方法。解释这种方法如何确保蓄电池系统的回收过程对环境无害和有益。

8.6 说明未来使蓄电池技术产生最大利益的几种方法。

参考文献

Ali, E., Kwon, H., Choi, J., Lee, J., Kim, J., Park, H., 2020. A numerical study of electrode thickness and porosity effects in all vanadium redox flow batteries. J. Energy Storage 28, 101208.

Assat, G., Tarascon, J.M., 2018. Fundamental understanding and practical challenges of anionic redox activity in Li-ion batteries. Nat. Energy 3 (5), 373–386.

Beaudet, A., Larouche, F., Amouzegar, K., Bouchard, P., Zaghib, K., 2020. Key challenges and opportunities for recycling electric vehicle battery materials. Sustainability 12, 5837.

Chaudhary, M., Tyagi, S., Gupta, R.K., Singh, B.P., Singhal, R., 2021. Surface modification of cathode materials for energy storage devices: a review. Surf. Coat. Technol. 412, 127009.

Harper, G., Sommerville, R., Kendrick, E., Driscoll, L., Slater, P., Stolkin, R., Walton, A., Christensen, P., Heidrich, O., Lambert, S., Abbott, A., Ryder, K., Gaines, L., Anderson, P., 2019. Recycling lithium-ion batteries from electric vehicles. Nature 575 (7781), 75–86.

Hua, W., Schwarz, B., Azmi, R., Müller, M., Darma, M.S.D., Knapp, M., Senyshyn, A., Heere, M., Missyul, A., Simonelli, L., Binder, J.R., 2020. Lithium-ion (de) intercalation mechanism in core-shell layered Li (Ni, Co, Mn) O_2 cathode materials. Nano Energy 78, 105231.

Kuang, Y., Chen, C., Kirsch, D., Hu, L., 2019. Thick electrode batteries: principles, opportunities, and challenges. Adv. Energy Mater. 9 (33), 1901457.

Larcher, D., Tarascon, J.M., 2015. Towards greener and more sustainable batteries for electrical energy storage. Nat. Chem. 7 (1), 19–29.

Le Varlet, T., Schmidt, O., Gambhir, A., Few, S., Staffell, I., 2020. Comparative life cycle assessment of lithium-ion battery chemistries for residential storage. J. Energy Storage 28, 101230.

Manjunatha, C., Ashoka, S., Hari Krishna, R.H., 2021. Microwave-assisted green synthesis of inorganic nanomaterials. In: Inamuddin, Buddola, R., Ahmed, M.I., Asiri, A.M. (Eds.), Green Sustainable Process for Chemical and Environmental Engineering and Science: Green Inorganic Synthesis, Chapter 1. Elsevier, Amsterdam, pp. 1–39.

Mohr, M., Peters, J.F., Baumann, M., Weil, M., 2020. Toward a cell-chemistry specific life cycle assessment of lithium-ion battery recycling processes. J. Ind. Ecol. 24 (6), 1310–1322.

Newton, G.N., Johnson, L.R., Walsh, D.A., Hwang, B.J., Han, H., 2021. Sustainability of battery technologies: today and tomorrow. ACS Sustain. Chem. Eng. 9 (19), 6507–6509.

Porzio, J., Scown, C.D., 2021. Life-cycle assessment considerations for batteries and battery materials. Adv. Energy Mater. 11 (33), 2100771.

Recham, N., Armand, M., Laffont, L., Tarascon, J.M., 2008. Eco-efficient synthesis of $LiFePO_4$ with different morphologies for Li-ion batteries. Electrochem. Solid State Lett. 12 (2), 39.

Recham, N., Armand, M., Tarascon, J.M., 2010. Novel low temperature approaches for the eco-efficient synthesis of electrode materials for secondary Li-ion batteries. C. R. Chim. 13 (1–2), 106–116.

Somo, T.R., Mabokela, T.E., Teffu, D.M., Sekgobela, T.K., Ramogayana, B., Hato, M.J., Modibane, K.D., 2021. A comparative review of metal oxide surface coatings on three families of cathode materials for lithium ion batteries. Coatings 11 (7), 744.

Sud, D., Kaur, G., 2021. A comprehensive review on synthetic approaches for metal-organic frameworks: from traditional solvothermal to greener protocols. Polyhedron 193, 114897.

Sun, X., Luo, X., Zhang, Z., Meng, F., Yang, J., 2020. Life cycle assessment of lithium nickel cobalt manganese oxide (NCM) batteries for electric passenger vehicles. J. Clean. Prod. 273, 123006.

Tarascon, J.M., Recham, N., Armand, M., Chotard, J.N., Barpanda, P., Walker, W., Dupont, L., 2010. Hunting for better Li-based electrode materials via low temperature inorganic synthesis. Chem. Mater. 22 (3), 724–739.

Tian, Y., Zeng, G., Rutt, A., Shi, T., Kim, H., Wang, J., Koettgen, J., Sun, Y., Ouyang, B., Chen, T., Lun, Z., 2020. Promises and challenges of next-generation "beyond Li-ion" batteries for electric vehicles and grid decarbonization. Chem. Rev. 121 (3), 1623–1669.

Zhu, L., Chen, Y., Xiao, Z., Yang, H., Kong, L., 2021. Hydrothermal synthesis of star-shaped Bi_5O_7Br catalysts with strong visible light catalytic performance. J. Mater. Res. 36 (3), 628–636.

Battery Technology: From Fundamentals to Thermal Behavior and Management
Marc A.Rosen, Aida Farsi
ISBN: 9780443188626

Copyright © 2023 Elsevier Inc. All rights reserved.

Authorized Chinese translation published by China Machine Press.

动力蓄电池实用技术：工作机理·热特性·热管理（戴海峰 陈思琦 魏学哲 吴航 朱宇莉 陈锴鑫 译）

ISBN: 978-7-111-77039-8

Copyright © Elsevier Inc. and China Machine Press. All rights reserved.

No part of this publication may be reproduced or transmitted in any form or by any means, electronic or mechanical, including photocopying, recording, or any information storage and retrieval system, without permission in writing from Elsevier (Singapore) Pte Ltd. Details on how to seek permission, further information about the Elsevier's permissions policies and arrangements with organizations such as the Copyright Clearance Center and the Copyright Licensing Agency, can be found at our website: www.elsevier.com/permissions.

This book and the individual contributions contained in it are protected under copyright by Elsevier Inc. and China Machine Press (other than as may be noted herein).

This edition of Battery Technology: From Fundamentals to Thermal Behavior and Management is published by China Machine Press under arrangement with Elsevier Inc. This edition is authorized for sale in China mainland only, excluding Hong Kong SAR, Macau SAR and Taiwan. Unauthorized export of this edition is a violation of the Copyright Act. Violation of this Law is subject to Civil and Criminal Penalties.

本版由 ELSEVIER Inc 授权机械工业出版社在中国大陆地区（不包括香港、澳门以及台湾地区）出版发行。

本版仅限在中国大陆地区（不包括香港、澳门以及台湾地区）出版及标价销售。未经许可之出口，视为违反著作权法，将受民事及刑事法律之制裁。

本书封底贴有 Elsevier 防伪标签，无标签者不得销售。

北京市版权局著作权合同登记　图字：01-2023-3243 号。

> **注意**
>
> 本书涉及领域的知识和实践标准在不断变化。新的研究和经验拓展我们的理解，因此须对研究方法、专业实践或医疗方法作出调整。从业者和研究人员必须始终依靠自身经验和知识来评估和使用本书中提到的所有信息、方法、化合物或本书中描述的实验。在使用这些信息或方法时，他们应注意自身和他人的安全，包括注意他们负有专业责任的当事人的安全。在法律允许的最大范围内，爱思唯尔、译文的原文作者、原文编辑及原文内容提供者均不对因产品责任、疏忽或其他人身或财产伤害及／或损失承担责任，亦不对由于使用或操作文中提到的方法、产品、说明或思想而导致的人身或财产伤害及／或损失承担责任。

图书在版编目（CIP）数据

动力蓄电池实用技术：工作机理·热特性·热管理 /（加）马克·A.罗森（Marc A. Rosen），（加）艾达·法尔西（Aida Farsi）著；戴海峰等译. -- 北京：机械工业出版社，2024. 11. --（智能电动车辆·储能技术与应用系列）. -- ISBN 978-7-111-77039-8

I. U469.720.3；TM91

中国国家版本馆 CIP 数据核字第 202435N3S4 号

机械工业出版社（北京市百万庄大街 22 号　邮政编码 100037）

策划编辑：何士娟　　　　　责任编辑：何士娟　高孟瑜
责任校对：王　延　李　杉　封面设计：张　静
责任印制：李　昂
北京捷迅佳彩印刷有限公司印刷
2025 年 3 月第 1 版第 1 次印刷
184mm×260mm · 11.25 印张 · 269 千字
标准书号：ISBN 978-7-111-77039-8
定价：138.00 元

电话服务　　　　　　　　网络服务
客服电话：010-88361066　机　工　官　网：www.cmpbook.com
　　　　　010-88379833　机　工　官　博：weibo.com/cmp1952
　　　　　010-68326294　金　书　网：www.golden-book.com
封底无防伪标均为盗版　机工教育服务网：www.cmpedu.com